思考ツールを利用した日本語ライティング

リーディングと連携し論理的思考を鍛える

脇田里子

大阪大学出版会

目　次

まえがき …… v

第1章　学部留学生の日本語ライティング教育の背景 …… 1

1.1　学部留学生の日本語ライティング事情 … 2

1.1.1　留学生受け入れにおける学部留学生の割合 … 2
1.1.2　学部留学生に対する日本語教育の必要性 … 3

1.2　アカデミック・ライティングにおけるレポートの分類 … 4

1.2.1　アカデミック・ライティングの定義 … 4
1.2.2　アカデミック・ライティングの分類 … 7

1.3　学部留学生の日本語ライティングの問題点 … 13

1.4　本書の目的、対象、および、研究方法 … 19

1.4.1　本書の目的と対象 … 19
1.4.2　研究の方法 … 20

第2章　日本語ライティング教育の関連研究 …… 27

2.1　第二言語ライティング教育の研究動向 … 28

2.1.1　北米の第二言語（英語）ライティング教育の研究動向 … 28
2.1.2　日本の第二言語（日本語）ライティング教育の研究動向 … 31

2.2　第二言語教育における
「リーディングとライティングの連携」の研究　35

2.2.1　北米の第二言語（英語）教育における
「リーディングとライティングの連携」… 35
2.2.2　日本の日本語ライティング教育における
リーディングを重視した研究 … 42

2.3　リーディングやライティングを支援する
思考ツールの研究 …… 43

2.3.1 思考ツールの分類とその有用性 … 44
2.3.2 ビジネス分野での論理的思考を支援する思考ツール … 48
2.3.3 議論を支援する思考ツール … 51
2.3.4 リーディングを支援する思考ツール … 53
2.3.5 ライティングを支援する思考ツール … 55

2.4 関連研究からの示唆と本書の位置づけ … 58

第3章 ライティングと連携したリーディング …………………… 61

3.1 論理的な文章の論理構造 … 63

3.2 論説文のリーディング過程 … 67

3.3 思考ツールを利用した論説文のリーディング … 69

3.3.1 論説文の構成要素の機能 … 70
3.3.2 リーディング第1段階の思考ツール「段落中心文表」… 72
3.3.3 リーディング第2段階の思考ツール「文章構造図」… 75
3.3.4 リーディング第3段階の思考ツール「ロジック・チャート」… 77

第4章 リーディングと連携したライティング …………………… 83

4.1 レポートのライティング過程 … 84

4.2 「賛否型」レポート作成 … 87

4.2.1 ライティング第1段階の思考ツール「ロジック・チャート」… 88
4.2.2 ライティング第2段階の思考ツール「文章構成図」… 90
4.2.3 ライティング第3段階の思考ツール「段落中心文表」… 92

4.3 「問題解決型」レポート作成 … 96

4.3.1 ライティング第1段階の思考ツール「ロジック・チャート」… 97
4.3.2 ライティング第2段階の思考ツール「文章構成図」… 100
4.3.3 ライティング第3段階の思考ツール「段落中心文表」… 101

第5章 授業実践の方法 …………………………………………… 105

5.1 授業実践の概要 … 106

5.1.1 授業実践でのリーディング導入 … 107
5.1.2 授業実践でのライティング導入 … 108

5.2　授業実践の成果を検証するための2つのレポート … 111

5.3　レポート評価の方法 … 113

5.3.1　レポート評価の種類 … 113
5.3.2　日本語教員によるレポート評価 … 114
5.3.3　学習者のレポート自己評価と振り返り … 121

第6章　授業実践の結果と考察 ………………………… 125

6.1　日本語教員のレポート評価からの考察 … 126

6.1.1　ルーブリック評価 … 126
6.1.2　講評 … 132

6.2　学習者が作成した思考ツールからの考察 … 138

6.2.1　思考ツールの評価 … 138
6.2.2　評価上位者の思考ツール … 139
6.2.3　評価中位者の思考ツール … 145

6.3　学習者の自己評価からの考察 … 151

6.3.1　ルーブリック評価 … 151
6.3.2　学習者による自由記述 … 154

6.4　学習者に対するアンケートからの考察 … 157

6.5　本章のまとめ … 162

6.5.1　日本語教員による評価からの考察 … 162
6.5.2　学習者が作成した思考ツールからの考察 … 163
6.5.3　学習者の自己評価からの考察 … 163
6.5.4　学習者に対するアンケート結果からの考察 … 164

第7章　結論 ………………………… 167

7.1　総括 … 168

7.2　日本語ライティング教育の総合的考察 … 172

7.2.1　ライティングのためのリーディング、
リーディングのためのライティング … 172
7.2.2　思考ツールを利用したリーディングとライティング … 173
7.2.3　テーマに対する理解を深める段階的ライティング … 174

7.3 今後の課題 … 177

7.3.1 テーマ選択の重要性 … 177
7.3.2 参考文献に関する課題 … 179
7.3.3 評価項目の事前開示 … 180

付録 …… 183
参考文献 …… 218
初出一覧 …… 229
あとがき …… 230
索引 …… 233

まえがき

2002年、外国人留学生（以下、留学生）を対象にした日本の大学に入学するための試験、日本留学試験がはじめて実施され、その中で日本語の「記述」問題が課された。この日本留学試験によって、日本の大学へ進学する留学生には日本語で意見文を書く能力が求められることが明示的になり、2002年以降、日本留学試験や日本語能力試験の対策等を行う日本語予備教育では、ライティング教育により多くの力が注がれることとなる。

また、2008年の日本政府による「留学生30万人計画」を受け、日本の大学は2020年までに外国人留学生を倍増しようと、留学生の受け入れを大幅に拡大しつつある。そうした状況の下、近年、留学生に対する日本語教育の分野では、大学における学習や研究など学術的な日本語の習得を目的としたアカデミック・ジャパニーズ、とりわけ、レポートの書き方を中心としたアカデミック・ライティングに関する研究や教育実践が盛んである。

大学入学後、留学生が取り組むことになるレポートは各学部の多くの科目で課題として課されているが、レポート作成に苦手意識をもつ留学生は極めて多い。なぜなら、大学進学のための予備教育では、以前と比べ、ライティング教育が重視されるようになったとはいえ、大学入試のための日本語学習は、日常生活よりも幅広い場面で使われるリーディングやリスニングといった日本語の理解学習が中心だからだ。よって、学部留学生が入学時に、賛否を問うテーマについて日本語400字から500字の意見文が書け、日本語の言語知識や運用能力が高く、たとえ日本語能力試験N1級レベルであったとしても、大学が求めているアカデミックなレポートを作成することは簡単ではない。つまり、大学入学時には、学習者の思考過程を学術的に表現するレポート・ライティングの能力が十分に習得されているとは言えないことを意味している。

学部留学生のレポート・ライティングに関する教材開発や実践研究の多くは、主に、初年次教育の日本語科目を対象にしており、具体的にはレポート・ライティングの作成（レポートで多用される文型や接続表現を導入する、引用方法やレポート構成を説明する、アウトラインを提示する）に関する内容が中心となる。レポート作成に対する教育指導は、1学期限りの授業だけでは身につけることが難しい。そのため、学部2年次以降にも継続して指導が行われるべきであるが、多くの大学では学部2年次以降、レポート・ライティングに関する授業はあまり実施されていないようである。

また、学部留学生のレポートの問題点に関する先行研究を見ると、日本語の文法・語彙・表現に関する誤用や非用についての言及よりも、レポートの文章構成や書き手の意図した内容について多くの紙面を割いた研究の方が多い（宮原, 1998; 二通, 2001など)。山本（2004）は、講義科目で課されるレポートは、大意が通じていれば文法・語彙の間違いは問題にされず、論理的に一貫した内容が重要視されるとし、論旨の一貫性や論理的整合性をもつレポート指導の必要性を指摘している。一方、二通（2006）は、アカデミック・ライティングにつながるリーディングの重要性と日本語教育の読解教材の問題点を指摘している。読解教材の多くは日本語学習者のために書き下ろしたエッセイ風の文章であるため、それらを読んでも論理的な考察を深めることが難しいこと、そして、論説文が読解の教材になっていても、内容の理解に関する質問が多く、論理の組み立てや妥当性についての質問がないことも指摘している。これらの先行研究からは、レポート・ライティングの学習において、論理的な構成による文章の論理構造を意識させる読解学習を積極的に取り入れる必要性が示唆される。

上述したライティング教育の問題点をふまえ、本書では、論理的文章を構成する力が学部留学生に最も不足していることに注目し、文章の論理構造を意識化させるレポート・ライティングの学習方法を提案したい。対象学生は、基礎的なレポート作成の知識を身につけている学習者で、主として、学部2年次の留学生を想定している。本書で提案する学習方法の特徴は2つある。まず、1つは、レポートの論理的な文章構成に対する気づきを促すために、クリティカル・リーディング学習（以下、リーディング学習と略す）と密接に連携する点である。そして、もう1つは、思考ツール（思考内容や思考推移を全体把握できる視覚情報）を用い、書き手が頭の中で考えている「問題提起」から「結論」に至る思考過程を視覚的にまとめる点である。そして、こうした学習方法の提案だけでなく、これらの学習方法を用いた教育実践についてもあわせて報告したい。

まず、1つ目の学習方法の特徴であるリーディング学習との連携について述べる。本書は、アメリカの第二言語教育で1980～1990年代に盛んに研究された「リーディングとライティングの連携（Reading-Writing Connections）」（Tierney and Pearson, 1983; Hirvela, 2004など）の立場に立って論を展開する。アメリカでは1970年代まで、リーディングとライティングは別々の言語技能と見なされ、別々のクラスで教えられていたが、1990年代にはリーディングとライティングは同じ授業で教えられ、リーディングとライティングの両方に応用できる言語技能の授業が行われていた。しかし、1999年に、アメリカで、外国語学習ナショナル・スタンダーズ・プロジェクト（National Standards in Foreign Language Education Project）が「21世紀の外国語学習スタンダーズ（Standards for Foreign Language Learning in the 21st Century）」を発表後、アメリカの外国語学習では、リスニングやスピーキング、リーディング、ライティングのように言語技能を個別に扱わずに、5つのC（Communication, Cultures, Connections, Comparisons, Communities）が教育の目標として掲げられることになった。一方、日本では、アメリカのこうした動向をふまえ、2011年に東京外国語大学留学生日本語教育センター（JLCTUFS; Japanese Language Center for International Students Tokyo University of Foreign Studies）が「JLC日本語スタンダース」を策定する動きも見られた。しかし、多くの大学の外国語教育においてはリーディングやライティングといった言語技能別のクラス編成、シラバスが多いのが現状である。まずは日本の日本語教育の現状を見据えて、論理的なレポート・ライティング能力養成のために、リーディングとの連携に注力したい。実際、近年、日本の日本語教育においても、アカデミック・ライティング能力養成のために、主体的で論理的な読み手を育てるための読解学習が指摘されており（二通, 2006）、本書もリーディング能力の養成がライティング能力の養成につながるという考えに賛同するものである。

では、どのようにリーディング能力を養成すればよいのであろうか。その1つの方法として、文章の文章構造への理解や気づきを高める活動が挙げられる（卯城, 2009; Grabe, 2009; Carrell, 1984など）。本書では、論理的な文章として、新聞の投稿論説文を挙げ、文章構造と論理展開に着目したリーディングを導入する。近年、論文作成を念頭に置き、日本語科目の中で批判的読解を取り入れ、その文章を越えた新たな論点を見出そうとする授業実践（奥村, 2014）も見られるようになってきた。しかし、一般的なリーディング科目における論理の組み立てや妥当性について分析する授業実践は、まだまだ多いとは言えない。そこで、まず、論説文のリーディングにおいて、「問題提起、根拠、結論」という文章の論理構造を理解するためにトレーニングを行う。それは、段落の中心文を見つける、段落の機能を示す、文章の「問題提起、根拠、結論」を理解する、「問題提起」は「結論」に対応しているか、「根拠」から「結論」の推論は正しいか、「根拠」は適切かなどを確認するといったトレーニングである。こうした文章構造や論理展開に着目したリーディングを「ライティングと連携したリーディング」と呼ぶことにする。

また、ライティグ能力はどのように養成すればよいのであろうか。前述したリーディングのトレーニングを経て、レポート・ライティングに取り組めば、ライティングの文章作成過程においても、書き手は「問題提起、根拠、結論」の論理構造を意識しやすくなると考える。例えば、「問題提起」と「結論」は何か、「問題提起」とその「結論」は対応しているか、「結論」の裏づけとなる「根拠」は適切か、形式段落（以下、段落と略す）の機能は何か、段落の中心文は何かといったリーディングで問われた文章構造の意識づけがライティングの文章作成過程においても効果的であると期待される。こうしたライティングを「リーディングと連携したライティング」と呼ぶことにする。

次に、本書で提案する学習方法の2つ目の特徴である思考ツールの利用について述べる。思考ツールは、ビジネス・コンサルタントの分野では意思決定を行うツールとして、「ピラミッド・ストラクチャー」(ミント, 1999)や「ロジック・チャート」(伊藤, 2001)などがよく利用されている。しかし、人文系の学問分野での利用は、管見の限り、英語教育の中でリーディングを支援する9つの「グラフィック・オーガナイザー(Graphic Organizer)」(Grabe, 2009)や、初級から中級レベルの日本語ライティングを支援する「フロー・チャート」(門脇, 1999)や「アイディア・シート」(吉田美登利, 2011)に限られる。初級や中級のライティングにおいてそれらが常に使用されているとは言えず、日本語教育をはじめとする第二言語教育において普及しているとは言えない。

では、第二言語教育で思考ツールを利用する利点は何だろうか。それについて、黒川他(2012)は、人が学習する際には、知識を記憶するだけでなく、思考の過程を通して身につけていくこと、そして、今度は反対に、自分の知識を相手に伝える際には、求められていることは何か、何をどのように組み合わせて表現するかといった過程を経ることと関係があると述べている。つまり、思考ツールの利用によって、このような思考過程で生じた頭の中の曖昧なイメージを図の中に書き出し、自分の思考を整理し、それまでにつながっていなかった知識と知識を結びつけ、新しい考えを導く可能性があることが利点と言えよう。とりわけ、日本語を母語としない留学生にとって、日本語で論理的な文章を作成することは負担が大きいため、文章化する前に、思考ツールを利用して、頭の中の考えを整理し、確認することは意義深いと考えている。

本書では、リーディングで文章構造を理解する過程の中で、3つの段階を設定し、それぞれの段階で異なる思考ツールを利用したリーディングを提案する。まず、文章の各段落の内容を要約する段階、つまり、段落の中心文を理解する段階を設定し、そこで「段落中心文表」の思考ツールを使用する。次に、文章全体の中でそれらの段落が果たしている機能と段落間の関係を理解する段階を設け、そこで「文章構造図」の思考ツールを用いる。最後に、文章全体の論理構造である「問題提起」「根拠」「結論」を理解する段階を設定し、そこで「ロジック・チャート」の思考ツールを使用する。このように、1つの文章を3回にわたって、それぞれの段階において思考ツールで分析することにより、論理的なリーディングが可能となるのではないかと考える。

また、論理的な文章を作成するライティング過程においても、3つの段階を設定し、それぞれの段階で、リーディングで用いた思考ツールを利用したライティングを提案する。まず、レポートの骨格となる文章全体の論理構造、つまり、「問題提起」「根拠」「結論」を提示する段階を設け、そこで「ロジック・チャート」を使用する。次に、文章全体の「問題提起」「根拠」「結論」をどの段落に配置するかという段階を設定し、そこでは「文章構成図」を用いる。なお、この「文章構成図」はリーディングの「文章構造図」と同じ思考ツールである。リーディングの分析には文章構造、ライティングの文章作成には文章構成という用語を用いるため、思考ツールの名称を変えている。そして、段落ごとに段落の中心文を作成する段階を設け、そこで「段落中心文表」を利用する。最後に、段落ごとに文章を作成し、レポートを完成させる。このような過程を経た文章作成は、思考ツールの利用によって、学習者に文章構造に対する気づきを促し、ライティングの文章構成能力を高められると考える。

本書の実践は、従来のアカデミック・ライティング教育の実践と次の3点において異なる。第1点は、論理的な文章作成のために、文章構造や論理展開に着目したリーディングを重視し、3つの段階を経たリーディングのトレーニングを実施する点である。第2点は、リーディングとライティングにおける論理的思考を支援するために、リーディングとライティングの双方に利用できる思考ツールを提案する点である。第3点は、論理的な思考を深めるため、1つのテーマに対して3種類のレポート（「調査型」、「賛否型」、「問題解決型」）を課し、そのテーマについて、継続的に、かつ、多面的に思考する点である。

なお、日本人学生を対象にした学部初年次教育においても、大学生活に必要なスタディ・スキルとしてアカデミック・ライティングは取り上げられている。本書の主な対象は留学生であるが、本書の提案する学習方法は留学生のみに適用されるのではなく、日本語を母語とする日本人にも有用である。

第1章

学部留学生の日本語ライティング教育の背景

1.1　学部留学生の日本語ライティング事情
1.1.1　留学生受け入れにおける学部留学生の割合
1.1.2　学部留学生に対する日本語教育の必要性
1.2　アカデミック・ライティングにおけるレポートの分類
1.2.1　アカデミック・ライティングの定義
1.2.2　アカデミック・ライティングの分類
1.3　学部留学生の日本語ライティングの問題点
1.4　本書の目的、対象、および、研究方法
1.4.1　本書の目的と対象
1.4.2　研究の方法

本章では、外国人留学生の中でその占める割合の高い日本国内の学部留学生に対する日本語教育の必要性について述べる。大学で必要とされる日本語はアカデミック・ジャパニーズ（Academic Japanese）[(1)]と呼ばれているが、その中の1つの技能であるアカデミック・ライティング（Academic Writing）について説明を行い、多くの日本語ライティングの授業実践から、学部留学生の日本語ライティングの問題点を指摘する。これらの解決方法の提案が本書の目的となる。

1.1　学部留学生の日本語ライティング事情

1.1.1　留学生受け入れにおける学部留学生の割合

日本の多くの大学は2020年までに「留学生30万人計画」を達成しようと、留学生の受け入れを積極的に行っている。日本学生支援機構（JASSO）（2016）によると、2015年5月1日現在、日本における留学生数は208,379名で、前年比24,224名（13.2%）増であったという。また、在学段階別留学生数では、「大学（学部）」が67,472名（32.4%）で最も多く、次いで、「日本語教育機関」が56,317名（27.0%）、第3位は「大学院」が41,396名（19.9%）と続く。つまり、日本で学んでいる留学生の中で最も多い在学段階は、学部留学生であることがわかる。なお、多くの留学生を受け入れるために、従来の講義の日本語が問題なく理解できるレベルの正規留学生だけを増加させることは難しく、英語のみの授業で学位を取得できる学部・大学院の正規留学生、半年から1年間日本の大学で学ぶ交換留学生や短期留学生、大学や学部独自のプログラムによる留学生など、多様な留学生の受け入れが進められている。

次に、大学の留学生受け入れの実例を示すため、関西の大手私立大学Ａを例に挙げる。2015年5月1日現在、Ａ大学の留学生総数は1,436名である。また、在学段階別留学生数で、最も多いのは「大学（学部）」557名（38.8%）で、次いで「大学院」381名（26.5%）、そして「日本語・日本文化教育センター生（交換留学生・短期留学生）」369名（25.7%）と続く。なお、A大学の学部留学生、大学院留学生の中には、英語だけで授業を行い、単位を取得し、学部を卒業、大学院を修了できる英語コースの留学生も含まれている。このように、A大学においても、学部留学生の占める割合が大きいことがわかる。無論、大学によっては、在学段階別留学生数の順位が異なることも有り得るが、高等教育機関において学部留学生に対する教育支援のニーズは大きいと言える。

1.1.2　学部留学生に対する日本語教育の必要性

上記のように日本への留学生は増加しているものの、学部留学生の大学入学時の日本語レベルは、大学の単位を取得するのに十分なレベルに達しているとは限らない。なぜなら、私費留学生を対象にした大学入試では、「日本留学試験」(2)の受験を義務づけている大学が多数を占めるが、大学入試に合格できる日本語レベルは各大学の基準によってさまざまであり、全大学に共通の合格基準点は設けられていないためである。よって、日本人母語話者と同程度の高い日本語レベルの学生がいる一方で、大学の講義を理解できるか不安に感じる日本語レベルの学生も見られる。一般的に、大学入学レベルの日本語力の目安として、「日本語能力試験」N1レベル(3)の合格と言われることが多い。しかし、学部留学生が「日本語能力試験」N1レベルに合格していたとしても、それは試験で高得点を取るための理解中心の日本語レベルを指しているに過ぎない。別の言い方をすれば、日本の大学で講義される日本語を聞き取り、日本語で自分の考えをスピーチしたり、レポート作成したりする技能は十分とは言えない。言い換えると、日本語の言語能力が高くても、大学の学びのためのスキルが高いとは言えないことを意味している。そのため、大学入学後も学部留学生の日本語能力を中心とした学びのスキルを高めるために、各大学では日本語科目を設置し、外国語科目として履修する場を提供していることが多い。例えば、前述したA大学では、学部留学生用の日本語科目として、「日本語（総合）」「日本語（読解）」「日本語（文章表現）」「日本語（口頭表現）」「日本語（語彙）」などの科目を設置し、日本語能力向上の機会を提供している。

筆者の経験では、全般的に日本語能力が高い学部留学生もレポート作成に苦手意識をもっていることが多い。そうした要因の1つは、「日本留学試験」の「日本語」科目において筆記試験が課されるようになったとはいえ、ライティングの技能が大学のレポート・ライティングのレベルに達していないためであろう。また、日本語の4つの技能（リーディング、リスニング、スピーキング、ライティング）の中で、ライティングは独学が難しい。上達するには教員による個別指導が欠かせないが、そうした指導時間を十分に得ることが難しいことも要因の1つであろう。このことからも、本書では学部留学生に対する日本語教育の中で、ライティング教育に特に注目し、その向上を目指したい。

1.2　アカデミック・ライティングにおけるレポートの分類

1.2.1　アカデミック・ライティングの定義

前述の通り、学部留学生は、大学での勉学に対応するための日本語、アカデミック・ジャパニーズ、すなわち日本語の言語知識や運用能力といった一般的な日本語能力の他にも、講義を理解し、ノートをとったり、レポートをまとめたりするなど、大学特有の学びの技術が必要である。舘岡（2002: 2）は、大学での勉学に対応するために必要なスキルとして、資料収集力、分析力、思考力、判断力、発表力、論文記述力などを挙げ、これらを「アカデミック・スキル（Academic skills）」[(4)]とした。つまり、「大学で必要となる日本語力」は、「一般的な日本語能力」と「アカデミック・スキル」を合わせた総合的な日本語力である（舘岡, 2002: 2, 図1-1を参照）。なお、大学入学前の日本語学習は、「一般的な日本語能力」の学習に偏っているため、学部では「アカデミック・スキル」の学習を積極的に取り入れていく必要がある。

では、次に、「大学で必要となる日本語力」をライティングの技能に絞ったアカデミック・ライティングについて、二通他（2004: 285）は「大学・大学院での学習や研究など学術的な目的のための文章およびその作成を指す」と定義している。大学で課されるレポートや論文がアカデミック・ライティングの代表的な例である。また、二通他（2004: 285）は、アカデミック・ライティングは、図1-2に示すように、「基礎」「専門」「言語」「技能」の構成要素から成ると分析している。つまり、アカデミック・ライティングは、舘岡（2002）の「大学で必要とされる日本語力」（図1-2の「言語」と「技能」に

(舘岡, 2002: 2より引用)

図1-1　大学で必要となる日本語力

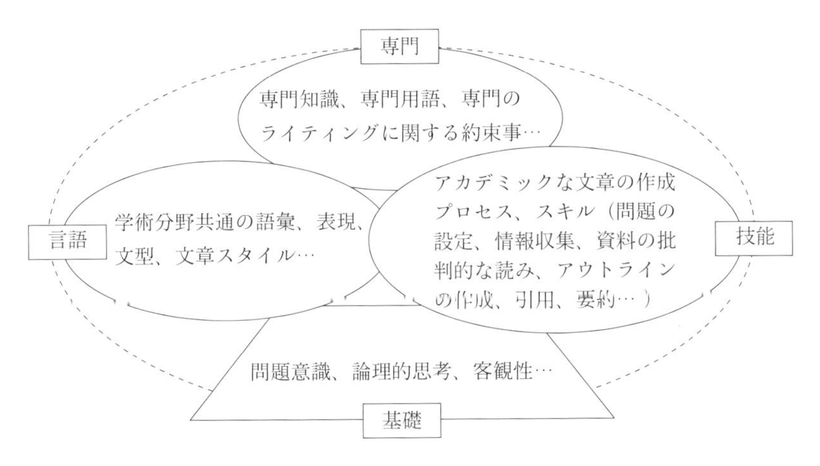

(二通他, 2004: 285より引用)

図1-2　アカデミック・ライティングの構成要素

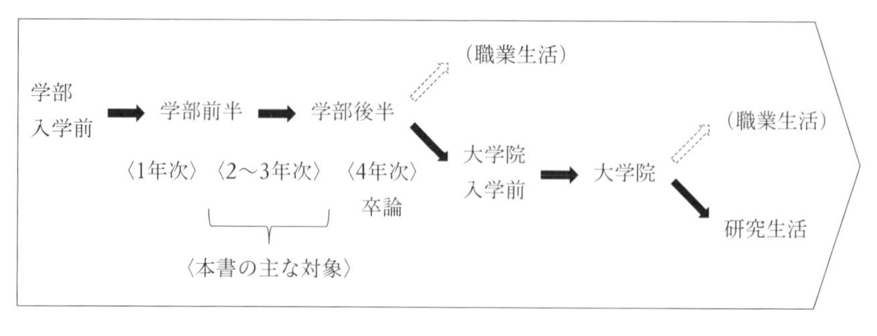

（二通他，2004: 285より引用，〈　〉部分は筆者による追記）

図1-3　アカデミック・ライティングの学習および実践の場

該当）に、学習や研究の「基礎」となる要素と各学術分野の「専門」的な要素を加え、統合したものと見ることもできる。

本書の主な対象とするアカデミック・ライティングは、図1-3に示しているように、初年次のレポート・ライティングの基礎を終えた後から、4年次の卒業論文に着手する前の段階を想定している。もちろん、初年次教育や4年次の専門課程で利用できないという意味ではない。日本人学生を含めた学部生に対するレポート・ライティングの指導の多くは、初年次教育を対象にしており、そこでレポートの構成やよく使われるレポートの表現・語彙などが導入され、レポート作成の基礎知識を学んでいる。そして、日本人学生を含め、初年次教育のライティング教育に関する教育理論や実践研究も盛んに行われている。しかし、その後、ライティングに対する本格的な教育指導が行われるのは、専門課程の教員による4年次の卒業論文作成時であることが多い。2年次から3年次の間も、多くの授業でレポートが課されるにもかかわらず、レポート・ライティングの教育支援がほとんどなされていないため、本書では専門教育につながるレポート・ライティングの必要性を訴え、それを支援したい。

なお、本書では、“Writing”の意味では「ライティング」、「書くこと」を用いるが、「作文」[5]という用語は用いない。そして、“Reading”の意味では「リーディング」、「読むこと」、「読解」を用いる。

1.2.2　アカデミック・ライティングの分類

①日本語の文章の種類

図1-4は本書における日本語の文章の種類を示したものである。日本語の文章は、まず、主として自分に対する文章か、他人に対する文章かに分けられる（向後千春研究室Web教材）。前者の自分に対する文章は、日記、メモ、私的な手紙などがその例で、自分、あるいは、親しい相手しか目に触れないものである。一方、後者の他人に対する文章は、自分以外の人が読むことを前提にしており、大きく3種類に分けられる。1つ目は、最近、急速に普及しているTwitterやLINEといった「SNS（Social Networking Service）的文章」で、個人のつぶやきが特定の人、特定のメンバー、不特定多数の人に対して、インターネットを通じて瞬く間に拡散する可能性を秘めている。2つ目は「文学的文章」で、プロフェッショナルの作家が一般人向けに著した小説、随筆、詩などが該当する。3つ目は「説明的文章」で、岸（2004）は物事についての知識や情報を正確にわかりやすく人に伝える目的で書かれた文章と述べている。この「説明的文章」はアカデミック・ライティングの対象となる文章で、誰もがよい書き手になることが求められている。また、「説明的文章」は、研究者によってその下位分類が異なる[(6)]が、本書では田近（1984）の「説明的文章」の分類に従い、下記のように3分類した。なお、大学で求められるレポートは田近（1984）の「説明的文章」の分類に含まれていない。しかし、後述する③レポートの分類で述べるように、（A）説明性、（B）論述性、（C）記録性の3つに対応したレポートが見られる。

「説明的文章」の分類（田近，1984）

(A) 説明性…説明文、解説文

(B) 論述性…論説文、評論文、論文

(C) 記録性[(7)]…記録文、報告文、通信文、伝達文

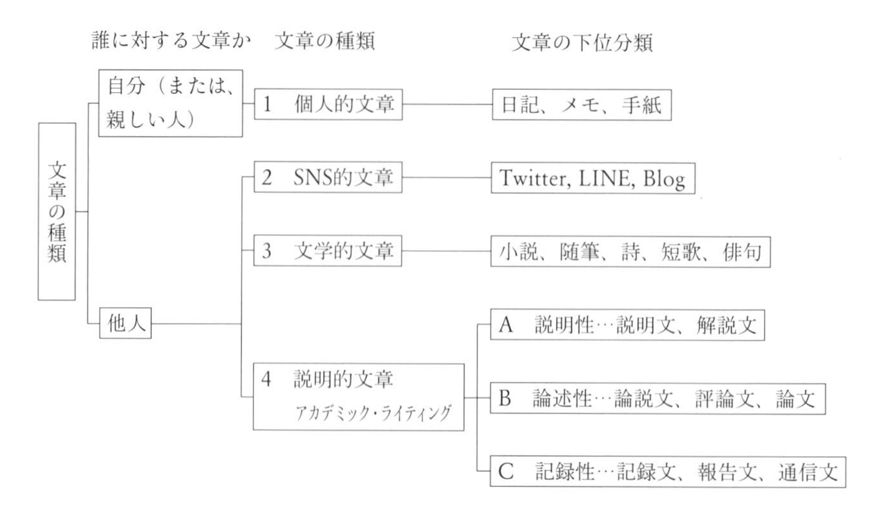

図1-4　日本語の文章の種類

②レポートと論文の相違点

①では日本語の文章の中で「説明的文章」がアカデミック・ライティングの対象となることを示した。とりわけ、大学で課されるアカデミック・ライティングにはレポートと研究論文があるが、その違いは何だろうか。安藤（1999）は、大学や大学院でのライティングを次の3つに分類している。

大学や大学院でのライティングの分類（安藤, 1999）

(1) 小論文…限られた時間の中で、課題についての自分の意見を説得的にまとめる。

(2) レポート（A 文献批評レポート、B 研究レポート）…執筆者が調べた情報をまとめて他人に知らせるための報告書。

(3) 研究論文（C ゼミ論・卒業論文、D 修士論文・博士論文、E その他の論文）…研究レポートより学術的普遍性が高いため、学術論文一般の形式上の要件を守ることが厳密に求められる。

(1)「小論文」は大学入学試験などで実施されることが多いが、管見の限り、大学の授業で小論文を課すことは耳にしない。ここでは、大学の授業でのアカデミック・ライティングに限定し、(2) レポートと (3) 研究論文（以下、「論文」と略す）に分類する。また、本書は、学部留学生を対象にしているため、(3) 論文はゼミ論文や卒業論文を対象とする。(2) レポートと (3) 論文の共通点は、何を述べるかという目的が明確であること、その裏づけとなる信頼性のある証拠が求められること、他者の意見と区別し、自分の意見を述べることなどが挙げられる（井下, 2013: 8-9）。

では、レポートと論文の相違点は何であろうか。レポートは、自分なりの視点から、すでにある文献（研究）の内容を適切に引用し、根拠を示した上で、それに自分の意見を追記したものである。だが、論文は、すでにある文献（研究）よりも新しく、しかも、妥当性のある議論を論理的・実証的に展開したものである（東京大学, 2010: 3）。つまり、論文は、レポートよりも内容にオリジナリティがあり、先行研究をふまえ、自分の研究を位置づけ、新しい解釈や事実の発見などを議論したものである。

レポートと論文の相違点に関して、石黒（2012: 4）はその相違点をやや強調する形で整理している（表1-1）。レポートは、学部の時期に、授業内容の理解を報告することが目的の文章であり、レポートの課題は教員から与えられ、内容に自分なりの独自の考えを展開するというオリジナリティは必須ではないこともある。また、論文は、学部や大学院の時期に、学術的に価値のある発見を論証することが目的の文章であり、テーマに関する問いを自分で立て、内容には学術的に価値のあるオリジナリティを含んでいる必要がある。そして、レポートと論文の関係に関して、レポートは論文を作成する前の準備段階であり、論文は学術的な研究を遂行する要素を含み、（卒業）論文を作成することは学部での教育の最終目的であるとしている。本書では、アカデミック・ライティングの中で、レポートを研究対象にしているため、次に、レポートを分類し、その特徴を述べる。

表1-1　レポートと論文の違い

	時期	目的	問い	オリジナリティ
レポート	学部	理解を報告	与えられる	必須ではない
論文	学部・大学院	発見を論証	自分で立てる	必須である

(石黒, 2012: 4, 表1の一部を抜粋して引用)

③レポートの分類

大学で課されるレポートを分類する。レポートの分類についての先行研究を参照すると、研究者によって、若干、分け方が異なる（二通・佐藤, 2003; 二通他, 2009(8); 井下, 2013(9) など）。レポートの分類においても、田近（1984）の「説明的文章」の（A）説明性、（B）論述性、（C）記録性の3つの観点による分類が適していると考え、田近（1984）の分類に類似した二通・佐藤（2003: 107）の3分類に従う。二通・佐藤（2003）ではレポートの名称に関する記述が見られなかったため、筆者がレポート分類の名称として、A「説明型」（田近の（A）説明性に相当）、B「論証型」（（B）論述性に相当）(10)、C「調査型」（（C）記録性に相当）を付した。本書では、二通・佐藤（2003）の「論証型」レポートを、さらに、2つに下位分類し、①「賛否型」と②「問題解決型」に分ける。表1-2に、本書におけるアカデミック・ライティング（レポートと論文）の分類と定義を示す。

A「説明型」レポートとB「論証型」レポートの共通点は、テーマについて文献や資料を調べて考察し、自分の意見を述べることである。しかし、A「説明型」レポートは調べたことを説明することが中心であり、オリジナリティのある内容を求められているわけではない。一方、B「論証型」レポートは、自分の意見を言明し、自分の意見の根拠を参考文献から示し、相手を説得するという点において異なる。

B「論証型」レポートについて、本書では、さらに2つに下位分類する。1つは、ある主題に対して、賛成か、反対か、または、「～べきか」、「～べきではないか」など二者択一のどちらかの立場に立ち、自分の支持する立場を論じるB①「賛否型」レポートである。もう1つは、ある未解決の問題を主題に選び、その問題解決を提案するB②「問題解決型」レポートである。とりわけ、後者の「問題解決型」レポートにおいて、学術的な普遍性を高めることができれば、「論文」へと発展させることができる。よって、専門的な論文を作成するための橋渡しのレポートとしては、「問題解決型」レポートを作成することが望ましい。

そして、C「調査型」レポートについては、インタビューやアンケート調査を行うなどして、自分で意見の根拠となるデータを収集する点が、A「説明型」レポートとB「論証型」レポートと異なる。C「調査型」レポートは、フィールドワークを実施する人文社会系学部や、各種の実験を行う実験系学部などのレポートも含まれると考えられる。

図1-5は、4種類のレポートと論文について、(1) 文章を作成する「目的」、(2) レポートや論文の「問い」を誰が与えるのか、(3) レポートや論文の「オリジナリティ」がどの程度求められるのか、という3つの観点からの関係を図示したものである。また、表1-3は、図1-5と同様に、4種類のレポートと論文の違いについてまとめたものである。

表1-2　大学におけるアカデミック・ライティングの分類と定義

			定　義
レポート	A　説明型		ある主題について参考文献や資料などによって調べ、自分自身の考察を加えて説明するもの（二通・佐藤, 2003: 107）
	B　論証型	①賛否型	ある主題に関して、賛成か、反対か、または、「〜べきか」、「〜べきではないか」といった二者のうち一方の立場に立ち、その立場の根拠を示しながら、論理的に述べるもの
		②問題解決型	ある問題に対して、その問題を解決する書き手の意見が提案され、その根拠を示しながら、論理的に述べるもの
	C　調査型		ある問題に関してインタビュー・アンケート調査・現地調査などを行い、その結果についての考察を述べるもの（二通・佐藤, 2003: 107）
論文			レポートよりも内容に独自性があり、先行研究を踏まえ、自分の研究を位置づけ、新しい解釈や事実の発見などを議論したもの

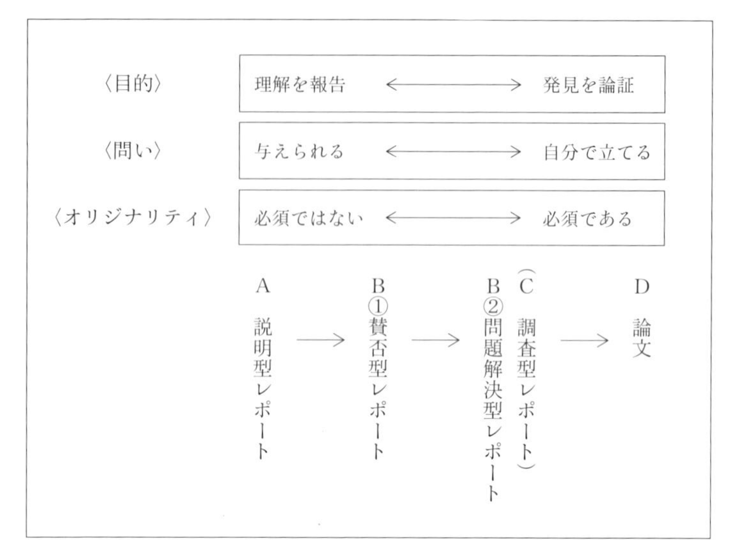

図1-5　4種類のレポートと論文の関係

表1-3　4種類のレポートと論文の相違点

	A　説明型レポート	B　論証型レポート		C　調査型レポート	D　論文
		①賛否型	②問題解決型		
目的	理解を報告	賛否の根拠を提示	問題解決とその根拠を提示	調査結果を報告	発見を検証
問い	与えられる	与えられる	与えられる／自分で立てる	与えられる／自分で立てる	自分で立てる
オリジナリティ	必須ではない	必須ではない	ある程度必須である	ある程度必須である	必須である

(石黒, 2012: 4, 表1の枠組みを利用して筆者が作成)

アカデミック・ライティングは、A「説明型」、B①「賛否型」、B②「問題解決型」、D「論文」と進むにしたがって、理解の報告から発見の検証へと、文章執筆の目的が高度なものに変わっていく。そして、文章の問いは与えられるよりも、自分で立てることが多くなり、内容のオリジナリティがより求められるようになる。なお、C「調査型」レポートは、書き手が実施した実験結果のデータやアンケートなどの調査結果データを根拠として示す点が、B②「問題解決型」レポートとの違いである。したがって、C「調査型」レポートの難易度のレベルは、B②「問題解決型」と同程度と位置づけている(図1-5)。

1.3 学部留学生の日本語ライティングの問題点

大学で課される主なアカデミック・ライティングは、表1-3に示す4種類のレポートと論文であることを述べてきた。レポートの種類に関して、レポート課題を提示する教員側だけでなく、レポート課題を受ける学生側も、課題のテーマ、文字数、提出締切には注意を払うが、そのレポートがどのタイプのレポートに属するかを意識していることは少ないように見受けられる。筆者は学生がレポートのタイプを意識してレポートを作成していないことも、レポート・ライティングの問題点の1つではないかと考えている。残念ながら、その点について言及した先行研究は管見の限り、あまり見られない。この点については、第6章の実践結果の考察でも触れる。

ここでは、主として、日本国内の学部留学生を対象にした7つの日本語ライティング研究（宮原, 1998; 二通・佐藤, 1999; 二通, 2001; 村岡, 2007; 山本, 2004; 長谷川・堤, 2011; 脇田, 2012）を以下に提示し、それらの研究で指摘されている日本語ライティングの問題点を検討する。

①宮原（1998）

宮原（1998）は、学部・大学院留学生の中級後期から上級レベルの学習者作文の問題点を挙げ、問題点ごとに学習者作文の類型化を図り、作文用教材『外国人学生が日本語で作文を書くための用例集』を作成している。学習者による作文の問題点として、次の5つに分類し、さらに14項目に下位分類している。それは、(1)「段落の問題（1. 一段落内の文脈が混乱するなど段落の不適切さ)」、(2)「段落と段落のつながりの問題（2. 段落と段落のつながりの不適切さ)」、(3)「文と文のつながりの問題（3. 文と文のつながりの不明確さ、4. 視点の移動、5. 文体の不統一)」、(4)「文の中の問題（6. 長すぎる文、7. 引用の不適切さ、8. 名詞節のねじれ、9. 疑問表現節のねじれ、10. 主述のねじれ、11.「は」と「が」の不適切さ、12. 従属節と主節の接続の不適切さ、13. 文末の不適切さ)」、(5)「全体に関わる問題と言語形式（14. 類義語・類似表現の不統一)」である。

また、内容面の問題点として、次の4つを挙げている。それは、(1)「一般的に言われていることを述べているだけで、書き手自身の体験や自身が得た情報・事実に裏打ちされていない」、(2)「一般的に言われていることを述べているだけで、書き手がどういう観点でそれをとりあげているのか（書き手の立場・意見）がわからない」、(3)「書き手の意見は述べてあるが、その根拠が具体的な体験や自ら得た情報・事実で裏打ちされていない」、(4)「個人的な体験・感想に終始していて、問題を社会的ないしは歴史的な観点からとらえていない」である。

②二通・佐藤（1999）

二通・佐藤（1999）は、大学で学ぶ留学生のための文章表現指導の目的と内容を検討し、そのシラバスと指導方法について提案した。二通・佐藤（1999）は、留学生のレポートの文章の問題点として、次の4つを挙げている。それは、(1)「表記および句読点や記号に関するもの」、(2)「文法・表現に関するもの」、(3)「思考の論理的な組み立てや文章構造に関するもの」、(4)「文章の内容に関するもの」である。次に、アカデミック・ライティングの指導内容として、次の5つを挙げている。それは、(1)「アカデミック・ライティングに必要な基礎的な知識・技術」、(2)「考えをまとめていく過程」、(3)「論理的な思考の組み立て方」、(4)「文章構造の意識化」、(5)「文章に対する評価・推敲能力の養成」である。そして、これらを反映したアカデミック・ライティング教材『留学生のためのレポートの文章（試用版)』[(11)]が開発された。

③二通（2001）

二通（2001）は、国立国語研究所が作成した「日本語学習者による日本語作文と、その母語訳との対訳データベースver. 2」を利用し、日本人学生と中国人・韓国人の中級レベル日本語学習者との意見文を比較し、分析している。作文の課題は、喫煙規制に関する短い文章を読み、賛成か反対の意見を800字程度で述べるものである。二通（2001）は、日本語学習者の文章の問題点として、次の5つを指摘している。それは、(1)「書き手の意図が理解しにくい（状況説明か、理由か）」、(2)「意見が文中に示されていない、また、状況を述べているだけで意見やその理由にあたる部分がない」、(3)「内容が未整理のまま書かれている、途中で話題がそれてしまっている」、(4)「エッセイ的な文章で意見文になっていない」、(5)「段落分けに問題がある例が多い」である。そして、アカデミック・ライティングへの示唆として、次の3つを指摘している。(1)「日本語の論理的な文章のあり方への共通理解の形成（明快でわかりやすい文章を書くために、演繹型の重点専攻の書き方の習得など）」、(2)「書く前の論理的な思考の方法（文章を書く前に、考えを整理する）」、(3)「作文課題での文章構成の枠組みを提示する必要性（文章構造の意識化のために、論理展開の方法を示した上で、それに沿って書かせるなど）」である。

④山本（2004）

山本（2004）は、学部留学生を対象にした講義科目のレポートの評価に言及している[13]。講義科目のレポート評価は、内容が最優先され、全体の論旨に無理がないか、論理的に整合性があるかが評価のポイントとなるとしている。一方、言語的な文法・表現上の誤りは、大意が通じていれば、ほとんど問題にされないこと、初級・中級レベルの文法・表現に間違いが多い場合は、読まれずに評価が決まると述べている。つまり、講義科目のレポートでは、文法・語彙よりも論理的に一貫した内容が重視されるにもかかわらず、論理的思考法の養成が十分とは言えないことを指摘している。

⑤村岡（2007）

村岡（2007）では、大学院の中級日本語学習者数名[12]が作成した比較的短い作文の論理展開を分析し、論理展開の問題点を提示している。作文は、専門以外の母国の教育か交通、あるいは、環境に関する社会問題をテーマに、60分以内でA4用紙1枚以内に、3つの段落（問題の説明、背景や原因の分析、問題への対策）で作成されたものである。分析の結果、論理展開の観点から次の4つを問題点として示している。それらは、(1)「段落内におけるトピックの分散」、(2)「段落内外における文配列と主張内容の不整合」、(3)「複数段落における同趣旨の重複」、(4)「根拠の乏しい主観的な結論」である。

⑥長谷川・堤（2011）

長谷川・堤（2011）では、二通（2001）と同様に、国立国語研究所が作成した「日本語学習者による日本語作文と、その母語訳との対訳データベースver. 2」を利用し、任意に抽出した日本語学習者20名が作成した喫煙規制に関する意見文を対象に、意見文のわかりにくさについて分析している。長谷川・堤（2011）では、大学教員が日本語学習者の文章に対して、文法よりも構成を重視して評価する傾向にあるとし、20編の作文の中から、比較的評価の低かった作文[14]を取り上げ、構成面からわかりにくい要因を特定している。その要因として、(1)「主張文のサポートとなる事実文がない、もしくは不足している」、(2)「主張文そのものがない、もしくは不足している」を挙げている。

⑦脇田（2012）

脇田（2012）は、学部初年次を対象にしたライティング科目で作成されたレポート（本書の分類では「賛否型」レポート）15編[15]（1編は約2,000字程度）の文章構造を分析している。授業で提示したレポートの構成は次の通りである。1章は「背景、問題提起、テーマ選択の動機、賛否の立場表明、目的、構成」、2章は「テーマの現状や経緯」、3章は「テーマに関する問題が生じた原因、異なる立場による現状認識の違い」（賛否の立場をとる根拠、対立する立場に対する反論）、4章は「本論のまとめ、結論」である。各レポートを構成要素に分け、レポートの展開を分析した結果、教員が指示した通りの構成であったレポートは15編中9編であった。

このことから、大まかな文章構成と内容を指示しても、その通りにレポートを作成することは簡単ではないことを示した。また、教員が指示した構成で作成されたレポートであっても、次の3点において内容面の問題が見られた。それは(1)「問題提起や目的が不明瞭である」、(2)「主張（結論）がはっきりしない」、(3)「主張（結論）と根拠の関係が不明確である」である。これらの問題点は、留学生の不十分な日本語表現力、論理的思考の弱さ、テーマに対する内容理解や関心の不足などに起因するものと思われる。

以上、①～⑦の日本語学習者におけるライティングの問題点を表1-4にまとめる。表1-4から、各研究の問題点に関する日本語表現に違いはあっても、意図する内容としては共通するものが多いことがわかる。共通する問題点として、(1)「段落に関する問題（段落内のトピックの分散、他の段落とのつながりの不整合など）」、(2)「論理的思考の未熟さに関する問題（書き手の主張がない、問題提起がない、根拠がない、あるいは、明確でないことなど）」、(3)「構想の不十分さ（未整理のまま書かれた内容や複数段落における同趣旨の重複など）」が挙げられる。(1)から(3)の問題点は、論理的な文章作成における文章構成の問題であり、これが学部留学生のレポートにおける大きな問題点であると考えている。

学部留学生のレポートの中には、語彙、文法、文レベルの問題が存在する[(16)]が、山本（2004）、長谷川・堤（2011）において指摘されているように、レポート評価では語彙・文法よりも論理的に一貫した内容の方が重視されるため、本書もレポート・ライティングにおいて、論理的思考法の養成、すなわち、論理的な文章構成支援を重視すべきという意見に賛同する。

さらに、佐藤・仁科（1994）においても、大学院留学生の指導教官を対象としたアンケート調査から、最も必要とされる作文の指導項目は文系も理系も文章構成であると述べている。このことからも、学部留学生に対しても、文章構成の支援が重要であると言える。

表1-4　日本語学習者における日本語ライティングの問題点

<table>
<tr><td>宮原
(1998)</td><td>〈学習者による作文の問題点〉
(1) 段落の問題
（一段落内の文脈が混乱するなど段落の不適切さ）
(2) 段落と段落のつながりの問題
（段落と段落のつながりの不適切さ）
(3) 文と文のつながりの問題
（文と文のつながりの不明確さ、視点の移動、文体の不統一）
(4) 文の中の問題
（長すぎる文、引用の不適切さ、名詞節のねじれ、疑問表現節のねじれ、主述のねじれ、「は」と「が」の不適切さ、従属節と主節の接続の不適切さ、文末の不適切さ）
(5) 全体に関わる問題と言語形式（類義語・類似表現の不統一）
〈内容面の問題点〉
(1) 一般的に言われていることを述べているだけで、書き手自身の体験や自身が得た情報・事実に裏打ちされていない。
(2) 一般的に言われていることを述べているだけで、書き手がどういう観点でそれをとりあげているのか（書き手の立場・意見）がわからない。
(3) 書き手の意見は述べてあるが、その根拠が具体的な体験や自ら得た情報・事実で裏打ちされていない。
(4) 個人的な体験・感想に終始していて、問題を社会的ないしは歴史的な観点からとらえていない。</td></tr>
<tr><td>二通・佐藤
(1999)</td><td>〈留学生のレポートの文章の問題点〉
(1) 表記および句読点や記号に関するもの
(2) 文法・表現に関するもの
(3) 思考の論理的な組み立てや文章構造に関するもの
(4) 文章の内容に関するもの</td></tr>
<tr><td>二通
(2001)</td><td>〈日本語学習者の文章の問題点〉
(1) 書き手の意図が理解しにくい（状況説明か、理由か）。
(2) 意見が文中に示されていない、また、状況を述べているだけで意見やその理由にあたる部分がない。
(3) 内容が未整理のまま書かれている、途中で話題がそれてしまっている。
(4) エッセイ的な文章で意見文になっていない。
(5) 段落分けに問題がある例が多い。</td></tr>
<tr><td>山本
(2004)</td><td>〈講義科目のレポート評価について〉
(1) 内容が最優先され、全体の論旨に無理がないか、論理的に整合性があるかが評価される。
(2) 文法・表現上の誤りは、大意が通じていればほとんど問題ない。
(3) 初級・中級レベルの文法・表現上の問題が多い場合、読まれずに評価が決まる。</td></tr>
<tr><td>村岡
(2007)</td><td>〈論理的展開の問題点〉
(1) 段落内におけるトピックの分散
(2) 段落内外における文配列と主張内容の不整合
(3) 複数段落における同趣旨の重複
(4) 根拠の乏しい主観的な結論</td></tr>
<tr><td>長谷川・堤
(2011)</td><td>〈意見文のわかりにくさ〉
(1) 主張文のサポートとなる事実文がない、もしくは不足している。
(2) 主張文そのものがない、もしくは不足している。</td></tr>
<tr><td>脇田
(2012)</td><td>〈内容面の問題点〉
(1) 問題提起や目的が不明瞭である。
(2) 主張（結論）がはっきりしない。
(3) 主張（結論）と根拠の関係が不明確である。</td></tr>
</table>

なお、日本語ライティングの先行研究では、日本語ライティングの問題点を指摘することが議論の中心になっているものもあるが、問題点に対する対応策を提示しているものも見られる。例えば、村岡（2007）では、対応策として、各々適切な例と不適切な例をともに示し、学習者に論理的な文と文、文と段落、段落と段落の関係性を例に即して十分認識させる必要があると述べている。また、山本（2004）は、論理的思考法を高めるために、レポート・論文形式と言語形式による言語的訓練の必要性を挙げ、多くの文献資料、データを読みこなし、それを言い換えて引用し、自身の主張を支える訓練のための教材例を示している。本書はそうした先行研究の対応策を否定するのではなく、先行研究の成果をふまえつつ、新しい観点からの対策を提案する。

1.4　本書の目的、対象、および、研究方法

1.4.1　本書の目的と対象

本書の目的は、専門教育での論文作成を目指し、論理的な文章構成によるレポート・ライティングを支援することである。学部留学生を対象にしたライティングに関する研究やライティング教材の多くは、大学初年次でのレポート・ライティングの導入が大部分を占めると言っても過言ではない。また、授業時間の制約上、初年次教育で教えられるのはレポート・ライティングの基礎的な部分に限られるため、それらの基礎知識を実際に応用する練習が不足しているように見受けられる。前節に示したように、とりわけ、レポート・ライティングでは論理的な文章構成の問題が大きいため、自分の主張を述べるための論理的な展開や、主張を支える根拠の提示についての学習支援が引き続き必要である。しかし、実際には、初年次教育以降、よりよいレポート作成のための学習支援や教育指導の機会は極めて少ない。そのため、4年次の卒業論文作成時に、論文作成レベルのライティング力が学部留学生に備わっているとは言い難い。よって、本書では、専門教育での論文作成につなぐこ

とができるレポート・ライティングを目指している。これは留学生に限らず、日本人大学生を対象にしたライティングについても同様の傾向が見られる。そのため、本書で提案する学習方法は学部留学生だけでなく、日本人学生にも援用できるものである。

対象とする学生は、レポートの書き方などのテキストを使って基礎的なライティングの知識を学び、「説明型」レポートは作成できるが、まだ、専門的な論文を作成するに至らない、これから本格的なレポートや論文に取り組もうとする学部留学生である。本書で中心に扱うアカデミック・ライティングは、与えられたレポートの課題の中で、学部留学生が自らの視点でテーマを絞り、文献を調べ、根拠にもとづき、自らの主張を展開する「問題解決型」レポート・ライティングである。このようなレポート・ライティングの基礎知識を身につけた学部留学生を対象に、「問題解決型」レポートの学習支援方法を提案する。

1.4.2　研究の方法

「問題解決型」レポートを作成するためには、まず、文章の論理構造である「問題提起、根拠、結論」を理解することが重要だと考える。そのためには、ライティング学習の前に、文章の論理構造を理解するためのリーディング学習を十分に行った上で、ライティング学習に移行した方が効果的である。先行研究においても、ライティングにおけるリーディングの重要性が指摘されている（二通, 2006など）が、重要性の指摘に終わっているものが多数を占める。そこで本書では、論理的な文章のリーディングに特化したトレーニングを試みる。そして、学部留学生に文章の論理構造を強く意識させるために、単に、文章構造に対する質問に解答するのではなく、思考内容や思考過程を整理する表やチャートなどの思考ツール（2.3節にて詳述）を利用し、論理構造をまとめる学習を取り入れる。さらに、レポート・ライティングにおいても、「問題提起、根拠、結論」の構成を意識させるために、リーディングで用いた思考ツールを利用する学習支援方法を提案する。最後に、上述したリーディングと連携したアカデミック・ライティングの授業実践を行い、その結果を分析・評価する。

以上の議論を①～③に分け、簡略化して述べる。

① ライティングにおける文章構成の問題を克服するために、論説文の論理構造を理解するためのリーディングの学習方法を提示する。(第3章)
② ①の後、論理構造を意識させるライティングの学習方法を提示する。(第4章)
③ ①と②による授業実践の結果を分析、考察し、成果を述べる。(第6章)

①論説文の論理構造を理解するリーディング学習（第3章）

脇田（2012）では、レポートの章構成とその章で書くべき大まかな内容を予め指示しても、教員が指示した通りにレポートを作成することは容易ではないことを指摘した。これは文章構成と内容を指示するだけでは、レポート構成の指導としては不十分であることを意味している。したがって、レポート・ライティングにおいては、文章の文章構造への理解や気づきを高める活動が求められる。文章の構成、とりわけ、「問題提起、根拠、結論」といった論理構造を意識させる必要がある。そのためには、ライティングというアウトプットの前に、論理構造をインプットするリーディング能力を養成する必要がある。本書では、こうしたリーディングを「ライティングと連携したリーディング」と呼ぶことにする。

論理的な文章の文章構造を分析するための教材として、新聞の論説文（オピニオン欄）を扱う。リーディング教材の対象とした新聞の論説文は、2012年2月から2013年9月までに、『朝日新聞』と『京都新聞』に掲載された1,000～1,300字の10編である。レポート・ライティングの文章構造分析のサンプルとして、新聞の論説文を対象にした理由は2つある。1つは、論説文の筆者である大学教員や各分野の専門家、あるいは、新聞記者らが論理的な文章に精通しているためである。もう1つは、新聞の論説文は大体の文字数が定められ[17]、1,000字程度の短い文章であるため、毎回の授業で扱う論理的な文章構造の分析のトレーニングに適していると判断したためである。

このリーディング学習の特徴は、論説文の文章構造を分析し、その構造を視覚化することである。例えば、段落ごとに段落中心文を表にまとめる、論理構造をチャートで示すといった思考ツールの利用によって、その文章構造や論理構造の理解を促進させると考えている。

②論理構造を意識させるライティング学習（第4章）

①のリーディングのトレーニングを経て、レポート・ライティングに取り組めば、ライティングの文章作成過程においても、「問題提起」、「根拠」、「結論」の論理構造をより明確に意識できると考えている。例えば、リーディング学習で練習した「問題提起」は何か、裏づけとなる「根拠」は何か、「結論」は何かという論理構造を意識することは、文章作成する上でも、「問題提起、根拠、結論」を意識して作成することにつながる。こうしたライティングを「リーディングと連携したライティング」と呼ぶことにする。

そして、ライティング学習においても、リーディングで利用した思考ツールを利用し、ライティングの学習支援を行う。そうすれば、これから作成しようとする文章構造や論理構造を視覚化し、論理的な思考過程を明示し、ライティングの文章構成能力を高められるだろう。とりわけ、母語ではない外国語によるライティングで、こうした思考ツールを利用した作成は、外国語によるライティングの思考整理の負担を軽くできると思われる。

本書では、4,000字程度の「問題解決型」レポートのライティングの学習支援を目的としている。長文作成の負担を軽くするために、まず、2,000字程度の「賛否型」レポートを作成し、その後、「賛否型」レポートと同じテーマで4,000字程度の「問題解決型」レポート作成を試みる。

③リーディングとライティングを連携させた授業実践の結果と考察（第6章）

①「ライティングと連携したリーディング」、そして、②「リーディングと連携したライティング」を取り入れた授業実践の方法を第5章にて述べる。③では、その授業実践の前と後に同一学習者が作成した2つの「問題解決型」レ

ポートを比較し、授業実践の結果と考察を述べる。分析対象の学習者は、関西の某大学文系学部の学部2年次生6名[18]で、授業実践前のレポート6編、授業実践後のレポート6編の計12編のレポートを対象とする。

授業実践前の「問題解決型」レポートは、学部留学生の母国の社会問題の中から、学習者が自由にテーマを選び、4,000字程度で作成されたものである。このレポートは、レポート・ライティングの基礎知識を学ぶことを目的とした「日本語ライティング1」科目で作成された。授業期間は、2013年4月から7月までの1回90分、週2回、15週間である。分析対象としたレポートは、期末レポートとして提出された完成稿6編である。

授業実践後の「問題解決型」レポートは、日本の社会問題の中から、学習者が自由にテーマを選び、4,000〜6,000字で作成されたものである。このレポートは、「日本語ライティング1」に引き続き、レポート・ライティングの力を伸ばすことを目的とした「日本語ライティング2」科目で作成された。この「日本語ライティング2」科目において、①「ライティングと連携したリーディング」と②「リーディングと連携したライティング」を実践した。授業期間は2013年10月から2014年1月までの1回90分、週2回、15週間の授業である。対象としたレポートは、期末レポートとして提出された完成稿6編である。

これらのレポートは、授業を担当した教員を含む5名の日本語教員[19]によるルーブリック評価とレポートに対する講評（コメント）によって評価する。また、学習者が作成した3つの思考ツールを筆者がチェック・リストを用いて評定し、思考ツールの完成度とライティング評価の関係について考察する。そして、学習者のレポートに対する自己評価、アンケートやインタビューの回答などから得られたデータを補足し、学習者の文章構成能力を中心に、ライティングに関する学びを総合的に考察する。

注

(1)　日本学生支援機構が実施している「日本留学試験」では、日本語科目を出題する目的に「日本の大学での勉学に対応できる日本語力（アカデミック・ジャパニーズ）を測定する」を挙げている。

(2)　留学生対象の大学入学試験「日本留学試験」は日本の大学等で必要とする日本語力および基礎学力の評価を行うことを目的に実施する試験で、年2回（6月および11月）日本国内と国外で実施している。出題科目は、日本語、理科（物理・化学・生物）、総合科目および数学である。日本の各大学が指定する受験科目を選択して受験する。出題言語は、日本語と英語があり、出願時に選択できる。

(3)　国際交流基金と日本国際教育支援協会が実施している「日本語能力試験」には、N1～N5レベルの5段階が設定されている。N1レベルは最も日本語力が高いレベルである。なお、最近ではN2レベルの日本語能力で入学を許可する大学も徐々に増えている。

(4)　「アカデミック・スキル」に類する概念として、山田・林（2011）は「リサーチリテラシー（研究を遂行するために必要な基礎的能力）」を挙げている。そして、「聞く力」「課題発見力」「情報収集力」「情報整理力」「読む力」「書く力」「データ分析力」「プレゼンテーション力」の8つの下位概念を示している。

　また、天野他編（2008）は「スタディ・スキル（大学入学から卒業までを通して必要とされる基本的な学びの技術）」を挙げている。「読む力」「聞く力」「話す力」「書く力」の4つの基本技能と、「考える力」「調べる力」といった「学びのコミュニケーション能力」からとらえている。

(5)　「作文」は、自分が思ったことや感じたことを書くことで、その思ったことや感じたことの裏づけがなくても問題がない（井下, 2013: 8）。そのため、本書では「作文」という用語を用いない。「作文」は、日本語教育では初級から中級レベルのライティングを指し、また、日本の学校教育では初等中等教育の国語教育で用いられている。なお、研究者が「作文」という用語を使用している場合は、そのまま「作文」と表記する。

(6)　国語教育学の市毛（1985）は、説明文（広義）を機能面から2つに分類している。

①情報伝達機能…記録文・報告文・説明文

②論説機能…意見文・主張文・論説文

　また、心理学の分野では、説明文（広義）を伝達する知識の区分にもとづき、分類することが多い。例えば、Mayer（1985）は説明文を3つに分類している（岸, 2004: 3）。

①宣言的知識…宣言的説明文（科学論文、論説文など「～は～である」型の文）

②手続き的知識（「～ならば～せよ」型の文）…手続き的説明文（マニュアル、操作説明書など）

③エピソード的知識…物語文、生活文

(7) 記録性をもつ文章の例として、教員養成課程の学部では教育実習の記録や報告、医療・看護系の学部では看護記録が挙げられる。

(8) 二通他（2009: 3）では、レポート・論文のタイプを7つ挙げている。そのうち、レポートについては、次の2つのタイプを挙げている。
①実験・調査レポート：実験・調査に基づくレポート
②論証型レポート：ある主張を根拠を用いて証明するレポート

(9) 井下（2013: 30）では、大学でのレポートの課題として、次の4種類を挙げている。
①説明型レポート：授業やテキストの内容を理解したかどうか説明する。
②報告型レポート：（臨床、教育）実習での成果を報告する。
③実証型レポート：仮説を検証するため、実験や調査を実施し、分析、考察する。
④論証型レポート：与えられた課題について、テーマを絞り込み、資料を調べ、根拠に基づき、自分の主張を論理的に組み立てて論証する。

(10) 二通・佐藤（2003: 107）では、論証型レポートの定義に関して、「ある問題についての自分の主張・見解・考察などを客観的な根拠を示しながら、論理的に述べるもの」と述べている。

(11) この教材をもとに、『留学生のための論理的な文章の書き方』（2000）が作成され、その後、『改訂版留学生のための論理的な文章の書き方』（2003）に改訂された。

(12) 大学院の日本語中級レベルの留学生を対象にした作文の分析であるが、専門に関する内容ではなく、一般的なテーマについて作成したものである。

(13) 講義科目のレポートが抱える言語教育上の問題点について、2つの観点から言及している。「①講義科目の評価として課されるため、一般にフィードバックされない。（されたとしても、部分的な語彙・表現の添削だけになりがちで、レポート作成指導は行われない。）②学生の参考にした資料の内容を確認できない。（剽窃の問題として、資料の引用か、学生自身の意見かわからないなど。）」である。

(14) 比較的評価が低かった作文というのは、評価尺度が「1. 非常にわかりにくい、2. わかりにくい、3. わかりやすい、4. 非常にわかりやすい」の4段階評価の場合、評価が1、または、2の作文を指す。

(15) 学生15名の身分は、学部1年生7名、2年生1名、留学生別科生3名、交換留学生4名である。

(16) 語彙、文法、文レベルの問題に関して、学部留学生はレポート作成前の日本語中級レベルのライティングの段階で習得しておくべきだと思われる。レポート作成において、語彙、文法、文レベルの問題に関して全く指導しないというのではなく、学部生のライティング指導ではレポートの論理的構成の指導の比重を大きくすべきと考える。

(17) 『朝日新聞』の「私の視点」は約1,000字、『京都新聞』の「土曜評論」や「取材ノートから」は約1,300字である。

(18) 当該学習者に対しては、レポートの文章は、研究と教育の目的でのみ使用し、国籍や氏名といった個人情報が保護される旨を十分に説明し、書面にて了解を得ている。

(19) 日本語教員は全員、10年以上日本語教育に携わっており、学部留学生の日本語ライティングの授業を担当した経験をもつ。

第2章

日本語ライティング教育の関連研究

2.1 第二言語ライティング教育の研究動向

2.1.1 北米の第二言語（英語）ライティング教育の研究動向

2.1.2 日本の第二言語（日本語）ライティング教育の研究動向

2.2 第二言語教育における「リーディングとライティングの連携」の研究

2.2.1 北米の第二言語（英語）教育における「リーディングとライティングの連携」

2.2.2 日本の日本語ライティング教育におけるリーディングを重視した研究

2.3 リーディングやライティングを支援する思考ツールの研究

2.3.1 思考ツールの分類とその有用性

2.3.2 ビジネス分野での論理的思考を支援する思考ツール

2.3.3 議論を支援する思考ツール

2.3.4 リーディングを支援する思考ツール

2.3.5 ライティングを支援する思考ツール

2.4 関連研究からの示唆と本書の位置づけ

第1章では、日本国内の学部留学生の日本語ライティング教育を概観し、今まであまり扱われなかった学部の導入教育から専門教育課程への橋渡しとしてのアカデミック・ライティング、つまり、論文につながるレポート・ライティングの学習支援の必要性を述べてきた。ここでは、日本語ライティング教育の関連研究として、3つの分野の研究を概説する。1つ目は最も研究が進められている北米の第二言語（英語）ライティング教育と日本の第二言語（日本語）ライティング教育の動向を示す。2つ目は北米の第二言語（英語）教育研究と日本の第二言語（日本語）ライティング教育の中で「リーディングとライティングの連携（Reading-Writing Connections[(1)]）」に焦点を絞る。3つ目はアカデミック分野での利用が少ない言語教育を支援する思考ツールに関する関連研究である。最後に、これらの関連研究から得られた示唆と、本書の位置づけを述べる。

2.1　第二言語ライティング教育の研究動向

2.1.1　北米の第二言語（英語）ライティング教育の研究動向

日本の第二言語（日本語）ライティング教育、いわゆる、日本語教育を概観する前に、日本語教育に影響を与えた北米における第二言語（英語）のライティング教育を紹介したい。北米における第二言語としての英語教育において、ライティングは、言語的、認知的、社会的側面などから理論的に分析されている。まず、言語的側面からのライティング分析では、ライティング活動を最終的な「産物（production）」としてとらえている。次に、認知的側面からのライティング分析では、書き手がテキストを書く「プロセス（process）」に焦点を当てている。そして、社会的側面からのライティング分析では、書き手が「状況（situated; どのような読み手であるか、どのような読み手のコミュニティであるか）」を考慮しているかという観点に重点が置かれている（ジョンソン・ジョンソン, 1999: 449）。

第二言語のライティングをどの観点からとらえるかは、ライティングの産出に関する指導法にも反映している。代表的なライティング教育研究の流れには、次の4つのアプローチがある（ジョンソン・ジョンソン, 1999; 岡崎・岡崎, 2001; 大島, 2003; Silva, 1990; 村岡, 2014）。それは、①「制限作文アプローチ」、②「新旧レトリックアプローチ」、③「プロセスアプローチ」、④「学術英語アプローチ」である[2]。①「制限アプローチ」と②「新旧レトリックアプローチ」は言語的側面から、③「プロセスアプローチ」は認知的側面から、④「学術英語アプローチ」は社会的側面からとらえた指導法である。次に、各アプローチの概要を述べる（ジョンソン・ジョンソン, 1999; 岡崎・岡崎, 2001）。

ライティング教育研究の4つのアプローチ

①「制限作文アプローチ」〔Controlled Composition Approach〕

1950年代に最盛期を迎えた、オーディオリンガル法の枠組みによるライティングである。書き手が既習の文型や語彙を文脈に入れて、それらを正確に使えるかどうかが重視されるアプローチである。学習者が産出する文は、導入された文型や語彙が正しく反映されているかといった文型練習の定着の観点が反映されている。日本語教育では初級レベルを中心に、現在も、多くの現場で広く用いられている。教員の役割は書かれたものが正確か、適切かを判断する判定者である。

②「新旧レトリックアプローチ」〔Current-Traditional Rhetoric Approach〕

1970年代に拡大した教授法である。①「制限作文アプローチ」が文レベルを対象にしたことに対し、②「新旧レトリックアプローチ」では、文より大きな談話や文章レベルを対象にした。そして、談話や文章レベルの型を学んでいくことを重視したアプローチである。例えば、文章のジャンル（描写文、叙述文、解説文など）とジャンルにおける論理構造（起承転結、記述列挙、比較対照、因果説明など）、そして、機能（説明、例示、比較・対照、分割、定義など）にもとづき、段落展開の練習を通して、それらの型を習得していくことが望まれる。ここでも、教員の役割は、書かれたものが正確か、適切かを判断する判定者である。このアプローチの問題点として、①「制限作文アプローチ」と同様に、書き手が実際のコミュニケーションにおいて言語の使用能力を十分に伸ばすことの限界が指摘されている。

③「プロセスアプローチ」〔The Process Approach〕

①「制限作文アプローチ」と②「新旧レトリックアプローチ」では、型という形式を重視し、最終的に産出されたものを重視してきた。しかし、1980年代に登場した「プロセスアプローチ」は最終的な産出物よりも、書き手の行きつ戻りつしながら書く思考の創造的過程を重視している。最終的な産物よりもその過程を重視するため、学習者の書いたさまざまな段階の文章は際限なく改善できるものとしてとらえられている。教員は書き手の思考を深める助言者の役割をもつ。この方法の問題点として、書き手の内的な世界を重視するために、読み手への意識やレトリックへの関心が低くなることが挙げられている。

④「学術英語アプローチ」〔English for Academic Purpose Approach〕

③「プロセスアプローチ」では書き手の内的な世界に着目したが、1990年代には、外的な世界が注目された。読み手が何を必要とし、期待しているのかを、書き手が感じることにより、書き手をそのコミュニティで社会的に順応させることを目的とした指導法を「状況中心のアプローチ」と呼ぶ。この「状況中心のアプローチ」の1つである「学術英語アプローチ」では、特定の学問分野で期待される内容、構造などを知った上で、その分野の読み手の期待に応えるように作成することが求められる。

その後、1999年に、アメリカで「21世紀の外国語学習スタンダーズ（Standards for Foreign Language Learning in the 21st Century）」が発表され、アメリカの外国語学習は1つの転換期を迎えた。従来の外国語教育に比べ、幅広い視点・観点から教育内容が組み直され、教育の目標領域は 5 つの C

(① Communication：その言語でコミュニケーションを行う、② Cultures：他の文化への知識と理解を深める、③ Connections：言語を通して他の分野とつながりをもち、情報を得る、④ Comparisons：比較を通して言語・文化への洞察力を養う、⑤ Communities：言語習得を継続して行い多言語社会へ参加する）から構成され、これらの目標領域を支える11 項目にわたる指導基準（standards）が示された（National Standards in Foreign Language Education Project, 1999）。

2000年以降、「21世紀の外国語学習スタンダーズ」による外国語学習の影響が大きいが、個別の言語技能研究も脈々と続いている。主として、北米の第二言語ライティング教育研究について、学術雑誌 *Journal of Second Language Learning* から研究動向を述べる。2000年代以降、協調学習ライティング(3)、科学分野などの特定のジャンルによるライティング、言語コーパス(4)を使ったライティングなどの新しい教育方法や学習ツールを利用した研究が散見される。そして、第二言語学習者のライティングに対する評価、ならびに、教員による誤用訂正フィードバックの方法などに関する研究は、言語教員の関心が高く、論文全体の約3分の1を占めている。

以上、主に北米における第二言語ライティング教育研究の動向を述べてきた。岡崎・岡崎（2001）によれば、上述した4つのアプローチは互いに排除するものではなく、日本語教育の現場ではこれらが共存しているという。例えば、学部のアカデミック・ライティングでは、③「プロセスアプローチ」（大島他, 2014など）が、大学院では、④「学術英語アプローチ」（村岡他, 2013など）がとられることが多く、1つのアプローチだけが採用されるわけではない。ただ、どのアプローチにおいても長所と短所が見られるため、学習者の状況によって、教員はより相応しいものを選択し、その短所を少なくする工夫をすべきである。

2.1.2 日本の第二言語（日本語）ライティング教育の研究動向

日本語教育における作文教育は、初級では、文型の復習や文型学習の下請け的性格でしかなく、会話・聴解・読解に比べ、研究が遅れていた（岡崎・岡崎, 2001: 90, 103）。1983年の日本政府による「留学生10万人計画」の発表以降、日本語教育を取り巻く環境の変化に伴い、教育と研究の両方において、徐々に、アカデミック・ライティングの問題が共有されるようになってきた。留学生は学部での日本語学習時間は極めて限定され、日本語のアカデミック・スキルが不十分な場合であっても、学部における専門課程の履修に時間を割かざるを得ない。こうして、1990年代以降、大学や大学院でのアカデミックな目的とした日本語教育のニーズが高まり、書くことの指導法の研究が多くなされるようになってきた（村岡, 2014: 8-9）。

また、2002年に、外国人留学生を対象にした大学入学試験「日本留学試験」がはじめて実施され、日本語の試験の1つとして「記述問題」も課されるようになった。そのため、大学入試の試験対策として、400字程度で賛否についての意見文を書くライティング指導が行われるようになった。そして、留学生が大学入学後も、多くの学部の日本語科目においてレポート・ライティング指導が続けられている。

さらに、2008年の日本政府による「留学生30万人計画」を受け、2020年までにそれを達成しようと、日本の大学は留学生の受け入れを大幅に拡大させてきている。そして、従来の日本語能力の高い留学生だけでなく、日本語能力はあまり高くないが、英語能力が秀でている留学生など多様な背景をもつ留学生が増えてきている。

こうした背景のもと、学部・大学院の留学生(5)を対象にしたアカデミック・ライティングに関する研究は、大別すると、次の4つに分けられる。①「ライティング指導の実践研究や教材開発などに関する研究」（佐藤, 1993; 二通, 1996; 宮原, 1998; 二通他, 1999; 二通他, 2004; 山本, 2004; 木戸, 2005; 佐藤, 2006; 二通, 2006; 鈴木・松本, 2006; 木戸, 2007; 脇田・越智, 2008; 臼井, 2009; 木戸, 2010; 劉, 2010; 山本, 2012; 脇田, 2015など）、②「学術論文や日本語学習者によるレポートの文章構造や論理展開に着目した研究」（杉田, 1997; 二通, 2001; 村岡他, 2004; 村岡他, 2005; 村上, 2005a; 村上, 2005b; 村岡, 2007; 田代, 2007; 槌田・今井, 2008; 大島他, 2010; 長谷川・堤, 2011;

長谷川・堤, 2012; 脇田, 2012, 脇田, 2014など)、③「学術論文の語彙・表現に関する調査・分析」(村岡他, 1997; 村岡他, 2004; 池上, 2005など)、④「日本語学習者が作成した文章に対する評価基準の研究」[6](田中・長阪, 2004; 川上, 2005; 田中・長阪, 2006; 村上, 2007; 宇佐美, 2014; 脇田, 2016など)である。ここでは、本書と最も関連する①と②の先行研究を取り上げる。なお、1.3節の学部留学生の日本語ライティングの問題点で、①の宮原(1998)、二通他(1999)、山本(2004)、②の二通(2001)、村岡(2007)長谷川・堤(2011)、脇田(2012)を紹介しているため、ここでは重複する部分の説明は割愛する。

①ライティング指導の実践研究や教材開発などに関する研究

佐藤(1993)は、大学の教養部における留学生(大学院生、研究生、日本語日本文化研修生など)を対象に、論文作成を目的にした中級作文の補講授業について報告した。留学生の国籍、専門、身分、日本語学習歴が多様である中、ライティング指導の具体的な項目として、(1)「文章の基本的な書法」、(2)「話し言葉と書き言葉の相違」、(3)「数値・図表の扱い方」、(4)「引用の仕方・注の付け方」、(5)「文章の構成の仕方」を挙げている。そして、さまざまな「読み教材」[7]を用いて、(1)から(5)を指導した。本書との関連では、(5)の文章構成に関する指導において、例えば、列挙の各類型(「第一に、第二に」など)や問題提起の表現とその帰結の表現などの導入をする際に、「読み教材」を用いての練習が不可欠であると指摘している点に着目する。

宮原(1998)の作文指導は、常に、読解、ないしは、聴解と結びつけて授業実践しているという点にも注目したい。教材を読んで理解し、文の構造や語句の使い方を学習し、教材の内容に関連する事実や感想・意見などを出し合い、話し合った後で、自分の感想や意見を書かせるというものだ。宮原(1998)は、作文よりも読解に重点があると思われるが、読みと書きを結びつけている点に着目する。

二通他(1999)では、「分類」「比較・対照」「因果関係」などの論理関係を表す文型を学ぶために、それぞれに読解教材を配置している。学習者は読解教材を通じて、その課の目的に応じたライティングの課題を作成するという点に着目したい。なお、本書では、論説文の論理構造（「問題提起、根拠、結論」）に着目するものである。

山本（2004）は、論理的思考法を高めるために、レポート・論文形式と言語形式による言語的訓練の必要性を挙げている。具体的には、多くの文献資料、データを読みこなし、それを言い換えて引用し、自身の主張を支える訓練のための教材例を示している。

以上、これらの研究に共通することは、ライティングの授業実践の中で、積極的にリーディング活動を導入していることである。例えば、段落相互の関係や論理関係を表す文型や表現といったライティングの文章モデルを示す、あるいは、読解教材をライティング課題のための参考資料としている。本書もこれらの先行研究の延長線上にあり、アカデミック・ライティングにおいて、論理的な文章のリーディングとの密接な連携を提案する。

②学術論文や日本語学習者によるレポートの文章構造や論理展開に着目した研究

本書では、「文章構造」と「文章構成」を区別して用いる（佐久間, 1999; 神尾, 1989; 二通, 2001など）。「文章構造」は、既に客観的に存在する文章の組み立て、すなわち、読み手が文章を理解するために分析した文章構造とする。また、「文章構成」は、書き手が文章を書く過程で文章を組み立てること、すなわち、書き手の文章構想計画とする。

日本語による学術論文を対象にした文章構造や論理展開の先駆的な研究の1つに、杉田（1997）が挙げられる。専門教育を目的とした日本語学習者への文章構造指導のための基礎研究として、書き手のコミュニケーション上の意図という「ジャンル分析」(8)の手法にもとづいて分析している。史学系研究論文の序論の文章構造について、「研究テーマとしての価値の陳述」「先行研究への言及」「当該論文についての説明」「歴史的な事実関係の解説」という4つの要素に分析した。この後、各専門分野の論文における序論の文章構造や論理展開についての研究が発展していく。

村岡他（2005）では、理工系研究留学生に対する論文作成支援を目的に、農学系・工学系日本語論文の緒言における内容と論理展開の様相、用いられる表現について分析している。調査の結果、緒言の典型的な構成は3段落か4段落であり、それらの各段落は「領域提示」「課題設定」「研究動向提示」「研究概要紹介」に対応していることが判明した。

以上、特定の専門分野に特化した学術論文の文章構造の研究は、とりわけ、学術論文の序論の構造に対して、詳細な分析がなされている。専門的知識を有する大学院生のライティング指導に、こうした学術論文の文章構成や論理展開の指導は有用であると思われる。しかし、本書が対象にしている専門課程の前の段階のライティングにおいて、学部留学生が参考にするには、アカデミック・ライティングの難易度が高すぎると思われる。よって、学部留学生のレポート・ライティングにおいては、学術論文よりも単純な文章構成や論理展開をもつ文章が適していると思われる。

2.2　第二言語教育における「リーディングとライティングの連携」の研究

2.2.1　北米の第二言語（英語）教育における「リーディングとライティングの連携」

ここでは、2.1.1項の北米における第二言語（英語）ライティング教育の流れの1つである「リーディングとライティングの連携」に注目し、取り上げる（Clegg, 1988; Kroll, 1990; Tierney, 1992; Grabe, 2001; Kroll（ed.）, 2003; Hirvela, 2004; Barnet and Bedau, 2011など）。アメリカでは、1970年代は、リーディングとライティングは、それぞれ独立した授業で教えられ、リーディングは受動的な活動で、ライティングは能動的な活動とみなされていた。しかし、1980年代には、リーディングとライティングは、意味を形成する過程において本質的に同じであり、両者は「作り上げる行為（acts of composing）」であるという「リーディングとライティングの連携」が提唱された（Tierney and Pearson, 1983: 568）(9)。

なお、Swain（1995）は言語習得研究の中で、アウトプット（output）の重要性を主張している。インプット（input）で得た知識をアウトプットにつなげることで、第二言語学習者は構文や語彙に注意を払い、背景知識を修正し、言語習得を可能にするという。身につけるというインプット（リーディング）と、身につけたものを実際に発信するアウトプット（ライティング）は、同一線上において連続的にとらえることが望まれる（木村他, 2010; iv）

表2-1　観点の変化

1970年代	1990年代
リーディングは受容的な活動である。 ライティングは生産的な活動である。	リーディングとライティングは、新しい考えを生み出したり、組み立てたり、問題解決したりする活動である。
リーディングとライティングは、考えを説明したり、伝えたりする手段である。	リーディングとライティングは、たとえると、車の両輪のようなもので、思考する上でともに必要なものである。
リーディングは筆者のメッセージを理解することを含む。ライティングは他人に自分の考えを明確に伝達することを含む。	リーディングとライティングは、自己発見の追求だけでなく、人々のコミュニケーションを促進させる。
リーディングとライティングは、社会的な文脈において発生する。	リーディングとライティングは、社会的な過程を伴う。
リーディングが先に上達し、その後で、ライティングが上達する。	リーディングとライティングは、同時に上達する。初級のライティングはリーディングを上達させる手段である。
ライティングはスペルの習得によって上達する。リーディングは技能を習得し始めることによって上達する。	ライティングは学生が字をつづり続け、表現方法を模索して文章作成することによって上達する。リーディングは意味のある読み書きの経験をすることによって自然に上達する。

（Tierney, 1992: 248, Hirvela, 2004: 29, 日本語訳は筆者による）

表2-2　教室実践の変化

1970年代	1990年代
リーディングとライティングは、それぞれ別に教えられるものである。	リーディングとライティングは、同じ授業で教えられる。
リーディングとライティングの技能は、それぞれ別の技能である。	リーディングとライティングのプログラムは、両方のプロセスに応用される技能と行動の項目にもとづいて開発される。
ライティングの授業では、リーディングをあつかわない。リーディングの授業でも、ライティングをあつかわない。	授業ではライティングとリーディングは一緒にあつかわれる。
リーディングの授業では、リーディング用の単独のテキストが使用される。ライティングの授業では、ライティング用の単独のテキストが使用される。	文を書いたり、統合したり、プロジェクトを遂行したり、レポートを作成したり、分析したりするため、複数のテキストが使用される。
初級のリーディングには、リーディングの準備活動が含まれる。	初級のリーディングには、(他の学生と）共有したリーディングやライティング活動が含まれる。
初級のライティングには、話の書き取りや表現方法の習得に焦点を当てた内容が含まれる。	初級のライティングでは、言葉と言語機能に関する表現方法に近づいたり、探究したりすることが学生にある程度許されている。

(Tierney, 1992: 249, Hirvela, 2004: 30, 日本語訳は筆者による)

という。これはまさにリーディングとライティングがともに「作り上げる行為」であることを指している。

次に、1970年代と1990年代のリーディングとライティングを比較した「観点の変化」を表2-1に示す（Tierney, 1992: 248, Hirvela, 2004: 29)。また、「教室実践の変化」を表2-2に示す（Tierney, 1992: 249, Hirvela, 2004: 30)。1970年代には、リーディングとライティングは、それぞれ独立した技能として認識されていたが、それが1990年代には、リーディングとライティングは同じ授業で教えられるようになった。表2-1から、1990年代には、リーディングとライティングは、思考する上で車の両輪のようなもので、両者が連携することで新しい考えを生み出したり、問題解決したりする活動とみなされ、上達する時には両方の技能が上達することがわかる。

また、表2-2から、1970年代には、リーディングではリーディング用のテキストが用いられ、ライティングではライティング用のテキストが用いられ、技能ごとに異なるテキストを利用していた。しかし、1990年代には、リーディングとライティングのクラスでは、文を書いたり、プロジェクトを遂行したり、レポートを作成したり、分析したりするため、複数のテキストが使用されるようになったことがうかがえる。

1990年代にピークを迎えた「リーディングとライティングの連携」に関する研究であるが、2000年代以降は学会誌に掲載される「リーディングとライティングの連携」を冠した研究の数が減っている。その理由は、やはり、1999年に発表された前述の「21世紀の外国語学習スタンダーズ」の影響が大きいためと考えられる。

一方、日本の大学・大学院における日本語教育では、日本語の授業の科目名から判断する限り、リーディング科目、ライティング科目といった技能ごとの科目設定が多く見られる。つまり、北米の1970年代の第二言語教育の枠組みで教育実践していることが多い。ただ、授業科目やカリキュラムは、学部の決定事項であるため、教員個人の判断で変更できない。そこで、本書では、ライティング科目の中に、積極的にリーディング活動を取り入れることにする。

次に、「リーディングとライティング連携の教育モデル」について述べる。従来、第二言語の「リーディングとライティングの連携」では教育モデルの構築は困難であった。これに関して、Grabe（2001）は、ライティング教育を含んだリーディング理論と、リーディング教育におけるライティング理論を同時に説明するモデルの構築は問題点が多いためだとしている。ここでは理論的なモデルではなく、教室での実践の観点から「リーディングとライティング連携の教育モデル」を紹介する（Hirvela, 2004: 140-184）。Hirvela（2004）は、教室での実践を下記に示す5つ[(10)]に分類した。以下、各教育モデルについて、簡単に説明する。

「リーディングとライティング連携の教育モデル」(Hirvela, 2004)
①コンピュータ介在モデル〔Computer-Mediated Model〕
②文学/反応重視モデル〔Literature/Response-Based Model〕
③協働モデル〔Collaborative Model〕
④内容重視モデル〔Content-Based Model〕
⑤逐次モデル〔Sequential Model〕

① 「コンピュータ介在モデル」〔Computer-Mediated Model〕

コンピュータを使うことによって、従来の紙面リテラシー(print literacy)だけでなく、電子的リテラシー(electronic literacy)の環境においても、ライティングとリーディングの連携を提供する。例として、ハイパーテキスト(hypertext)[(11)]を挙げ、その特徴を説明する。オンライン上の電子テキストは非線条的(nonlinear)であるため、読み手/書き手は「情報の建築家(architect of information: 情報のブロックを集めたり、動かしたりすることを比喩している)」であるとともに、意味を生み出す「作者(composer)」ととらえている(Hirvela, 2004: 145)。

② 「文学/反応重視モデル」〔Literature/Response-Based Model〕

このモデルは、元来、小学校レベルを主な対象としている。読書記録、日誌、回答書、電子掲示板といった各種反応モードにおけるライティング・モデルである。このモデルの代表的なテキストは文学であるため、「文学/反応重視モデル」と呼ばれている。文学は子どもにとって取り組みやすい素材である。なぜなら、文学に関する読み書きは、第二言語の読み書きの習得において意味あるリテラシーの経験となるためである(Franklin, 1999, Hirvela, 2004: 153)。

③ 「協働モデル」〔Collaborative Model〕

リーディングは、ライティングと同様に、意味を形成する創造的活動である。そのため、教室で学生が自分たちのリーディングを語ることも意味がある。このような語りは、テキストの読みをより具体的に理解し、テキストのいくつかの読みを提示し、テキストの再理解を促し、結果として、ライティングに向かわせる。この過程において、自らのライティングを語る際、学生は意味を創造する点で協働し、創作する。なお、ライティングの教室での協働モデルの例として、学生がお互いの論文の原稿を共有したり、コメントしたりするピア・レビューがしばしば取り上げられる（Hirvela, 2004: 160）。

④「内容重視モデル」〔Content-Based Model〕

内容重視の学習は、「言語学習」と「内容学習」を統合して行う学習である。内容重視のライティング教育は、さらに、3つに下位分類できる（Brinton, Snow and Wesche, 1989: 14-25）。（1）「テーマ重視のアプローチ」は、「内容学習」より「言語学習」の比重が大きい。一方、（2）「シェルター・コース教育」は、「言語学習」よりも「内容学習」の比重が大きい。また、（3）「アジャンクト・モデル」は、「内容学習」と「言語学習」を異なる講座にてあつかう。

（1）「テーマ重視のアプローチ」〔Theme-Based Approach〕

主として、語学教員が担当し、1つの話題（テーマ）をその授業の焦点とする話題重視の枠組みを採用している。全てのテキストや課題はその話題に関したものを扱い、学生が知りたい、あるいは、知っておくべき話題やテーマが選ばれる。内容重視のライティングでは、多数の異なる種類のテキストを読むことが要求される。多くのテーマを扱うより、1つのテーマで、さまざまなテキストのタイプを扱う方が、学生はキーワードやそのテーマの中心的な考えに何度も触れることができる（Hirvela, 2004: 168）。

（2）「シェルター・コース教育」〔Sheltered Course Pedagogy〕

これは、非母語話者学生を対象にした大学1年のライティングでよく用いられている。教科内容と言語の両方を担当している教員が、教科内容と言語学習の両面から授業を行う。第二言語学習者は心理学や歴史といった自分たちの専門のコースに分かれる。そして、母語話者と同じコースの内容や課題が与えられるが、学習者の語学レベルに応じたテキストや指導がなされる。そのため、母語話者が必要としない文法や修辞上の用法などの面にも、集中して取り組むことができる点に特徴がある。

(3)「アジャンクト・モデル」〔Adjunct Model〕

教科教員による内容学習の講座と、語学教員による別立ての言語学習の講座の双方を履修させるものである。例えば、英語による社会学の講座が開かれていれば、その講座用に第二言語としての英語の講座も設置する。その英語の講座では、社会学の教材を扱うリーディングやライティングの課題が課された場合、言語的、あるいは、修辞学上の問題に関する役割を担う。

⑤「逐次モデル」〔Sequential Model〕

課題を通して、学生が知識や能力を確実に、少しずつ技能を積み上げようとすることを指す。これは、「足場作り（Scaffolding）」(12)の考えとも言える。1つの課題が完了しても、さらに、新たな課題を続ければ、その土台は強く、豊かになる。見直しによるリーディングとライティングの間の前後の動きや循環的な動きは、リーディングとライティングの関係の重要な特徴である。学生がテキストを読んで、それらについて書いた後、レポートの新しい草稿を書く過程の一部として、もう一度、リーディングに戻ることを指す。リーディングからライティングへ、そして、リーディングへと、リーディングはライティングに影響を与え、ライティングはリーディングに影響を与えると考えられている。

以上、5つの「リーディング-ライティング連携の教育モデル」について述べてきた。これらのモデルは、教育実践における特徴から分類したものである。そのため、教育実践によっては、いくつかの特徴を併せもつ可能性もあると思われる。本書の「リーディングとライティングの連携」の教育実践方法は、授業の実施形式としてはe-learning上で行うため、①「コンピュータ介在モデル」、授業の内容としては④「内容重視のモデル」の中の（1）「テーマ重視のアプローチ」に近い。

2.2.2　日本の日本語ライティング教育におけるリーディングを重視した研究

日本語教育においても、アカデミック・ライティング力養成のために、主体的で論理的な読み手を育てるための読解の学習内容が提案されている。

二通（2006）は、日本語の読解教科書や読みの教育は、国語教育の伝統を色濃く反映していると指摘している。読解教材の多くは日本語学習者のために書き下ろしたエッセイ風の「ナラティブ」[(13)]の文章であり、それらを読んでも論理的な考察の対象になりにくいと述べている。また、教科書で求められている読みは、論説文が教材になっていても、内容の理解に関する質問が9割近くを占め、論理の組み立てや妥当性について考える質問はなかったという。そして、アカデミック・ライティングにつながる読みの学習への提案として、下記の6つを挙げている。

アカデミック・ライティングにつながる読みの学習への提案（二通，2006: 109-110）

①テキストの社会的な背景を知る
②複数の文章を比較しながら読む
③文章の目的やタイプに応じた批判的な読み
④読むことと書くことを結びつけた学習
⑤読解ストラテジーの習得
⑥データや資料についての批判的な読み

本書では、とりわけ、二通（2006）のライティングにつながる読みの学習への提案の中で、④「読むことと書くことを結びつけた学習」と、⑤論説文に関する「読解ストラテジーの習得」に重点を置いたリーディングの学習支援について、第3章にて述べる。

また、総合的な日本語技能（リーディング、ライティング、スピーキング、リスニング）のタスクに注目した教育実践研究も見られる。山本（2006）では、大学で必要なアカデミック・ジャパニーズの習得を目的とし、タスク・

シラバス[14]による論理的・分析的思考力と表現力を養成するための教育方法を提案している。そして、それらは『国境を越えて』（山本: 2007a, 2007b, 2008）の一連の教材に反映されている。

山本（2006: 87–88）によれば、レポート・論文やプレゼンテーションで主張を論理的に述べるには、その主張の根拠となる情報収集のための読解力・聴解力が前提として求められると言う。そして、読み取るべき情報や聞き取るべき情報は何かという点をまず明らかにし、その情報を短時間で収集するという技能訓練の必要性を説いている。情報収集の前の段階で、自分自身の主張がはっきりしていれば、情報収集はあくまでも自分自身の主張を支持するための手段であるという認識が生まれ、剽窃を防ぐことができると述べている。

本書は、山本（2006）の主張に賛同する立場に立つ。そして、山本（2006）で言及された論理的思考力養成の前提としている、情報収集のための読解力養成に着目し、読み取るべき情報を短時間で収集するための技能訓練の方法を第3章にて展開する。

2.3　リーディングやライティングを支援する思考ツールの研究

ここでは、リーディングやライティングの論理的思考を支援する思考ツールの研究を概観する。思考ツールは、ビジネス・コンサルタントなどの分野では、意思決定などのツールとして、よく利用されている。しかし、アカデミックな分野での利用は寡少である。本書では、読み手が文章を読み、その論理構造を理解するリーディング過程や、書き手の主張を論理的な文章として作成するライティング過程において、第二言語学習者の思考過程を明確にする手段として、思考ツールを用いるため、この分野の関連研究を概観する。

なお、1.2.1項の図1-1にて、「大学で必要となる日本語力」（舘岡, 2002）には、「一般的な日本語能力」と「アカデミック・スキル」があり、この2つを合わせた総合的な日本語力の養成が求められていることを述べた。一般的に、日本語教育では「一般的な日本語能力」の養成を中心に行い、「アカデミック・スキル」の養成にはあまり重点を置いてこなかった。本書の思考ツールは、この「アカデミック・スキル」の1つである論理的な思考力を支援するツールと考えている。

まず、2.3.1項にて、視覚情報による思考ツールを大きく2つに分類し、思考ツールの有用性について述べる。次に、2.3.2項にて、ビジネス分野でよく利用されている「ピラミッド・ストラクチャー」（ミント, 1999)、「ロジック・チャート」（伊藤, 2001）といった論理的思考を支援する思考ツールを紹介する。そして、2.3.3項にて、論理的思考と関連が強い議論を支援する思考ツール（牧野, 2010）について述べる。また、2.3.4項にて、英語教育におけるリーディングを支援する思考ツール（Mohan, 1986; 卯城, 2009）について、最後に、2.3.5項にて、日本語教育におけるライティングを支援する思考ツール（門脇, 1999; 吉田美登利, 2011）について述べる。

2.3.1　思考ツールの分類とその有用性

①思考ツールの分類

本書における思考ツールとは、「マトリックス（表)」、「マッピング」、「チャート」、「図解」、「ワークシート」といった「思考内容や思考推移の要点を全体把握できるような視覚情報の総称」と定義する。思考ツールは、多様な場面においても対応できる一般性の高い「汎用思考ツール」(15) と、個別の場面のみに対応する「専用思考ツール」に分けられる（図2-1)。

前者の「汎用思考ツール」には、「ベン図」、「イメージ・マップ」、「マトリックス（表)」、「ステップ・チャート」などがあり、さまざまな学習場面で共通に使われる「考え方」に対応し、場面や状況が違っても使えるものを指す。「汎用思考ツール」は、ビジネスにおける意思決定や思考整理のツールとして発展した経緯がある（ミント, 1999; 伊藤, 2001など)。そして、近年、教育へも適用がはじめられている（黒上他, 2012; スエルケン, 2012など)。

図2-2は、黒上他（2012）が提案した20の「シンキング・ツール」(16)（本

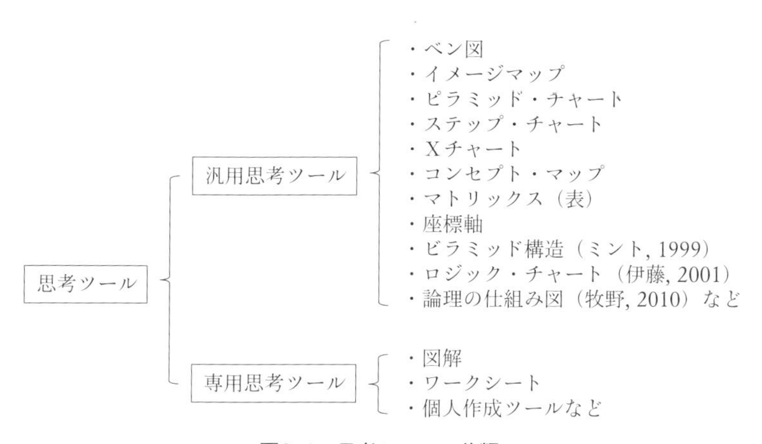

図2-1 思考ツールの分類

書では「汎用思考ツール」）の中から4つを選び、それらのツールに適した思考スキルを示したものである。例えば、「ベン図」は「比較」したり、「分類」したりする思考スキルに有用な思考ツールである。

一方、「専用思考ツール」は、基本的に1回限りの使用による思考過程を示す視覚情報である。例えば、文章を読んでその内容のキーワードを丸や四角形を使って表したり、矢印を使って内容の流れを表示したりする「図解」（鈴木, 2009; 永田, 2014など）や、教員がその教材だけのために独自に開発した「ワークシート」などが挙げられる。また、図解であれば、同じ教材を使っても、学習者によって図解の表現方法は異なり、そして、同じ学習者であっても、教材が異なれば、図解による表現は異なる場合が多い。このように、「専用思考ツール」は、それぞれの個別の状況に依存して作成されるため、「汎用思考ツール」のように1つのフォームに適用し、集約することを目的としていない。

②思考ツールの有用性

人がものを学ぶ際には、知識を記憶するだけでなく、思考の過程を通して身につけていくと考えられる。黒上他（2012: 1-4）は、人が新しい知識を得て、物事を理解する場合に、その知識に疑問をもったり、それまでにもって

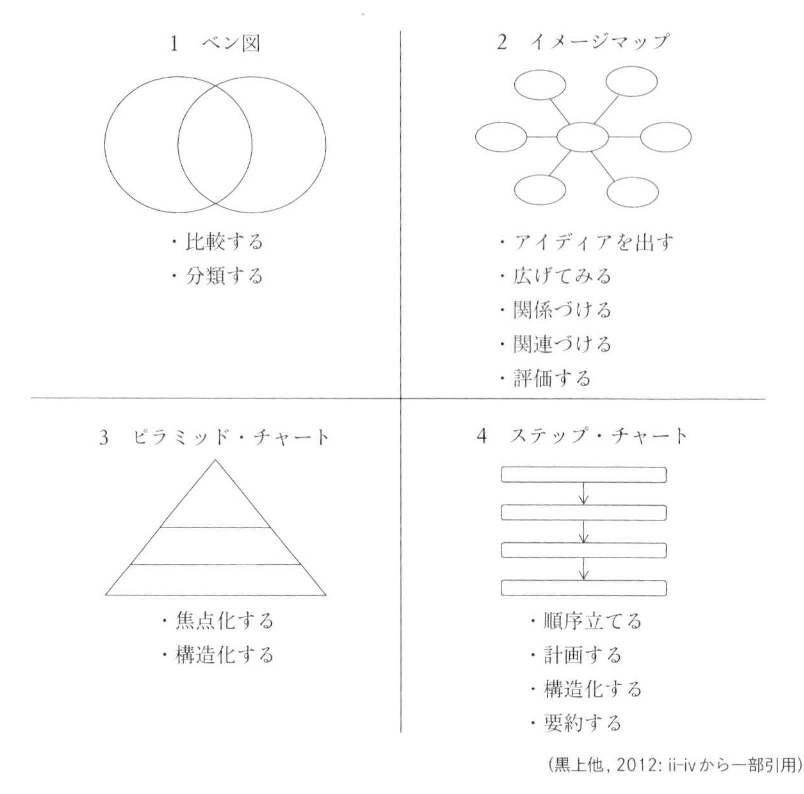

（黒上他，2012: ii-ivから一部引用）

図2-2　汎用思考ツールの例

いた知識を関係づけたりするなどのさまざまな過程が必要になると説明している。そして、思考には自分がもっている知識を伝えるという方向性もあると述べている。知っていることを人に伝える時、求められていることは何か、何をどのように組み合わせ、どのような形で知識を表現するかという過程を経て、知識を伝えることになるという。この意味において、知識は思考と表裏一体で、切り離すことができない。この「知識と思考は表裏一体」という観点は、リーディングとライティングが意味を創造する過程において同じという「リーディングとライティングの連携」の考え方に通じるところがあると思われる。

　教育の現場では、多くの知識の学習が求められるが、一般的に、思考についてのストラテジー、つまり、思考スキルは明示されていない。例えば、新しい情報を整理する場合に、時間軸に沿って順序立てたり、関係性のあることをつないだりすることが思考スキルとして考えられる。しかし、教育の現場ではどの思考スキルを導入すれば、その思考が整理されるのかという情報は共有されていない。よって、学習者が「順序立てる」「関係性に注目する」などの思考スキルを習得すれば、複雑な思考が形成され、高度な知識を積み上げられると仮定される。

では、それらの思考スキルは、どのように導入すればよいのであろうか。黒上他（2012）は、考えを進める手続きやそれをイメージできる図、つまり、ここで説明している思考ツールを利用することを提案している。思考ツールを利用し、頭の中にある考えを視覚的に表すことによって、下記に示す「考える」支援が可能になるという。

思考ツールの利用による「考える」支援　(黒上他, 2012: 2-3)

(1) いろいろな観点から考察し、頭の中にある曖昧なイメージを意識させる。
(2) 文章として表現しにくいイメージを、断片的であっても書き表すことができる。
(3) 関連がないと思われた事柄と事柄の関連性に気づくことがある。
(4) 複雑な事柄を単純にして、大きな視点から考えることができる。
(5) 考える方向を限定して、その手順を示すことができる。

つまり、思考ツールを使って、自分の考えを図の中に書き出すことによって、自分の思考を俯瞰できるようになる。そして、自分の思考を客観的に整理することによって、それまでにつながっていなかった知識と知識を結びつけ、新しい考えを導くことも可能となる。まさに、これこそが、思考ツールの有用性と言えよう。

2.3.2　ビジネス分野での論理的思考を支援する思考ツール

思考過程を視覚化する試みは、アカデミックの分野と、非アカデミックの分野に分けられる。前者のアカデミックの分野では、思考ツールを教育現場で導入した事例は多いと言えない。一方、非アカデミックの分野では、ビジネスの分野を中心に、現場の問題解決などに思考ツールがよく利用されている（ミント, 1999; 伊藤, 2001; 渡辺, 2002; 渡辺, 2012など）。ここでは、2.3.1項の「汎用思考ツール」の中で、現実を分析し、問題点を明確にする際に使用する論理的思考を支援する思考ツールについて述べる。

ビジネスの分野、とりわけ、ビジネス・マネジメント・コンサルタントの分野では、問題解決、意思決定、思考整理の手法として、思考ツールがよく利用されている。代表的な思考ツールに、「ピラミッド・ストラクチャー（Pyramid Structure）」（ミント, 1999; 図2-3）、それを発展させた「ロジック・チャート（Logic Chart）」（伊藤, 2001）がある。その他、「ロジック・ツリー（Logic Tree）」(17)や「MECE（ミッシー; Mutually Exclusive and Collectively Exhaustive）」(18)などもよく利用されている（渡辺, 2012など）。

図2-3に、「ピラミッド・ストラクチャー」の例を示す。図2-3のピラミッド構造の最上部の段には、メイン・メッセージが、中の段には、メイン・メッセージを支えるキーライン・メッセージが、下の段には、キーライン・メッセージを支えるサポート・メッセージが書かれ、構造化されている。ピラミッド構造が適切かどうかの判断は、次の3つの条件を確認することによってわかる（ミント, 2001: 15-17）。

ピラミッド構造であるための条件

（1）上位レベルのメッセージは、下位レベルのメッセージを要約するものとなっていること

（2）各グループ内のメッセージは、同じ種類のものであること

（3）各グループ内のメッセージは、論理的に順序づけられていること(19)

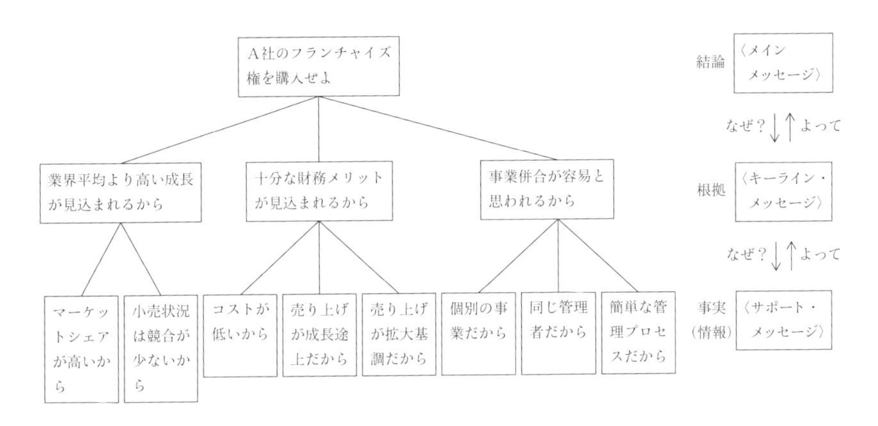

（ミント, 1999: 23 より一部加筆して引用）

図2-3 「ピラミッド・ストラクチャー」の例

次に、図2-4に「ロジック・チャートの構造」を示す。「ロジック・チャート」はピラミッド・ストラクチャーを基本に発展させたもので、その長所と短所は次に示す通りである（伊藤, 2001: 81–87）。

「ロジック・チャート」の長所

（1）主張の論理性が確認できる。
　図2-4の中に、論理的主張の要素である「明確な理由から主張が導き出されているか」「筋道が確かであるか」「（サブ・メッセージは）妥当な理由で構成されているか」の3点を確認できる。

（2）主張ポイントが明確になる。
　主張の全体像を整理することにより、主張のポイントも明確になる。

（3）主張全体の矛盾を排除できる。
　「ロジック・チャート」内の個々の要素文の間を「だから」「なぜなら」で関係づけして、論理的に展開させて出てくる矛盾があれば、見つけやすい。

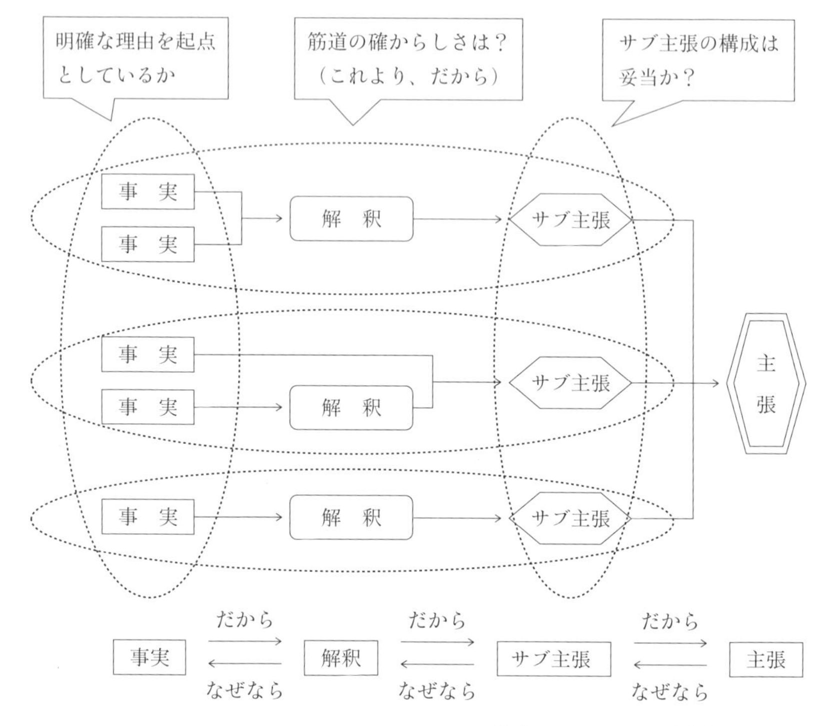

（伊藤，2001: 82より一部加筆修正して引用）

図2-4　「ロジック・チャート」の基本構造

「ロジック・チャート」の短所

（1）思考整理のツールであるため、思考の発想は支援できない。
思考の発想は「イメージ・マップ」などのツールを用い、ブレーン・ストーミングする。そして、新たに浮かび上がった主張を「ロジック・チャート」を用いて論理的に整理する。

このように、「ロジック・チャート」は自分の提案したいことや思考過程をチャートに書き表すことによって、自分の考えを論理的に整理し、俯瞰することが可能であり、論理的な文章のリーディングやレポート・ライティングにも応用可能と判断した。そこで、本書では「ロジック・チャート」（伊藤，

2001）を参考に、論理的な文章のリーディングやレポート・ライティングのための「ロジック・チャート」を第3章と第4章で提案する。

2.3.3　議論を支援する思考ツール

アカデミック分野の汎用思考ツールの中に、議論を支援する思考ツールとして、議論を構成要素に分け、その機能を視覚化したもの（鈴木志のぶ, 2004; 牧野・永野, 1997; 牧野, 2008）がある。牧野（2008）は、情報コミュニケーション学の立場から、議論（argumentation）の過程と構造と成果を概念図で示す「議論の十字」というツールを開発している[20]。ここでは、この「議論の十字」モデルを中心に説明する。

「議論の十字」モデル（牧野, 2008）は、論理的思考を視覚化した「論理のしくみ図」（牧野・永野, 1997）を発展させたものである。表2-3に「論理のしくみ図」と「議論の十字」モデルの構成要素を提示する。「論理のしくみ図」の構成要素は、「問題となる背景」「主張」「根拠」「サポート材料」「予想される反論」「論破」「結論」の7つである。図2-5のように、それらの構成要素を「十字」の形に並べ、視覚的に理解させている。また、「議論の十字」モデルの構成要素は、表2-3に示したように、「背景」「命題」「抽象」「具体」「反論」「論駁」「提言」の7つであり、これらは論理のしくみ図の構成要素と対応している。そして、それらの構成要素を、図2-6に示したように、「十字」の形に並べ、視覚的に理解させている。図2-7は、「テレビが社会に与える影響」について、ある学習者のスピーチ原稿を「議論の十字」モデルに適用した事例である。

これらの思考ツールは、議論をする際に、論理的に意見について述べることを目的にしている。そのため、論理構成要素の有無を確認し、どの要素が不足しているかを知ることができる点は、「ロジック・チャート」にはない長所である。しかし、その一方で、「論理のしくみ図」や「議論の十字」モデルでは、文章の流れを把握することが難しい。本書で提案するリーディングやライティングのための「ロジック・チャート」については、そのレポートで必要とされる構成要素を提示できるものを目指したい。

表2-3「論理のしくみ図」と「議論の十字」モデルの構成要素

	論理のしくみ図（1997年）	議論の十字（2008年）
7つの構成要素	問題となる背景	背　景
	主　張	命　題
	根　拠	抽　象
	サポート材料	具　体
	予想される反論	反　論
	論　破	論　駁
	結　論	提　言

（牧野，2008: 207より一部加筆修正して引用）

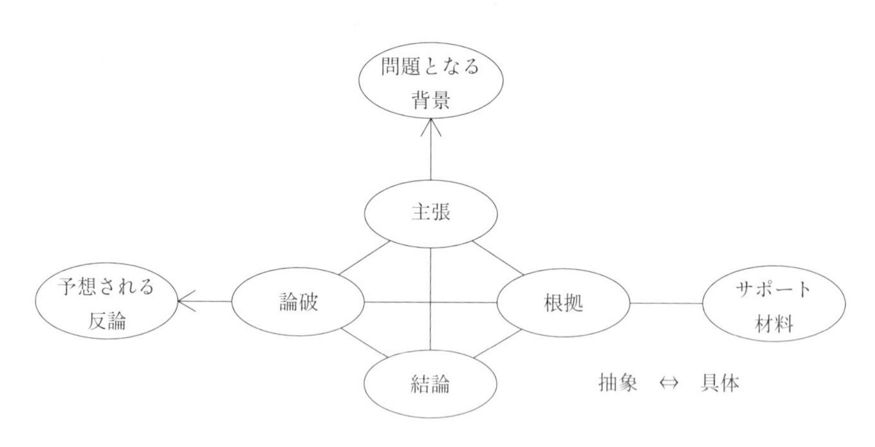

（牧野・永野，1997: 70より引用）

図2-5「論理のしくみ図」

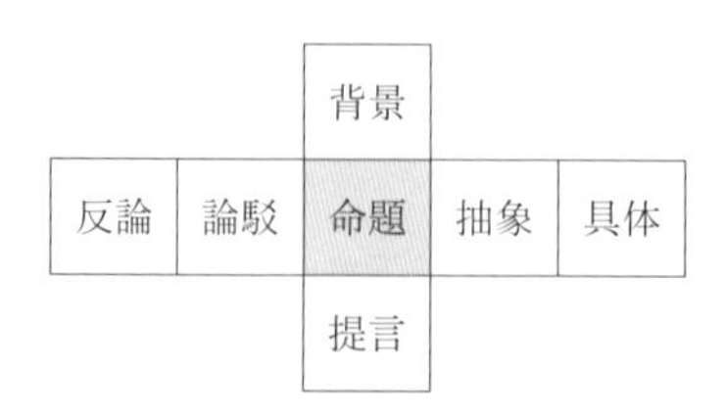

（牧野，2008: 103より引用）

図2-6「議論の十字」モデル

		【背景】 テレビは社会に悪影響を与える。		
【反論】 ①テレビの映像は情報を早く吸収するのに役立つ。 ②テレビの映像は情報を理解しやすくする。	【論駁】 ①テレビの映像がなくても、ラジオの情報だけで生活はできる。 ②『憂国』の描写のような文章の生々しさがある。	【命題】 原因はテレビの映像にある。	【抽象】 ①映像は現実的に見えない。 ②映像は想像と現実の境界線をなくす。	【具体】 ①震災の映像、湾岸戦争のミサイル ②少年たちのナイフ事件
		【提言】 テレビの映像に頼るのではなく、本や新聞を合わせて情報を得るべきである。		

(牧野, 2008: 242より引用)

図2-7　「議論の十字」モデルを使ったスピーチ発表の事例

2.3.4　リーディングを支援する思考ツール

日本語教育におけるリーディングを支援する思考ツールの研究は、管見の限り、ほとんど例を見ない。しかし、英語教育のリーディング教育では思考ツールを利用した実践が見られる。例えば、専用思考ツールでは「図解」の利用が挙げられる。鈴木明夫（2009）は心理言語学の手法を用い、日本人学生の英文読解において、「図解」に着目した。外国語の読解には大きな認知的負荷がかかるため、読解を補助する方法の1つとして図解を利用するというものだ。読み手に必要な情報を提示できるという図解の特性により、読み手が情報を探索する際の効率が向上し、結果として認知的負荷が軽減されることを6つの心理的実験から明らかにしている。

次に、英語のリーディング教育における汎用思考ツールには、「グラフィック・オーガナイザー（Graphic Organizer）」（Grabe, 2009: 262-264; 卯城, 2009: 45-47, 109-113; Manoli and Papadopoulou, 2012など）が挙げられる。「グラフィック・オーガナイザー」とは、「テキストの概念間の関係を図式化したものであり、学習者はこれにより内容を頭の中で整理でき、記憶の体制化や文章の修辞構造への気づきを高める効果がある」（卯城, 2009: 48）という。Grabe（2009: 262-264）は9種類の英文構造を示す「グラフィック・オーガナイザー」を提示している（図2-8）。例えば、図2-8の（8）「賛成・反対」では、テキストの修辞構造が賛成・反対から形成されている場合、文章を読み、複数の立場を設定し、それぞれの立場から賛成と反対の意見を表にまとめるというものである。

「グラフィック・オーガナイザー」を使った実践研究は、まだ、例が少ない。Jiang（2012）は、中国の大学で、英語が専攻ではない340名の学生対象に、16週にわたって、英語リーディングにおいて「グラフィック・オーガナイザー」を導入するプログラムを実施した。このプログラムを導入する前、プログラムの直後、そしてプログラム終了後7週間目の3回にわたって、2種類のテスト（文章構造のための「グラフィック・オーガナイザー・テスト」とTOEFL）を実施した。その結果、プログラム終了直後のTOEFLの一般読解テストにおいて、学生の点数に最も大きな伸びが見られたという。

このように、英語教育においても、思考ツールを利用したリーディング実践研究の歴史は浅く、日本語教育においてもこれからの実践が期待されている。

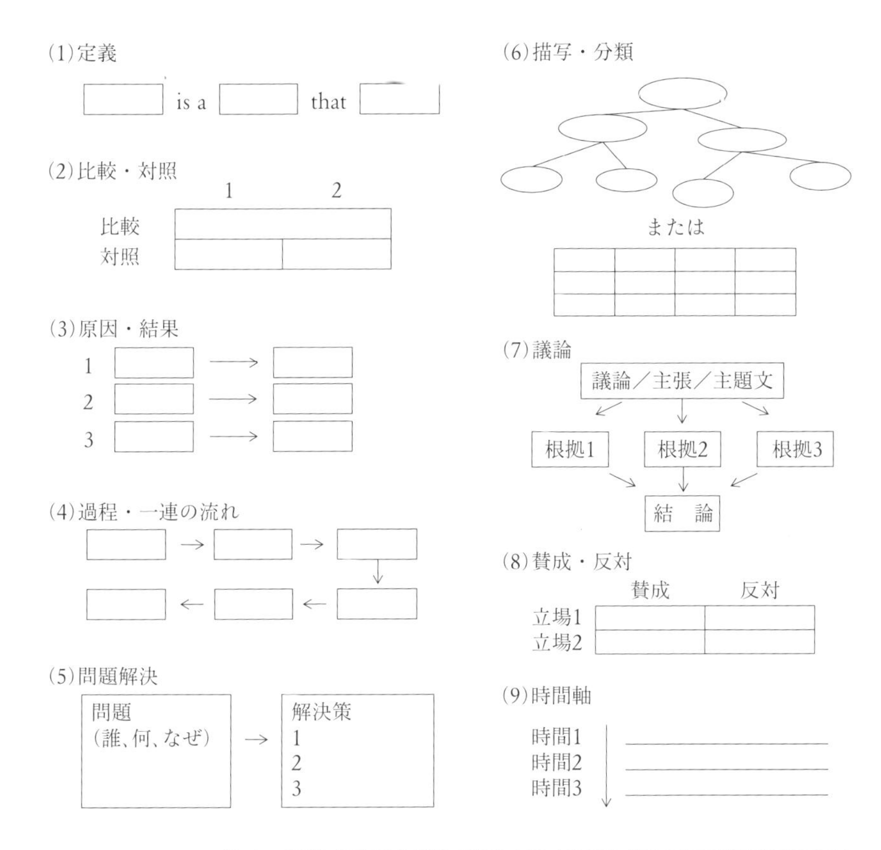

(Grabe, 2009: 262-264; 卯城, 2009: 112 より引用, 図中の日本語訳は筆者による)

図2-8 英文構造を反映した「グラフィック・オーガナイザー」

2.3.5 ライティングを支援する思考ツール

日本語教育におけるライティングを支援する思考ツールの研究も決して多いとは言えない。ここでは、初級レベルの作文を支援する汎用思考ツールとしての「フロー・チャート」(門脇, 1999)、学部留学生のライティングを支援する汎用思考ツールとしての「アイディア・シート、アウトライン・シート」(吉田美登利, 2011) について述べる。

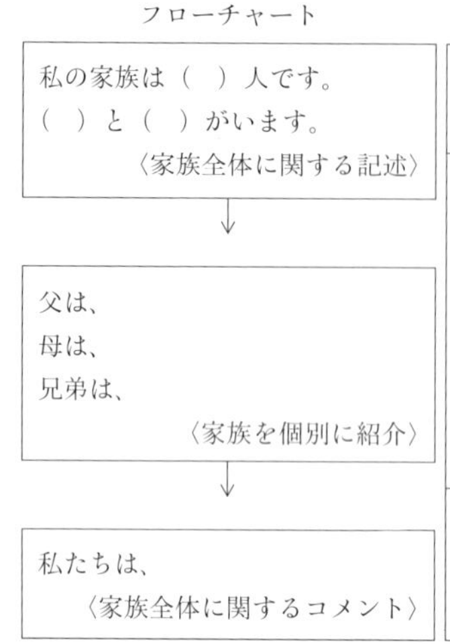

モデル文

私の家族は 4 人です。父と、母と、妹がいます。私たちはインドのニューデリーに住んでいます。

父は会社員です。家の近くの会社で働いています。毎朝早く起きて、近くの公園を散歩しています。年は59歳ですが、大変元気です。

母は料理が大変上手です。母のチキンカレーはとてもおいしいです。私は母と一緒に料理を作ります。

妹は、今、24 歳で、銀行で働いています。旅行が好きで、よくいろいろなところへ遊びに行きます。

私の家族は、みんな旅行が好きです。毎年、家族でいろいろな所へ行きます。私はその旅行をいつも楽しみにしています。

(門脇, 1999: 59より引用)

図2-9　初級レベルの思考ツールとしての「フロー・チャート」(左側)

「アイディアシート」改訂版　　名前 ＿＿＿＿＿

「留学するなら都会がいい」という人がいます。また、「留学するなら田舎がいい」とい人がいます。あなたはどう思いますか。あなたの考えをはっきりさせて、理由をあげて400字程度で書いてください。

都会	田舎

やってみよう！
①アイディアをたくさん書きましょう。いくつ書けたかな？
②いいこと（○）悪いこと（×）に分けよう！
③似ているものはまとめよう。（ ―――― ）
④反対の意見も書いてみよう。（ ←――→ ）

「アウトラインシート」改訂版（両括型の例）　名前 ＿＿＿＿＿

主張

根拠 (1)
①
②

根拠 (2)
①
②

主張

やってみよう！
①主張（しゅちょう）と根拠（こんきょ）の関係は？
②反対意見の人を説得（せっとく）出来ますか？

(吉田美登利, 2011: 165-166より引用)

図2-10 「アイディア・シート」と「アウトライン・シート」

まず、門脇（1999）は、日本語初級レベルの作文支援として、「フロー・チャート」とモデル文を示した（図2-9）。「フロー・チャート（図2-9の左側）」は、どのようなトピックに関しても、「全体に関する記述」、「個別の事柄」、「全体に関するコメント」の3段階の談話展開パターンに統一されている。日本語初級のライティングは、文型の確認練習の傾向が強いが、文章構造を意識した練習は、中級以降のライティングにつながるだろう。

次に、日本語中級レベルを対象にした思考ツールとして、吉田美登利（2011）の「アイディア・シート」と「アウトライン・シート」を挙げる。文章作成前の構想支援として「アイディア・シート」、文章構成支援として「アウトライン・シート」が提案された（図2-10）。また、教育実践の結果、意見文の作成では、「書きおろし前」[21]と「書きおろし」の際に、内容（構想）と構成の両方の支援が有効であるとしている（吉田美登利, 2011: 162）。

具体的には、「書きおろし前」の構成の学習として、意見文は「主張」と「根拠」により構成されていることを意識させ、そして、内容（構想）の学習としては、「アイディア・シート」を利用し、自分の主張について述べるための根拠についてアイディアを広げさせる。その後、アウトラインを作成させ、構成の学習として、アイディアをどのように文章化するか考えさせる。最後に、「書きおろし」の段階で、段落ごとの読み返しに、内容と構成がアウトラインとずれていないか確認するというものである。

吉田美登利（2011）の思考ツールは、600字程度の日本語中級レベルのライティングにおいて有用性が認められたという。これらの思考ツールは、より多い文字数、例えば、4,000字程度の問題解決型レポートにも適用できるだろうか。本実践では、600字よりも文字数を多く設定しており、レポートの目的も異なるため、そのままでは利用しにくいことが予想される。本書は、吉田美登利（2011）と同様に、思考ツールを用いてライティングの学習支援を行う。しかし、本書は学部留学生が作成する4,000字程度の問題解決型レポートを学習支援の対象としているため、それに対応した思考ツールを提案する。

2.4　関連研究からの示唆と本書の位置づけ

高等教育における日本語教育のアカデミック・ライティング教育は、初年次におけるライティングの導入教育と、大学院レベルの専門分野における学術論文の論理展開などの分析や教育への応用研究が盛んである。本書はその間に介在する学部留学生、つまり、基礎的なライティングの知識は身につけているが、まだ、専門的なレポートを作成することができない学部留学生を対象にしている。本書は、今まであまり扱われなかった専門教育課程への橋渡しとしてのアカデミック・ライティング、つまり、論文作成につながるレポート・ライティングの学習支援とその実践教育と位置づけている。

本書のライティング教育の特徴は、ライティングのためだけでなく、「リーディングとライティングの連携」の観点から、リーディングとライティングの双方に利用できる論理的思考力養成のための学習支援を行う点にある。そして、アカデミックの分野ではまだ利用が少ない思考ツールに着目し、論説文リーディングやレポート・ライティングに利用できる思考ツールを提案し、その学習を支援していく。また、それらを利用した教育を実践し、その実践を評価する。

注

(1)　“Reading-Writing Connections” という英語表記の他に、“Reading-Writing Relations”, “Reading-Writing Interactions” などが用いられている。

(2)　4つのアプローチの日本語訳は岡崎・岡崎（2001）の日本語訳を用いている。

(3)　「協調学習ライティング（Collaborative Writing）」は、学習者がペアやグループになり、話し合いをしながら進めるライティングである。

(4)　言語を分析するための基礎資料として、書き言葉や話し言葉の資料を体系的に収集し、研究用の情報を付与した言葉のデータベースを「言語コーパス（Language Corpus）」と呼ぶ。例えば、日本の国立国語研究所コーパス開発センターでは、日本語の全貌を把握するため、書籍全般、雑誌全般、新聞、白書、ブログなどのジャンルから1億430万語のデータを格納している。

(5)　本書は学部留学生を対象にしている。しかし、日本語のアカデミック・ライティングの研究では、学部生、研究生、大学院生という学生の身分ではなく、日本語上級レベルなどの学生の日本語学習レベルで区別している場合も多い。そのため、関連研究の紹介においては、学部生のみを対象にしたライティングだけでなく、研究生や大学院生を含めたライティング研究も提示している。

(6)　最近では、アメリカ大学基準協会（Association of American Colleges & Universities）が提唱している「バリュー・ルーブリック（VALUE Rubric）」をもとに、日本でもさまざまな科目に対する評価基準が検討されつつある（吉田武大, 2011; 松下他, 2013など）。

(7)　読解そのものを目的にするのではなく、作文を書くために利用する『AERA』（朝日新聞社）などの雑誌記事を指し、列挙の表現といった作文の指導項目の導入を目的とする。

(8)　1970年代以降、北米では、「ジャンル分析（Genre Analysis）」を用いて、研究論文の文章構造が分析されてきた。代表的な研究者であるSwales（1990）は、研究領域創造モデル（CARSモデル）を提唱し、書き手の「意図（Move）」と「方法（Step）」の単位を用いて分析している。

(9)　言語4技能の中で2つの技能を組み合わせる学習法には、文字言語のインプットとアウトプットである「リーディングとライティング」の他に、音声言語のインプットとアウトプットである「リスニングとスピーキング」の実践が多い。その他、「リーディングとスピーキング」「リスニングとライティング」「リスニングとリーディング」「スピーキングとライティング」の組み合わせもあり、もちろん、3技能や4技能を総合的に学習法も有り得る。本書では、論理的思考の学習には文字言語による「リーディングとライティング」を強化すべきという立場に立っている。

(10)　教育モデル名称の日本語訳は筆者による。

(11)　コンピュータを利用した文書システムの1つで、文書の任意の場所に、他の文書の位置情報（ハイパーリンク）を埋め込み、複数の文書を相互に連結できる仕組みを指す。

(12)　ヴィゴツキーが唱えた発達の最近接領域説では、大人（養育者、教師、指導者など）や、より発達の進んだ他の子どもなどによる、適切な指示、援助を与えること（足場を作ること）の重要性が示唆されている。「足場作り」は、指導する側に決まったスケジュールがあり、その通りにやらせる、というものではなく、指導者が、子ども（学習者）が今どういう状態にあり、その発達の最近接領域がどこにあるのかを見極めて、最良の環境を与えることを指す。（「日本語教師のページ」より引用　http://www.nihongokyoshi.co.jp/manbow/）

(13)　「物語」や「個人的な体験談」のように時間の流れに沿って語られる文章を指す（二通, 2006: 102）。

(14)　タスク・シラバスは、言語を使って達成するべきタスク（課題）を集めたシラバスである。

（15）黒上他（2012）では「シンキング・ツール」と呼んでいる。

（16）本書では「汎用思考ツール」と表現している。黒上他（2012）の20のシンキング・ツールは、次の通りである。主に、初等教育での使用を想定しているため、児童に馴染みやすい名称が見られる。1 矢印と囲み、2 ベン図、3 イメージ・マップ、4 熊手チャート、5 X, Y, W チャート、6 マトリックス、7 データチャート、8 KWL、9 PMI、10 ステップ・チャート、11 クラゲ・チャート、12 コンセプト・マップ、13 キャンディ・チャート、14 プロット図、15 ピラミッド・チャート、16 フィッシュ・ボーン、17 座標軸、18 バタフライ・チャート、19 同心円チャート、20 情報分析チャート

（17）ロジック・ツリーは、1つの物事を分解して、いくつもの要素に分け、その分け方でいいのか確認するものである。この作業を通じて、問題がどこで起こったのかを見つけることができる（渡辺, 2012: 52）。

（18）MECEは、その英語の頭文字をとったもので、「情報の漏れがなく、重複をなくす」という意味で使われている。いくつもの筋道が重なり合う、反対に全て抜け落ちるという場合がないように、複数の筋道を独立させながら、全ての筋道を網羅していく（渡辺, 2012: 56）。

（19）論理的な並べ方とは、「演繹の順序、時間の順序、構造の順序、比較の順序」を指す。

（20）「議論の十字」モデルのツールは、トゥールミン（2011）の「論証のレイアウト（Layout of Arguments）」とアリストテレスの「省略三段論法と事例（Enthymeme and Example）」と鈴木志のぶ（2004）を参考に考案された。

（21）吉田美登利（2011）によれば、「書きおろし前」とは、「書き手が今から書こうと思い立った時から用紙に書き下ろす前まで」を指すという。つまり、構想のメモをとる、アウトラインを作成する、課題文を読むといった時間を指す。そして、「書きおろし」は用紙に文章を書き下ろしている間を指すという。

第3章

ライティングと
連携したリーディング

3.1　論理的な文章の論理構造

3.2　論説文のリーディング過程

3.3　思考ツールを利用した論説文のリーディング

3.3.1　論説文の構成要素の機能

3.3.2　リーディング第1段階の思考ツール「段落中心文表」

3.3.3　リーディング第2段階の思考ツール「文章構造図」

3.3.4　リーディング第3段階の思考ツール「ロジック・チャート」

第1章で提示した学部留学生のライティングの問題点を解決する方法として、第2章で取り上げた「リーディングとライティングの連携」の枠組みと、リーディングとライティングを支援する思考ツールを用いて、クリティカル・リーディング学習（Critical Reading、以下、リーディング学習と略す）支援の提案を行う。学部留学生が抱えているライティングの問題点の中で、(1)「段落に関する問題」、(2)「論理的思考の未熟さに関する問題」、(3)「構想の不十分さ」を挙げ、論理的な文章構成に関する問題を指摘した。こうした問題点を解決するために、本書では、ライティングのためのリーディング学習の観点から、まず、リーディングにおいて、その文章の問題提起部分とそれに対する結論や根拠を読み取り、それらが文章の中でどこに表れているかを確認するといったリーディングのトレーニングを重視すべきと考える。

二通（2006: 105）は、日本語教育の読解教材の多くは、物語や個人の体験談の文章であるため、論理的な考察の対象になりにくく、論説文が教材になっていても、内容の理解に関する質問が9割近くの文章に対してなされる一方、論理の組み立てや妥当性について考える質問はほとんどないと分析していた。確かに、読解教材の主流は文章の内容理解に関する質問であるが、論理的な思考を高める読解教材もいくつか発行されているので、学習者のレベルごとに簡単に紹介する。

初級～中級レベルの学習者を対象にした西隈（2009）は、「発想力、読解力、表現力」を連携させる論理的思考トレーニングを提案している。「読解力」は、平易で短い物語文や説明文を読み、「～のはなぜですか。」といった内容の理解に関する問いがほとんどである。しかし、読解した内容を表、グラフ、マッピング[(1)]にまとめる、表・グラフ・ポスターを読み取らせるという問題も見られる。「表現力」の問題では、結果（例「とても困っています。」）を示し、その原因を考える文を書かせる、将来なりたいことを書く前にマッピングさせるといった練習が見られる。学習者の対象レベルは異なるが、本書は西隈（2009）と同じように、「読解力、表現力」を連携させ、論理的思考能力を向上させたいと考えている。

中級レベルの学習者を対象にした竹田他（2011）では、読解教材ごとに、学習目標と必要な読解のスキル（例、メタ・コンテンツの把握、全体の流れの把握、テーマの把握、論点の把握など）を設定している。そして、各課の始めに、読解スキルのチェックリストを提示し、理解度を学習者が自己評価する。従来、内容理解と呼ばれていた問題は「言語タスク」、論理的思考に関する読解スキルについての質問は「認知タスク」と分けた問題設定になっている点が斬新である。

上級レベルの学習者を対象にした一橋大学留学生センター（2005）は、社会科学系の読解教材を読み、序論・本論・結論に分ける、論点提示文を示す、二項対立に分ける、譲歩と逆説の箇所を見つけるといった読解ストラテジーを習得するための教材である。この読解ストラテジーは、論理的思考についての読解スキルといっていいものである。

このように、論理的思考に関する読解教材は散見されるものの、一般的に、学部留学生の論理的思考によるリーディング、いわゆる、クリティカル・リーディングは十分とは言えない。そこで、本書では、ライティングの前の段階で、論理的な文章を読み、論理的な組み立てや妥当性についてのリーディングのトレーニングが重要であると考え、思考ツールを利用し、読み手の論理的思考を理解する支援を試みる。

本書では、新聞の投稿論説文（オピニオン欄）を対象にリーディングのトレーニングを行う。投稿論説文の筆者は大学教員や各分野の専門家、あるいは、新聞記者らであるため、論理的な文章作成に精通していることと、投稿論説文は1,000～1,300字程度の短い文章であるため、毎回の授業実践における論理的な文章構造の分析のトレーニングに適していると判断したためである。

3.1　論理的な文章の論理構造

論理的思考に関する研究は、認知心理学分野で研究が進んでいる。「論理性」に関する定義の説明は、研究者によって、使用している用語に違いはあるものの、その内容は概ね同じである。例えば、認知心理学の道田（2004: 6）は、「論理的」であることについて次のように説明している[2]。

> 「論理的」であるとは「適切な理由にもとづいて主張をすること」である（道田, 2004: 6）。
> (1) 明確な結論・主張がある。
> (2) 明確な証拠・根拠がある。
> (3) 前提と結論が「適切」に結ばれている。

また、認知心理学の福澤（2002: 79, 21）は、議論モデルの基本的な3要素として「主張」「根拠データ」「論拠（理由づけ）」を挙げ、「なんらかの根拠（証拠）に基づいてなんらかの主張（結論）を導くような言語行動」を議論と定義している。さらに、福澤（2002: 99）は「主張（結論）を理由（証拠）とともに提示する行動」を「論証」プロセスと述べている。つまり、道田（2004）の「論理的」であること、福澤（2002）の議論、そして、福澤（2002）の「論証」プロセスの指している内容は、ほぼ同じものと言える。

こうした「論理的」であることを視覚的に示したものが図3-1である。これは、西部（2003: 43）が福澤（2002）のいう議論の基本的な3要素「主張」「根拠データ」「論拠（理由づけ）」の構造を参考に図式化したものである。本書では、図3-1の構造を「論理的」な構造とし、道田（2004）にならって言い換えた下記を論理的な定義とする。

> 「論理的」であるとは、「主張」と「根拠」から成り、適切な「根拠」にもとづいて「主張」をすることである（図3-1）。
> (1)′明確な「主張」（①「主張」要素）がある。
> (2)′明確な「根拠」（②「データ」要素と③「理由づけ」要素）がある。
> (3)′「根拠」と「主張」が適切に結ばれている。

図3-1の「根拠」は、②「データ」と③「理由づけ」[3]から成る。前者の②

「データ」は、「主張」の「根拠」となる具体的な事実であり、後者の③「理由づけ」は、②「データ」と①「主張」を結びつけるもので、②「データ」を解釈するための考え方である（西部, 2003: 42–43）。なお、③「理由づけ」は、「論拠」、「暗黙の仮定」、「隠れた根拠」とも呼ばれ、一般的に、言語化されることは少ない。つまり、「根拠」は、具体的な事実である②「データ」のみであるように見えるが、実際には、一般に言語化されない③「理由づけ」を含んでいる。他の言い方をすれば、③「理由づけ」を含まない②「データ」は、「根拠」とみなせない。

次に、図3-2は、図3-1の基本的な論理構造を組み合わせた、より大きな論理構造を示している。「主張」は「データ」と「理由づけ」から導かれるものであるが、その「主張」が上位段階の「データ」の役割を果たすことがある。つまり、はじめの段階における論証の末の「主張」が、上位段階の論証の「データ」になり、上位段階の「主張」を述べることができる。例えば、図3-2で、論証1、論証2から得られた「主張1」、「主張2」が、上位段階の「根拠A」となり、上位段階の「主張A（結論）」を導くことを示している。このように、複数の論証から上位概念の「主張（結論）」を導くことも可能である。

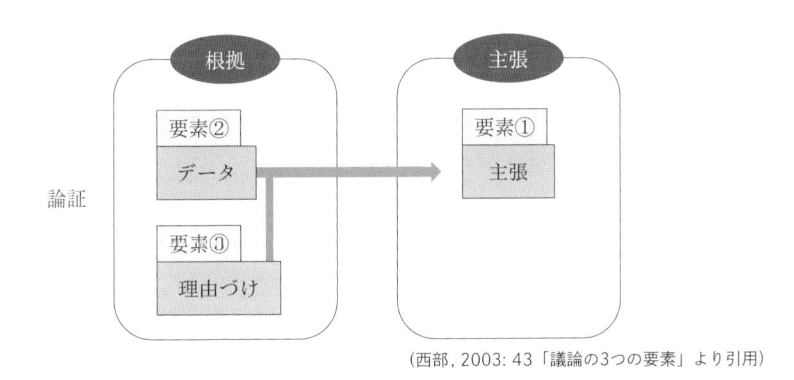

図3-1　論理的な構造（論証）1

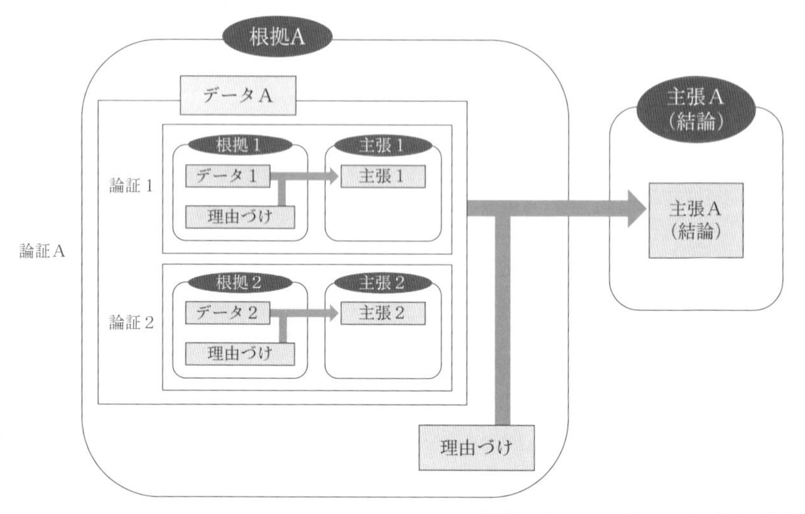

（福澤, 2002: 98の図2を参考に筆者が作成）

図3-2　論理的な構造2

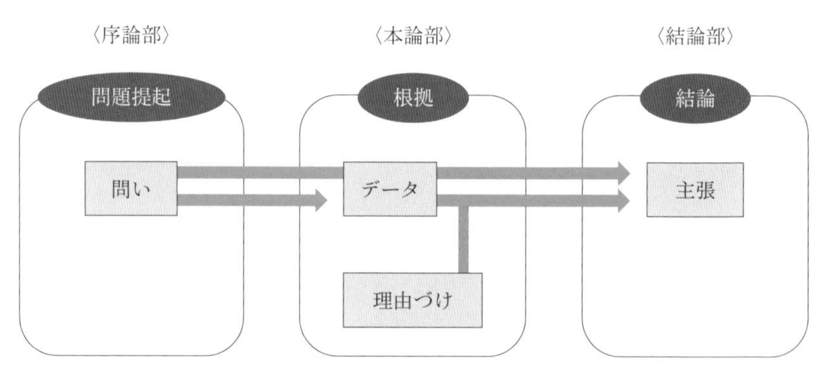

（図3-1を参考に筆者が作成）

図3-3　レポートや論説文の論理構造

最後に、レポートの論理構造について述べる。1.2.2項のアカデミック・ライティングの分類で、レポートや論文、論説文は、「論述性」を有する文章に分類した。「論述性」を有する文章は、問いに対する答えの文章である。この点について、細川他（2011: 96-97）は、レポートは「問題提起（問い）」、「本論（証拠の内容）」、「結論（答え）」から組み立てられていると述べている。よって、図3-1の構造に、「問題提起」を加えた「問題提起、根拠、結論」をレポートや論説文の論理構造とする（図3-3）。また、道田（2004）の「論理的」であることの定義をふまえ、レポートや論説文は、「「問題提起」に対する明確な「結論」があり、適切な「根拠」にもとづいて「結論」を述べた文章」と定義する。したがって、レポートや論説文のリーディングやライティングでは、「問題提起」「根拠」「結論」の適切な関係を意識することが重要であると考える。

3.2　論説文のリーディング過程

本書では、読み手が線条的（linear）に並んだ論理的な文章を読み、最終的に、そこで述べられている書き手の論理構造（「問題提起」「結論」「根拠」）を理解する過程（Reading Process）をリーディング過程と呼ぶ。本書では、論説文の論理的思考を深く理解するために、リーディング過程を3つの段階に分けている（図3-4）。

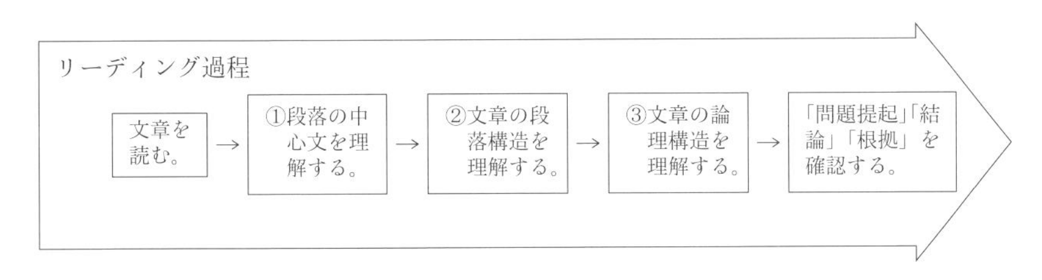

図3-4　論説文のリーディング過程

第1段階では、論説文全体を読み、「構成要素」[4]ごとに、形式段落（以下、段落と略す）を再構築する。そして、それぞれの段落の「段落中心文」[5]を理解し（図3-4の①）、段落内構造を分析する。

第2段階では、文章全体の段落構造を把握する。第1段階の「段落中心文」

を読み、「構成要素」によって構成された形式段落の機能（「主題導入」「問題提起」「根拠」「説明」「主張」「結論」「結論補足」などで、3.3.1項で詳述）を判断し、段落間の構造を理解する（図3-4の②）。

第3段階では、文章の論理構造である「問題提起」「結論」「根拠」が何であるか、それらの関係が適切かを判断する（図3-4の③）。論説文の筆者は何を問題としてとらえ、その問題にどのように答えているのか、そして、その結論に至った理由において、論理的な飛躍や問題はないか、再確認、再検討する。つまり、論説文の論理構造に焦点を当て、その妥当性を確認する。リーディングの授業では、このような論理構造に焦点を当てた論説文の読み解きを繰り返し練習する。

上記に示した3つのリーディング過程の思考過程を学習者に明示するために、それぞれの段階において、思考ツールを使用する（図3-5）。2.3.1項で述べたように、思考ツールは、思考内容や思考推移の要点を全体把握できる視覚情報で、いろいろな種類がある。本書で提案する3つの思考ツールは、3.3節で詳述するが、簡単に説明する。

第1段階では、構成要素ごとに、段階の中心となる文を羅列して提示する。

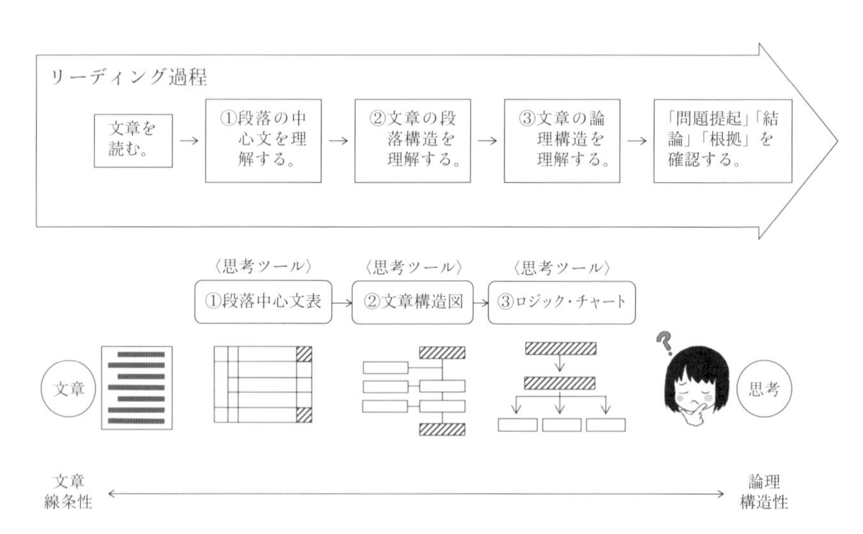

図3-5　論説文のリーディング過程と思考ツールの関係

思考ツールは「表」を用いる。段落中心文の「表」であるため「段落中心文表」（図3-5の思考ツール①）と呼ぶ。

第2段階では、文章全体の段落構造、つまり、各段落が文章全体の中でどのような機能を果たしているのかを理解する。第1段階の「段落中心文表」の中に、段落ごとに、その機能を記入する。そして、段落構造を視覚化して表示するために、「文章構造図」（図3-5の思考ツール②）を提案する。「文章構造図」は、「問題提起」から「結論」の間に、「主題導入」「根拠」「説明」「主張」といった構成要素の関係を階層構造として示したものである。

第3段階では、文章の論理構造である「問題提起」「結論」「根拠」を理解し、確認するために「ロジック・チャート」（図3-5の思考ツール③）を用いる。2.3.2項にて紹介したように、「ロジック・チャート」（伊藤, 2001）はビジネス分野で論理的思考を支援する思考ツールとして利用されている。本書では、伊藤（2001）の「ロジック・チャート」を一部変更して、利用する。

ここでは、文章で書かれた文字情報（以下、「文章線条性」と呼ぶ）から、各段落内容を要約し、各段落の関係性を把握し、その文章の「問題提起」「結論」「根拠」といった論理的構造（以下、「論理構造性」と呼ぶ）を理解するまでを一連の流れとしてとらえている。なお、図3-5の最下部に示しているように、①～③の3つの思考ツールは、左側に位置するほど「文章線条性」が高くなり、反対に、右側に進むほど、「論理構造性」が高くなる。

3.3　思考ツールを利用した論説文のリーディング

文章構造を理解するためのリーディングの方法として、3.2節に示した3つのリーディング段階において、それぞれ思考ツールを利用する。3.3.1項では、論説文の構成要素の機能について述べる。3.3.2項では、第1段階のリーディングにおいて、論説文を構成要素ごとに内容を要約し、それを思考ツール「段落中心文表」（図3-5の①）に示すことを提案する。3.2.3項では、第2段階のリーディングにおいて、文章全体の構成要素の関係を表す思考ツール

「文章構造図」(図3-5の②)を、最後に、3.2.4項では、第3段階のリーディングにおいて主要な論理構造を示す思考ツール「ロジック・チャート」(図3-5の③)に提示することを提案する。

3.3.1　論説文の構成要素の機能

文章構造の分析の単位は、内容のまとまりである構成要素とする。本書における論説文を分析する上での構成要素の機能を表3-1に示す。これらの構成要素の機能は、レポートや論文の書き方の教科書(浜田他, 1997; アカデミック・ジャパニーズ研究会, 2015; 二通他, 2009など)を参考に構成要素項目を抽出し、これまでに30編ほどの新聞の論説文を分析した上で、決定した。文章の構成要素の機能分類は、細分化しようとすれば細分化が可能であるが、ここでは学習者が分析しやすいように、必要最小限の分類にとどめている(6)。

本書では、論理的文章の文章構成(三部構成; 序論、本論、結論)で用いる結論と、構成要素の機能として用いる「結論」を区別するため、三部構成の結論として用いられる場合は、「結論部」と呼ぶことにする。これにした

表3-1　論説文の構成要素の機能

<table>
<tr><th></th><th>構成要素</th><th>構成要素の説明</th></tr>
<tr><td rowspan="2">序論部</td><td>1　主題導入</td><td>文章全体の主題を述べた事例や説明</td></tr>
<tr><td>2　問題提起</td><td>文章全体の問い
(問題提起文は「問い」の形式に置き換える。)</td></tr>
<tr><td rowspan="3">本論部</td><td>3　根拠</td><td>「主張・結論」を導く理由にあたる事実、事例、事柄など</td></tr>
<tr><td>4　主張</td><td>「根拠」から導いた判断、要望、提言、反論、譲歩など</td></tr>
<tr><td>5　説明</td><td>「根拠」や「主張」に対する詳細説明、補足説明、解釈など
(「序論部」や「結論部」に「説明」が出現する場合がある。)</td></tr>
<tr><td rowspan="2">結論部</td><td>6　結論</td><td>「問題提起」の答えとなる文章全体の「主張」
本論部の複数の「主張」を総括したもの</td></tr>
<tr><td>7　結論補足</td><td>「結論」の言い換え、補足説明、今後の課題など</td></tr>
</table>

がって、三部構成の序論は「序論部」、三部構成の本論は「本論部」と呼ぶ。表3-1に示すように、論説文が「序論部」、「本論部」、「結論部」の三部から構成される場合、「序論部」の構成要素の機能は「主題導入」と「問題提起」に、「本論部」の構成要素の機能は「根拠」、「主張」と「説明」に、「結論部」の構成要素の機能は「結論」と「結論補足」から成るとする。

次に、構成要素の機能について説明する。

「序論部」の「1　主題導入」について述べる。1,000字程度の論説文は、論説文としては文字数が少ないため、冒頭の構成要素は必ずしも「主題導入」とは限らない。「主題導入」が省略されて「問題提起」から始まる場合や、「主題導入」と「問題提起」の双方の機能を担っている場合もある。

「序論部」の「2　問題提起」について補足する。新聞の論説文では「問題提起」が明示されていることは少ない。つまり、「なぜ〜なのか」といった疑問詞疑問文や、「（本当に）〜か」といった肯否疑問文のような疑問文の形式で「問題提起」が明示されていることは、多いとは言えない。「問題提起」が明示されていない場合には、本文の「問題提起文」(7)から文章全体の「問い」を読み取る必要がある。

では、本文の中から文章全体の「問い」を見つけたらよいだろうか。「問題提起文」から文章全体の「問い」を導く例として、3.3.2項の表3-3の段落中心文表における第1番の段落中心文を例に示す。ここでは、「安倍首相が消費税を上げることに、次の3つの理由から私は賛成する。」を「問題提起文」と判断した(8)。そして、この文を文章全体の「問い」を表すように「私はなぜ消費税増税に賛成するのか。」に書き換えた。なお、文章全体の「問い」として正しいかを確認するには、その文章の「結論」と対応しているかによって判断する。この「結論」は、表3-3の第8番目の段落中心文「消費増税は経済だけの問題ではなく、世界に日本の変化を伝え、日米関係やアジア関係に影響を与えるから」であり、「問い」の答えに対応していると言える。したがって、「私はなぜ消費税増税に賛成するのか。」を文章全体の問い、すなわち「問題提起」とみなす。

「本論部」の「3　根拠」は、「主張」や「結論」を導く理由にあたる事実、事例、事柄を指す事実文である。一般に、「本論部」において複数の「根拠」が示されることが多い。

「本論部」の「4　主張」は、「本論部」において「根拠」から導いた判断、要望、提言、反論、譲歩などの意見文を指す。本論部の中に複数の「主張」が現れる場合もある。「本論部」の複数の「主張」から「結論部」の「結論」を導く場合もある。そして、その反対に、「本論部」には「主張」が現れず、「結論部」に「主張」が現れる場合には「結論」となる。

「本論部」の「5　説明」は、「本論部」において、書き手が「根拠」や「主張」に対して、補足説明を加える、あるいは、解釈をするといったものである。つまり、「説明」は「根拠」を表す事実文でも、「主張」を表す意見文でもないものを指す。なお、「説明」は「序論部」や「結論部」の構成要素を補足説明し、「序論部」や「結論部」に出現する場合もある。

「結論部」の「6　結論」は、「序論部」の「問題提起」の答えとなる「主張」を指す。なお、文章全体の「問題提起」と「結論」が適切に対応しているかという一貫性（coherence）は、論説文のリーディングにおいて非常に重要であるため、表3-1では「問題提起」と「結論」の枠を薄く着色し、強調させている。

「結論部」の「7　結論補足」は、「結論」の後に見られ、「結論」を言い換える、「結論」の補足説明をする、今後の課題などを指す。

以上のように、本書における、論説文の構成要素の機能を定義する。

3.3.2　リーディング第1段階の思考ツール「段落中心文表」

ここでは、思考ツールを使った文章構造の分析例を挙げる。表3-2に、リーディングの第1段階で利用する「段落中心文表」のフォーマットを示した。表の左列から2番目の数字は、文章の先頭から数えた構成要素の順番である。論説文A（2013年9月19日付け『朝日新聞』「私の視点」より　アダム・ポーゼン「消費増税　日本の決断力　世界に示せ」、本文は巻末の付録1に掲載）を例に挙げ、思考ツールを使って文章構造を分析する。論説文Aでは、形式段落と構成要素は一致していると判断し、形式段落の数の番号を振っている。ここでは、論説文Aは8つの形式段落から成ると判断し、1から8の番号を割り当てている。

そして、左端の列の「序本結」は各段落が、「序論部・本論部・結論部」のいずれに属するかを判断する。次に、表の左から3番目の「段落中心文」は、各形式段落の段落中心文を書く。最後に、表の右端列の「構成要素」には、表3-1の構成要素の機能を記入する。

「段落中心文表」の下に、論説文の論理構成である「問題提起」「根拠」「結論」を確認する問いを提示している。表3-2の下の問1から問4の質問に答えることによって、「段落中心文表」において、各段落が「序論部・本論部・結論部」のどの部に属するかを確認する。そして、本文における「問題提起」、「根拠」、「結論」も確認している。これらの問いに答え、「段落中心文表」の論理構造の理解を補完している。

表3-3は、論説文Aの「段落中心文表」と論説文Aの論理構造に対する回答

表3-2　「段落中心文表」と論理構造に対する問い

序本結		段落中心文	構成要素
	1		
	2		
	3		
	4		
	5		
	6		
	7		
	8		

問1　本文を序論部・本論部・結論部に分けるとすれば、本論部と結論部はどの段落から始まるか。
　本論部は____段落から　結論部は____段落から始まる。
問2　問題提起はどの段落に書いてあるか。問題提起とした理由は何か。
　____段落　________________________________
問3　結論（筆者の主張）はどの段落に書いてあるか。結論とした理由は何か。
　____段落　________________________________
問4　結論を導く根拠はいくつあるか。それぞれの根拠（のグループ）はどの段落（からどの段落まで）か。
　根拠の数____つ　__～__段落　__～__段落　__～__段落

表3-3　論説文Aの「段落中心文表」と論理構造に対する回答例

序本結		段落中心文	構成要素
序論部	1	（安倍首相が消費税を上げることに、次の3つの理由から私は賛成する。）私はなぜ消費増税に賛成するのか。	（主張） 問題提起
本論部	2	1つ目は、日本に対する信頼の問題（大きな変革ができることを明示する）からだ。	根拠1
	3	2つ目は、経済的な理由から（国の借金返済のため）だ。	根拠2
	4	3つ目は、金融政策への影響（デフレ脱却の金融緩和を進める）からだ。	根拠3
	5	増税ができないなら、金融などで悪影響が出て著しい不信を招くだろう。	主張1 〈予見〉
	6	一部の人々は消費増税に反対しているが、私はその案に賛成できない。	主張2 〈反論〉
	7	消費増税とともに、一時的な財政政策もあった方がいい。	主張3 〈提案〉
結論部	8	消費増税は経済だけの問題ではなく、世界に日本の変化を伝え、日米関係やアジア関係に影響を与えるから消費税増税に賛成だ。	結論

『朝日新聞』2013年9月19日付「私の視点」アダム・ポーゼン「消費増税　日本の決断力　世界に示せ」

問1　本文を序論部・本論部・結論部に分けるとすれば、本論部と結論部はどの段落から始まるか。

本論部は 2 段落から　結論部は 8 段落から始まる。

問2　問題提起はどの段落に書いてあるか。問題提起とした理由は何か。

1 段落　文章全体の問いとして「私はなぜ消費税増税に賛成するのか」と解釈できる問題提起文が存在するから。

問3　結論（筆者の主張）はどの段落に書いてあるか。結論とした理由は何か。

8 段落　問2の問題提起に対する本論の議論をまとめた答え「消費増税は経済だけの問題ではなく、世界に日本の変化を伝え、日米関係やアジア関係に影響を与えるから」が書かれているから。

問4　結論を導く根拠はいくつあるか。それぞれの根拠（のグループ）はどの段落（からどの段落まで）か。

根拠の数 3つ　2 段落　3 段落　4 段落

例である。論説文Aの序論部は、テーマに関する「主題導入」がなく、最初の段落で論説文の筆者の立場を表明している。また、「問題提起」は疑問文の形式で示されていないため、何を「問題提起文」とし、何を文章全体の「問い」とするかは、読み手の読解力に委ねられている。回答例では、「安倍首相が消費税を上げることに、私は3つの理由から賛成する」を「問題提起文」とし、「私はなぜ消費税増税に賛成するのか」を文章全体の「問い」とした。

「本論部」において、この「結論」の根拠として、「3つの理由から」、「1つ目、2つ目、3つ目」と、根拠の例が3つ明示されている。3つの「根拠」の後に、予見、反論・反駁、提案といった「主張」が3つ続く。「結論部」で、「本論部」の議論をまとめた「結論」で終わる。

なお、各構成要素の機能の判断は、読み手によって解釈が揺れる場合もある。論説文を理解する上で、唯一絶対の正解の文章構造があると考えるのではなく、論理構造の筋が通っていれば、複数の文章構造の回答が可能と考えている。

3.3.3　リーディング第2段階の思考ツール「文章構造図」

3.3.2項において、「段落中心文表」の構成要素の機能を分析したが、その構成要素の関係を階層構造のように視覚化したものが「文章構造図」である。つまり、「文章構造図」は、「段落中心文表」の主要な構成要素である「問題提起」から「結論」に至る構成要素の流れを、垂直方向（縦方向、上から下へ）と水平方向（横方向、左から右へ）の2つの方向から図示したものである。「文章構造図」の垂直方向の最上部に「問題提起」、最下部に「結論」を据え、それらに、その他の構成要素「主題導入」「根拠」「主張」「説明」「結論補足」を加え、全ての構成要素の関係を表現したものである。

図3-6は、「文章構造図」を書きはじめる際のフォーマットである。図の中の四角形には、構成要素の番号と構成要素名を記入する。この四角形を縦と横の線でつなぐことによって、構造を示す。「文章構造図」の垂直方向の最上部の「問題提起」と、最下部の「結論」を結ぶ中央線上には、「主張」を配置する。なお、「問題提起」と「結論」は、論理構造の一貫性を示す重要な部分であることを強調するため、四角形の枠内を薄く着色している。「主張」は、「結論」に至る前の段階の意見であるため、「文章構造図」の中央線に配置する。構成要素は昇順に、上から下へ配置する。同じ高さに配置する場合には、左から右に昇順に並べる。なお、図3-6の左側に示した四角形は構成要素の数を表しており、分析する文章によって構成要素の数、すなわち、四角形の数も変動する。

図3-7は、論説文Aの「文章構造図」である。「文章構造図」の作成方法は、

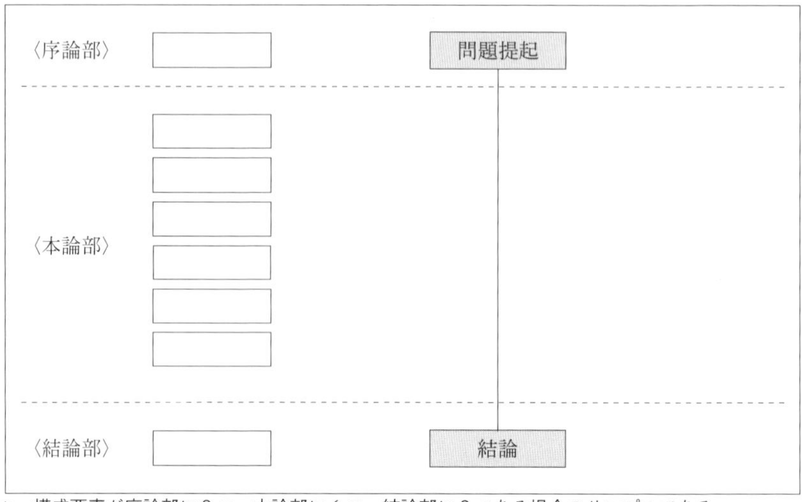

＊　構成要素が序論部に２つ、本論部に６つ、結論部に２つある場合のサンプルである。

図3-6　「文章構造図」のフォーマット

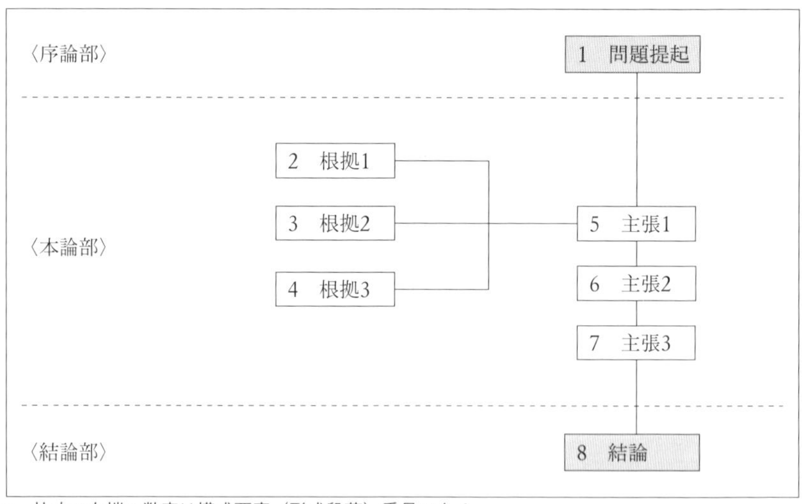

＊　枠内の左端の数字は構成要素（形式段落）番号である。

図3-7　論説文Ａの「文章構造図」

まず、図の中央上部と中央下部に、「段落中心文表」で作成した「問題提起」と「結論」の構成要素を配置する。図3-7では、1番目の構成要素を最上部の「問題提起」に、8番目を最下部の「結論」に据える。次に、「本論部」には、3つの「根拠」と3つの「主張」が提示されている。2番目から4番目の3つの「根拠」は並列関係にあるため、それを垂直方向に並べる。そして、3つの「根拠」が5番目の「主張1」を導いているため、「主張1」を「問題提起」から「結論」をつなぐ中央線に結合する。さらに、6番目の「主張2」と7番目の「主張3」を中央線上の「主張1」の下に配置する。「結論部」は、8番目の構成要素である「結論」は既に配置している。

「文章構造図」作成によって、学習者は文章構造全体の関係を視覚的に把握し、文章構造の理解を深めることができよう。「文章構造図」においても、1つの正解の図があるのではなく、読み手の解釈によって、構成要素間の関係が異なる構造図が提示されてもよいと考えている。

3.3.4　リーディング第3段階の思考ツール「ロジック・チャート」

「ロジック・チャート」は、「問題提起」「結論」「根拠」の論理構造を上部から下部への垂直方向で示したものである。2.3.2項で紹介した「ロジック・チャート」（伊藤, 2001）は左右の水平の流れで、「事実」「解釈」「サブ主張」「主張」の4つの階層であった。ここでは、「文章構造図」を垂直方向に示したので、「ロジック・チャート」も上下の垂直の流れに合わせ、「問題提起」「結論」「根拠」の3つの階層に置き換えた。

図3-8は、「ロジック・チャート」のフォーマットである。図の左端には論理構造を示す構成要素「問題提起」「結論」「根拠」を提示している。図内の四角形には、該当する構成要素の番号と「段落中心文表」で提示した段落中心文を書く。なお、ここでも論理構造の「問題提起」と「結論」を強調させるため、四角形の枠内を薄く着色し、目立つようにしている。

次に、論説文Aの論理構造である「問題提起」「結論」「根拠」の段落中心文を箇条書きで示す。

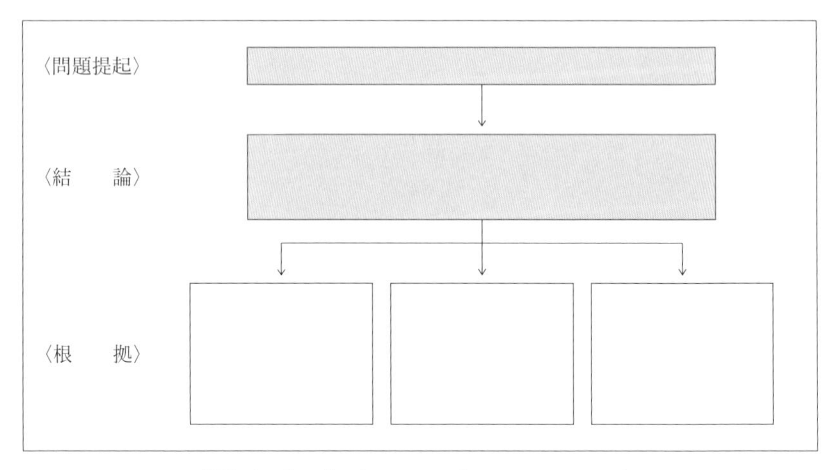

図3-8　「ロジック・チャート」のフォーマット

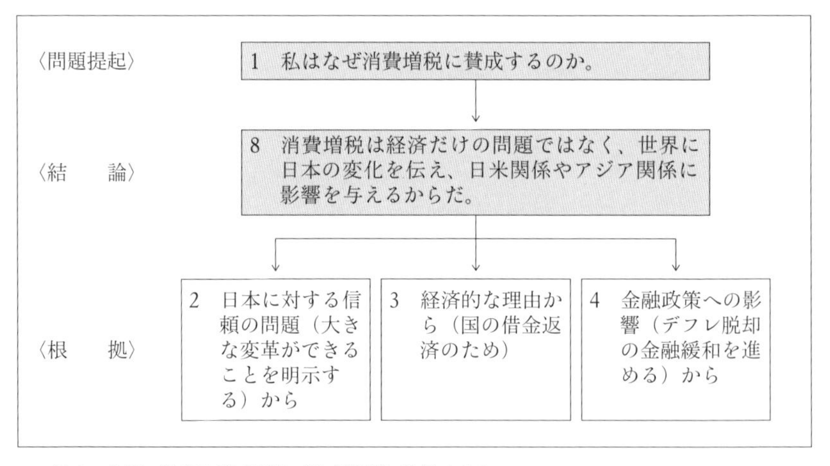

＊　枠内の左端の数字は構成要素（形式段落）番号である。

図3-9　論説文Aの「ロジック・チャート」

論説文Aの論理構造

「問題提起」：私はなぜ消費税増税に賛成するのか。

「結　　論」：消費増税は経済だけの問題ではなく、世界に日本の変化を伝え、日米関係やアジア関係に影響を与えるからだ。

「根　拠　1」：日本に対する信頼の問題（日本は大きな変革ができることを明示する）から

「根　拠　2」：経済的な理由から（国の借金返済のため）

「根　拠　3」：金融政策への影響（デフレ脱却の金融緩和を進める）から

これを「ロジック・チャート」に反映させたものが図3-9である。確かに、論理構造を箇条書きにすることによって確認もできる。しかし、「ロジック・チャート」に「問題提起」「結論」「根拠」を書くことによって、論理構造の流れをイメージとしてとらえた方が、理解しやすいと考える。

このように、論説文の構造を視覚化し、「段落中心文表」から「文章構造図」、「ロジック・チャート」の過程を経ることによって、著者の考えを明確に理解できる。「文章構造図」と「ロジック・チャート」は、文章全体の構成要素の流れを一目瞭然に示すという点では共通している。しかし、「文章構造図」は、「問題提起」、「結論」の構成要素を中心に、それ以外の構成要素間の関係の全ての構成要素を表示している。一方、「ロジック・チャート」は、文章の主要な論理構造（「問題提起」「結論」「根拠」）のみを提示している。全ての構成要素の関係を提示していないという点で、「文章構造図」と異なる。

以上、3つの思考ツールを利用したリーディング過程を経ることによって、学習者の論理的文章に対する構造的な理解がより深まる学習支援を提案した。

注

(1)　マッピング（mapping）は、テーマとなる単語を中心に自由に関連語句を挙げることである。ここでは「マインドマップ（Mind Map）」を作成するという意味で用いている（西隈, 2009: 4）。

（2）　道田（2004）をはじめ、認知心理学の論理的思考に関する研究では、トゥールミンの議論モデルが取り上げられることが多い。福澤（2002: 65-81）はトゥールミンの議論モデルを紹介し、詳細に分析する際の議論の要素として、「主張」「根拠データ」「論拠（理由づけ）」「裏づけ」「限定語」「反証」を挙げている。なお、議論モデルの基本的な3要素として、福澤（2002: 79）はトゥールミンの議論モデルの6つから「主張」「根拠データ」「論拠（理由づけ）」を挙げている。

（3）　「理由づけ」の簡単な例を示す。「先週、インフルエンザにかかった。そのため、学校を休まなければならなかった。」において、「主張」は「学校を休まなければならなかった。」で、「根拠」は「先週、インフルエンザにかかった。」である。この場合、「根拠」から「主張」を導く「理由づけ」として考えられるのは「インフルエンザに罹患した場合、学校保健安全法に則り、所定の期間は出席停止するものである。」、「健康な人にインフルエンザを伝染させてはいけない。」、「病気は治すべきである。」、「病気は安静にした方が治りやすい。」などが考えられる。このように、「理由づけ」は「根拠」と「主張」を「適切に」結合させるものであるが、言語化しないことが多い。

（4）　「構成要素」は文章構造の分析の単位の1つで、内容のまとまりを指す。内容のまとまりは、ほとんどの場合、形式段落に一致する。しかし、「構成要素」が形式段落に一致しない場合、内容のまとまりごとに、形式段落を統合するか、分割する。

日本語の形式段落は、英語の “paragraph” ほど、厳密に “one paragraph, one content” にもとづいて構成されていない場合もある。そのため、構成要素と一致するように形式段落を再編成する。

新聞の論説文は、紙面の段組の1段に配置する文字数は少ないため、1つの形式段落の文字数が少ないことは珍しくない。そこで、少ない文字数から成る形式段落が、前後の形式段落と同じ機能であれば、統合する場合もある。

（5）　その段落で最も伝えたい考えを述べた文で、主題文とも呼ばれる。英語の “paragraph writing” では “topic sentence” と呼ばれる。

（6）　浜田他（1997）では、序論部の構成として「背景説明」「問題提起」「方向づけ」「全体の予告」に分けている。「背景説明」では、さらに「事物の説明」と「先行研究の紹介」に分けられている。また、本書では取り上げていない本論部の構成要素「行動提示」が挙げられ、「部分の予告：例、ここでは～について考察する。」や「部分のまとめ：例、前章では～ということが明らかになった。」などのメタ言語表現にも言及している。

（7）　石黒（2009: 186-189）は、文章全体をまとめる問いの文章を「問題提起文」としている。問題提起文は、疑問文だけでなく、下記に示す疑問を引き起こすいくつかの形式がある。

①疑問文の形式　「新聞は近代民主主義の中でどのように発展してきたのか。」

②意志の形式　「たたみが日本文化に与えた影響について考えてみたい。」
③当為の表現　「小学校から英語を教えるべきではない。」
④存在を表す文「環境破壊が進んだのにはいくつか理由がある。」
⑤名詞述語文　「今回の判決の問題点は、以下の3点である。」
⑥強調を表す文「一連の報道を見ていて納得できないのは省庁幹部の発言だ。」
⑦逆接の後の文「確かに交通事故による死者の数は減った。しかし、交通事故件数そのものは一向に減る気配がない。」

(8)　上記の注釈7の石黒（2009）による「問題提起文」の事例では、②意志の形式に該当すると判断した。

第4章

リーディングと連携したライティング

4.1 レポートのライティング過程
4.2 「賛否型」レポート作成
4.2.1 ライティング第1段階の思考ツール「ロジック・チャート」
4.2.2 ライティング第2段階の思考ツール「文章構成図」
4.2.3 ライティング第3段階の思考ツール「段落中心文表」
4.3 「問題解決型」レポート作成
4.3.1 ライティング第1段階の思考ツール「ロジック・チャート」
4.3.2 ライティング第2段階の思考ツール「文章構成図」
4.3.3 ライティング第3段階の思考ツール「段落中心文表」

ここでは、論理的思考を鍛えるリーディング学習の後に続くライティング学習法を提案する。第1章で、学部留学生のレポート・ライティングの問題点として(1)「段落に関する問題」、(2)「論理的思考の未熟さに関する問題」、(3)「構想の不十分さ」の文章構成の問題を指摘した。第3章では、この問題点を解決するために、まず、リーディングの論理的思考学習を3段階に分け、①「形式段落（以下、段落と略す）の中心文（段落内構造）の理解」、②「段落の機能判断による、段落間構造の理解」、③「文章の論理構造の理解」を示した。そして、3つの学習段階において、それぞれ、①「段落中心文表」、②「文章構造図」、③「ロジック・チャート」の思考ツールを利用し、文章構造の理解を深めることを提案した。そして、本章では、リーディングと同様の思考ツールを利用し、学習者にライティングにおける文章構成を意識させ、レポート・ライティングの問題点解決を目指す。なお、本書では「文章構造」と「文章構成」を区別して用いているため、ライティング過程の思考ツールは「文章構成図」となることを補足しておく。

本書は、1.4.2項で述べたように、「論証型」レポートの「問題解決型」レポートを学習支援の対象とする。しかし、学部留学生にとって、長文の「問題解決型」レポートを作成することは負担が大きい。そこで、はじめに、「論証型」レポートの中で論証がより単純な「賛否型」レポートを作成し、その後、「問題解決型」レポートを作成する。

4.1　レポートのライティング過程

3.2節で、論説文のリーディング過程とは、読み手が線条的に並んだ論理的な文章を読み、最終的に、そこで述べられている書き手の論理構造（「問題提起」、「結論」、「根拠」）を理解する過程とした。一方、ここでは、書き手が頭の中で考えている「問題提起」、「結論」、「根拠」を整理し、その論理構造を文章で線条的に表現する過程を、論理的な文章のライティング過程と呼ぶことにする。リーディング過程とライティング過程は、同じ内容の論理的思考段階をもっているが、その出発点と到着点が逆方向となっている。言い換えると、レポート作成などのライティングの過程（図4-1）は、論説文のリーディング過程（図3-4）と逆方向に進み、右端の論理構造性が高い段階（「問題提起」、「結論」、「根拠」を列挙する）から左端の文章線条性が高いもの（文章を執筆する）に進めていく。

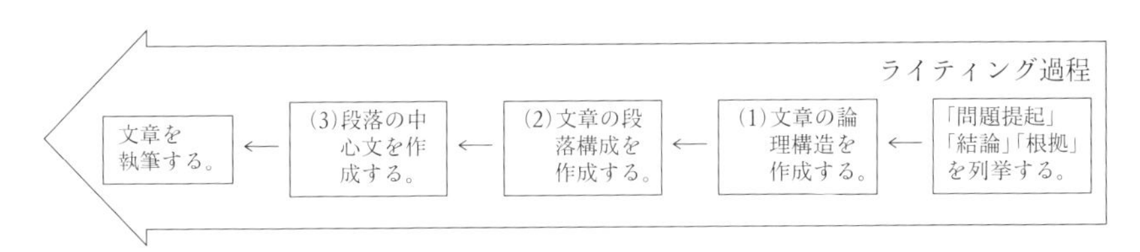

図4-1　レポートのライティング過程

ライティング過程においても、考えやアイディアを言語化する段階から文章を執筆する間に、次の3つの段階を設定した。まず、第1段階では、テーマに関する「問題提起」、「結論」、「根拠」を整理し、レポートの論理構造を作成する（図4-1の(1)）。次に、第2段階では、章構成と段落（構成要素）構成を決める（図4-1の(2)）。そして、第3段階では、段落（構成要素）ごとに段落中心文を作る（図4-1の(3)）。最後に、文章を執筆する。

図4-1の3つの段階において、リーディング過程で利用した3つの思考ツール（「ロジック・チャート」、「文章構成図」、「段落中心文表」）をそれぞれ利用することによって、ライティングの論理的思考過程を学習者に明示的に示し、それを意識させることが可能であると考えられる。

図4-2は「論理的な文章のリーディングとライティングの過程」を示したものである。図4-2の上段は、図3-5のリーディングの授業における論説文のリーディング過程と思考ツールとの対応を示す。図4-2の下段は、レポートのライティング過程（図4-1）と思考ツールとの対応を示す。つまり、第1段階の「文章の論理構造を作成する」では思考ツール「ロジック・チャート」が、第2段階の「文章の段落構成を作成する」では思考ツール「文章構成図」が、そして、第3段階の「段落の中心文を作成する」では思考ツール「段落中心文

表」が、それぞれ対応する。

このように、リーディングは、読み手が「文章（線条構造）」を読み、書き手の「思考（論理構造）」を理解する過程である。そして、ライティングは、書き手がもっている「思考（論理構造）」を、読み手に理解できるように「文章（線条構造）」化する過程である。別の言い方をすれば、リーディングとライティングは、「文章（線条構造）」から「思考（論理構造）」への過程が逆方向であるが、その過程は3つの段階に分けられ、「文章の論理構造」、「文章の段落間構造／段落間構成」、「段落の中心文（段落内の構造／構成）」を理解する、あるいは、作成する点が共通していると本書ではとらえている。したがって、リーディングで文章構造を分析し、その理解を深めるトレーニングは、ライティングの文章構成能力を高めることにつながるのである。

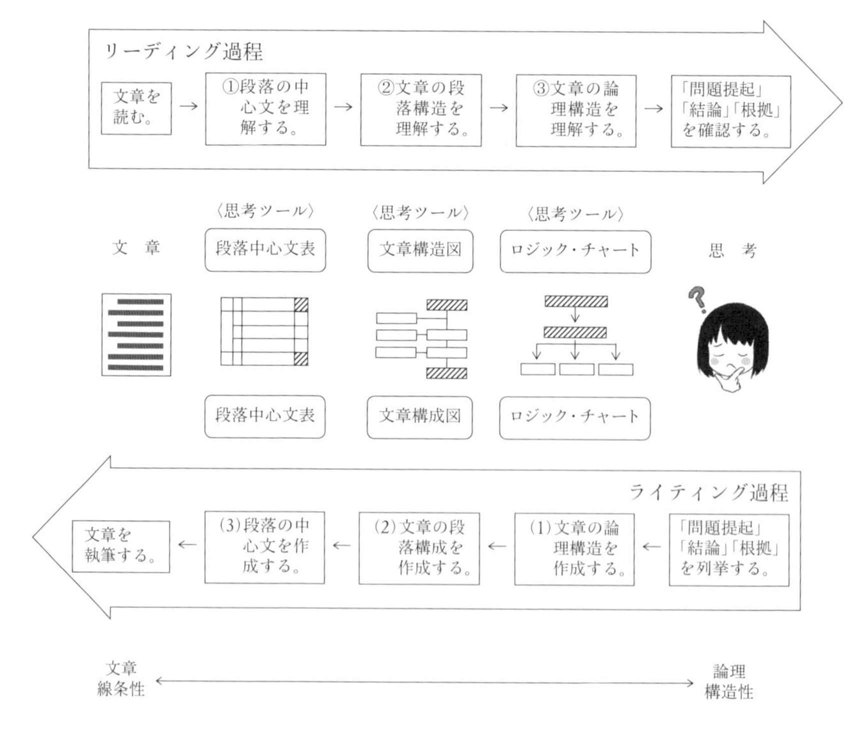

図4-2　論理的文章のリーディングとライティングの過程

次に、学部留学生のライティングにおける3つの問題点解決に、思考ツールが果たす役割について述べる。

1つ目の「段落に関する問題（段落内のトピックの分散、他の段落とのつながりの不整合など）」の問題点に関しては、ライティング過程の第3段階で、思考ツール「段落中心文表」を書くことによって、段落内のトピックの一貫性や段落間の結束性について意識するようになると思われる。また、第2段階で、思考ツール「文章構成図」を利用することによっても、文章全体の中での各段落の機能の確認や、他の段落との結束性に注意できるようになると考える。

2つ目の「論理的思考の未熟さに関する問題（書き手の主張、問題提起、根拠がない、あるいは、明確でないことなど）」の問題点に関しては、第1段階で、思考ツール「ロジック・チャート」を作成することにより、レポートの「問題提起」「結論」「根拠」を明示し、視覚的に確認することによってこの問題点が解決できると思われる。

3つ目の「構想の不十分さ（未整理のまま書かれた内容や複数段落における同趣旨の重複など）」の問題点に関しては、3つの思考ツールの利用が有用であると考える。それは、「ロジック・チャート」によって、レポートで書くべき論理構造を、そして、「文章構成図」や「段落中心文表」によって、段落間の段落構成や各段落内の内容を確認できるため、内容を整理し、複数の段落に同じ趣旨の重複を避けることができるからである。

このように、3つの思考ツールを利用することによって、ライティングの問題点の解決を目指す。

4.2 「賛否型」レポート作成

研究対象となる主な学部留学生は、レポート・ライティングの基礎的な知識を有し、「説明型」レポートは作成できるが、まだ、独力で「問題解決型」レポートの作成が難しい学習者である。彼らにとって、最初から長文（4,000

字以上）の「問題解決型」レポートに取り組むことは負担が大きいため、まず「論証型」レポートの中で「賛否型」レポートを作成し、論証の方法に慣れた後に、「問題解決型」レポートを作成する。

4.2節では「賛否型」レポートの、4.3節では「問題解決型」レポートのライティングにおける思考ツールを用いた方法を提案する。

「賛否型」レポートは、1.2.2項の表1-2にて述べたように、ある主題に関して、賛成か、反対か、または、「～べきか」、「～べきではないか」といった二者のうち一方の立場に立ち、その立場の根拠を示しながら、論理的に述べるものである。そのため、序論部では、テーマに関する問題点を挙げるといった「問題提起」ではなく、書き手の「立場を表明」し、本論部では、その立場に立つ根拠を述べ、結論部では「立場を確認」する。本書では、「賛否型」レポート作成で、主題導入、立場の表明、根拠の提示、自分の立場と対立する意見の提示、それに対する反論を主要な構成要素として用いることを学習者に推奨している。

4.2節と4.3節では、まず、思考ツールのフォーマットを示し、次に、その思考ツールの具体的な利用方法を示すために、授業実践において学習者Aが作成した思考ツールを提示している。（学習者Aの「賛否型」レポートのテーマは「新入社員の早期離職に賛成」である。レポート本文は巻末の付録2に掲載している。）

4.2.1　ライティング第1段階の思考ツール「ロジック・チャート」

図4-2のライティング過程の右端の「問題提起」、「結論」、「根拠」を列挙した後、思考ツール「ロジック・チャート」を利用し、(1)「文章の論理構造を作成する」。図4-3は「ロジック・チャート」のフォーマットで、図4-4は学習者Aが作成した「ロジック・チャート」である。

「賛否型」レポートの「ロジック・チャート」（図4-3）は、「賛否型」レポートで求められる論理構造である「主題導入」、「立場表明（問題提起）」、「根拠」、「対立意見提示」、「反論」を反映している。チャートの枠の中に、学習者が構成要素の内容を書き込み、レポートの基本構想を練る（図4-4)。

このように、「ロジック・チャート」作成において、レポートの基本的な論理構造である「問題提起」「結論」「根拠」を最初の段階で明示することにより、レポート・ライティングの2つ目の問題点「論理的思考の未熟さに関する問題（書き手の主張、問題提起、根拠がない、あるいは、明確でないことなど)」を解決できると思われる。

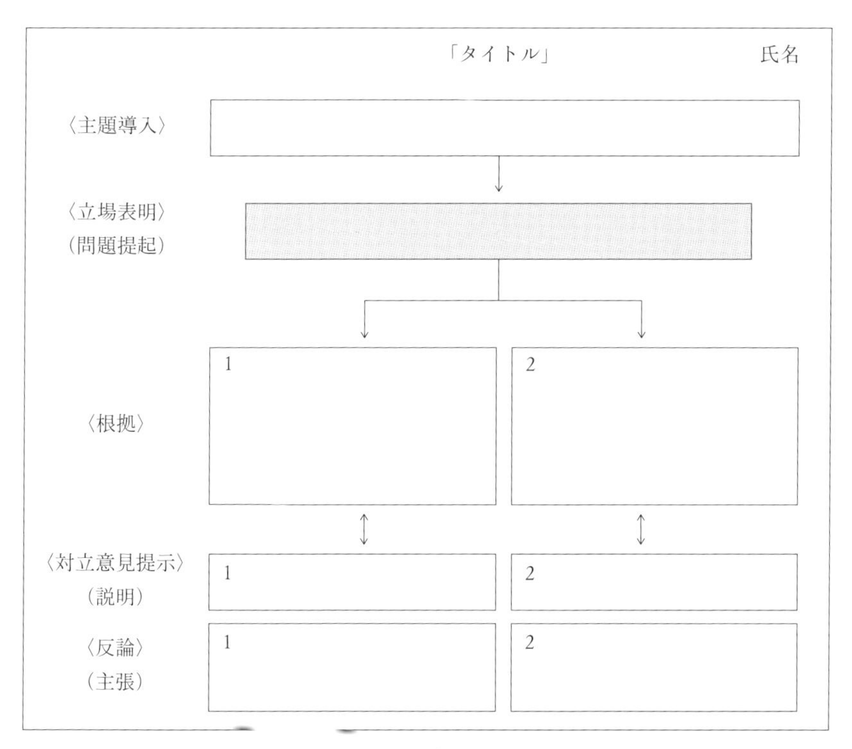

図4-3 「賛否型」レポートの「ロジック・チャート」のフォーマット

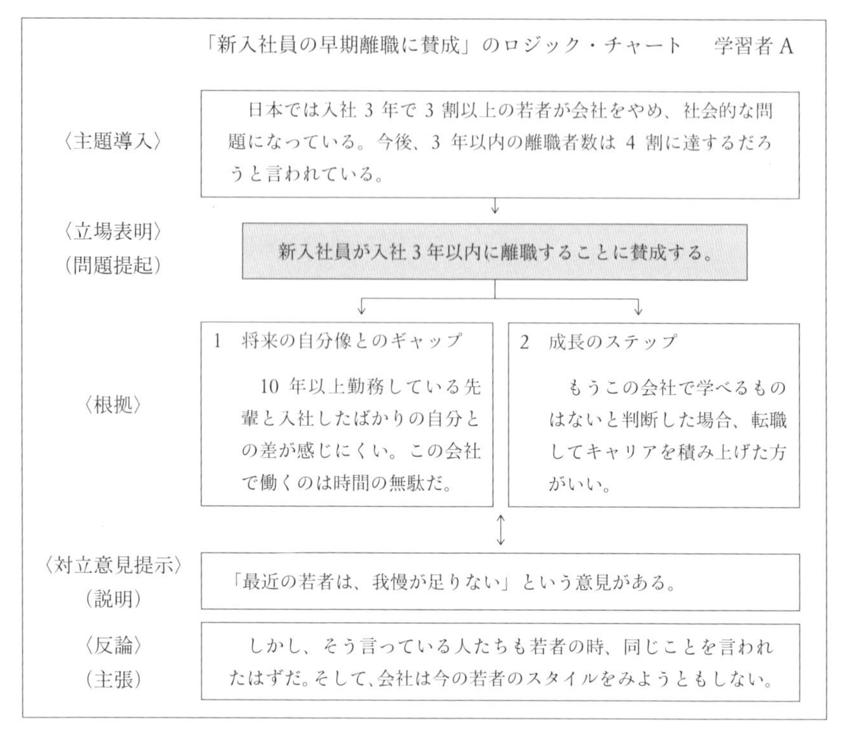

図4-4　学習者Aが作成した「賛否型」レポートの「ロジック・チャート」

4.2.2　ライティング第2段階の思考ツール「文章構成図」

図4-2のライティング過程の思考ツール「文章構成図」を利用し、(2)「文章の段落構成を作成する」。図4-5に「文章構成図」のフォーマット例を、図4-6に学習者Aが作成した「文章構成図」を示す。

「文章構成図」は、全ての段落（構成要素）の水平方向と垂直方向の関係性を一目瞭然に示したものである。水平方向の関係は、2つの構成要素の関係が、補足説明、詳細な説明、具体的な事例といった情報を加えるような関係である。また、垂直方向の関係は、2つの構成要素の関係が、「問題提起」から「結論」、「主張」から「結論」といった学習者による論理的な展開を意図して関係づけられたものである。

次に、「文章構成図」の作成方法について述べる。図4-5のフォーマットでは、「問題提起」を最上部に、「結論」を最下部に配置し、「問題提起」と「結論」の間に中央線を引いている。次に、レポートの構成要素を全て図の左側に提示し、構成要素の「主張」は、中央線上に配置する。そして、「問題提起」「結論」「主張」以外の構成要素を昇順に、構成要素の前後の関係によって、上から下へ、左から右へ、配置する。「文章構成図」の作成では、学習者が文章構成について、はじめから終わりまでの流れのイメージをもつこと、いわば、一貫性をもって取り組むことが重要である。

図4-5と図4-6において、「ロジック・チャート」で用いた構成要素が重要であることを示すため、「立場表明（問題提起）」と「立場確認（結論）」の背景は着色し、「主題導入」、「根拠」、「説明（対立意見提示）」、「主張（反論）」の構成要素は太字で示している。

このように、思考ツール「文章構成図」を利用し、他の構成要素（形式段落）との関係を視覚化することによって、学部留学生のライティングの1つ目の問題点である「段落に関する問題」を解決し、他の段落との結束性や、文章全体の意味的な一貫性に注意できるようになると考えている。

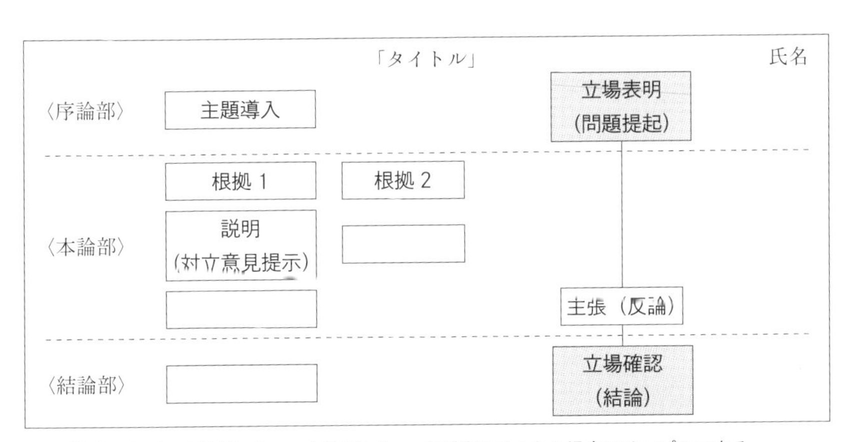

＊1　構成要素が、序論部に2つ、本論部に6つ、結論部に2つある場合のサンプルである。
＊2　「ロジック・チャート」で使用した構成要素は予め提示している。

図4-5　「賛否型」レポートの「文章構成図」のフォーマット

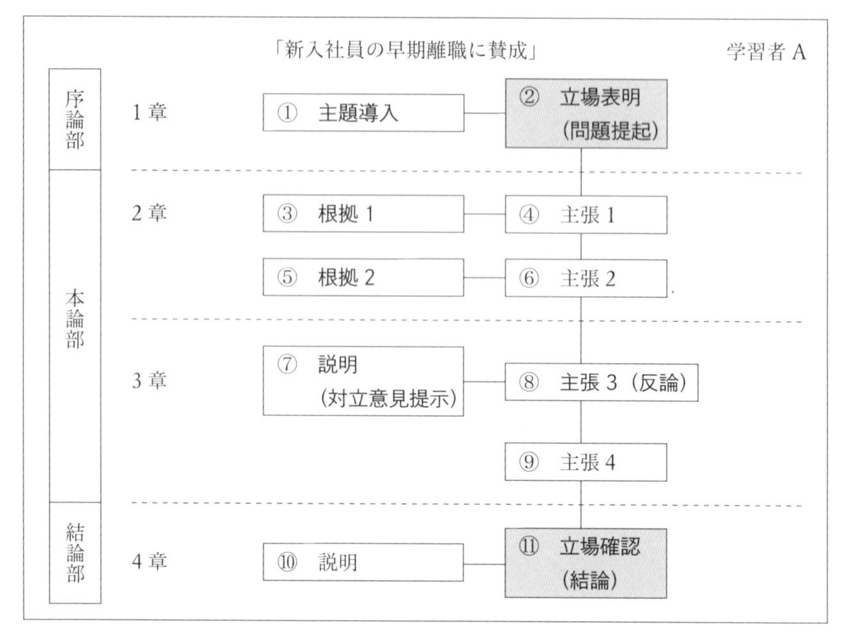

＊1　枠内の左端の数字は構成要素（形式段落）番号である。
＊2　網掛けと太字で表示した構成要素は「ロジック・チャート」で提示した構成要素である。

図4-6　学習者Aが作成した「賛否型」レポートの「文章構成図」

4.2.3　ライティング第3段階の思考ツール「段落中心文表」

図4-2のライティング過程の思考ツール「段落中心文表」を利用し、(3)「段落の中心文を作成する」。表4-1は「段落中心文表」のフォーマットで、表4-2は学習者Aが作成した「文章構成図」である。

「段落中心文表」の項目は次の通りである。

「段落中心文表」の項目

(1) 部…序論部・本論部・結論部の三部構成のいずれに該当するかを示す。

(2) 章…何番目の章立てに該当するかを示す。

(3) 段落…何番目の段落（構成要素）に該当するかを示す。

(4) 段落中心文…各段落の中心となる文を示す。

(5) 構成要素…(4) の表す機能名を示す。

学習者が「段落中心文表」を作成する場合には、フォーマットに示した章数、段落数、構成要素の名称などをそのまま利用するのではなく、レポートの内容に応じて、自由に追加、削除、訂正する。「ロジック・チャート」で提示した「立場表明（問題提起)」、「立場確認（結論)」、「主題導入」、「根拠」、「説明（対立意見提示)」、「主張（反論)」の構成要素は、「段落中心文表」の中で必ず用いるように指導している。これらの構成要素を意識させるため、表4-1と表4-2では、構成要素列の「立場表明（問題提起)」、「立場確認（結論)」の枠内を着色し、それら以外の構成要素の文字を太字で表示した。

学習者Aは表4-2の「段落中心文表」作成後、レポートの本文を作成する際に、表現の一部を変更している。段落中心文をそのまま本文で利用することが望ましいが、段落中心文の意図する内容に大幅な変更がなければ、多少の表現変更は構わない。

このように、ライティングの第3段階において、「段落中心文表」を作成後、段落中心文を意識して段落内の他の文を執筆すれば、ライティングの1つ目の問題点である「段落に関する問題」を解決し、段落内のトピックの分散を防ぐことができるだろう。

また、ライティングの3つ目の問題点である「構想の不十分さ（未整理のまま書かれた内容や複数段落における同趣旨の重複など)」に関しては、「段落中心文表」だけでなく、「ロジック・チャート」や「文章構成図」の作成過程の中で、論理構造や、どの段落に何を書くのかを執筆前に明示することで、内容を整理し、複数段落における同趣旨の重複を避けることができると考えている。このように、3つの思考ツールを利用することにより、ライティングの3つの問題点が解決できよう。

表4-1　「賛否型」レポートの「段落中心文表」フォーマット

「タイトル」　　　　　　　　　　　　氏名

部	章	段落	段落中心文	構成要素
序論部	1	①		**主題導入**
		②		**立場表明（問題提起）**
本論部	2	③		**根拠1**
		④		説明／主張
		⑤		**根拠2**
		⑥		説明／主張
	3	⑦		**説明（対立意見提示）**
		⑧		**主張（反論）**
結論部	4	⑨		**立場確認（結論）**
		⑩		結論補足

＊　網掛けと太字で表示した構成要素は、「ロジック・チャート」で提示した構成要素である。

表4-2 学習者Aが作成した「賛否型」レポートの「段落中心文表」

「新入社員の早期離職に賛成」　　学習者A

部	章	段落	段落中心文	構成要素
序論部	1	①	日本では入社3年で3割以上の若者が会社をやめ、社会的な問題になっている。	主題導入
		②	新入社員早期離職について賛成の立場から意見を述べる。	立場表明（問題提起）
本論部	2	③	早期離職に賛成する根拠を2つ述べる。第1の根拠は、その会社の仕事に将来性がないと感じることである。	根拠1
		④	このような場合、将来性のある会社に転職するのが賢明だ。	主張1
		⑤	第2の根拠は、その企業ではもう成長できないと判断し、さらに高いステージを他の職場に求めることは自然なことであるからである。	根拠2
		⑥	このような場合、ほかの企業に移って着実にキャリアを積み上げていくのが賢明だ。	主張2
	3	⑦	最近の若者は我慢が足りないといわれている。	説明（対立意見提示）
		⑧	そう言っている人たちも若者の時、同じことを言われたはずだ。そして、会社は今の若者のスタイルをみようともしない。	主張3（反論）
		⑨	人は、ただお金を稼ぐために働いているわけではない。自分がやりたいこと、大事だと思っている信念があれば、キャリアのために転職することが望ましい。	主張4
結論部	4	⑩	新入社員早期離職問題に関して賛成の立場をとる理由を述べてきた。	説明
		⑪	新入社員の価値を高めるために、早期離職は必要だ。	立場確認（結論）

＊　網掛けと斜体字で表示した構成要素は、「ロジック・チャート」で提示した構成要素である。

表4-3　思考ツール利用のチェックリスト

思考ツール	チェック項目
ロジック・チャート	□ 1　完成したチャートに記入漏れがない。
	□ 2　チャートの文章は構成要素の機能を反映した内容になっている。
	□ 3　論理構造の流れにそって、チャートの文章も滑らかにつながっている。
文章構成図	□ 4　構成要素の番号が上から下へ、左から右へ続いている。
	□ 5　ロジック・チャートの構成要素が全て入っている。
	□ 6　中心線上に「問題提起」「主張」「結論」を配置している。
段落中心文表	□ 7　完成した表に記入漏れがない。
	□ 8　文章構成図の構成要素の数と機能名が、表内のそれらと一致している。
	□ 9　段落中心文と構成要素が対応している。
	□10　段落中心文と段落中心文が滑らかにつながっている。

なお、3つの思考ツールがうまく作成できたのかを確認するチェックリストを表4-3に示す。思考ツール作成後、「ロジック・チャート」では3項目、「文章構成図」では3項目、「段落中心文表」では4項目を挙げ、合計10項目を確認する。このチェックリストは、「賛否型」レポートだけでなく、「問題解決型」レポートにおいても利用する。

4.3　「問題解決型」レポート作成

3つの思考ツールを利用することによって、「賛否型」レポートと同様に、レポート・ライティングの3つの問題点の解決を試みる。「賛否型」レポートと「問題解決型」レポートにおいて、同じ思考ツールを利用することで、「問題解決型」レポートにおいても、ライティングの問題点を解決できることが期待できる。ここでは、「問題解決型」レポートの思考ツールについて、「賛否型レポート」との相違点を中心に述べる。

「問題解決型」レポートについては、1.2.2項の表1-2でも述べているが、「ある問題に対して、その問題を解決する書き手の主張が提案され、その根拠を示しながら、論理的に述べるもの」である。本書では、「問題解決型」レポートについて、問題の背景、その問題に関する代表的な解決案、学習者の解決案、その根拠、学習者の解決案の対立意見、それに対する反論といった構成要素を思考ツールに書き込むことによって論理的思考を支援する。なお、「問題解決型」レポートの必須構成要素として何を含めるかについては、教員の指導や学習者の判断によって、さまざまな構成が考えられる。したがって、本書で提案している「問題解決型」レポートの必須構成要素は、「問題解決型」レポートの1つの例として理解してほしい。そして、「問題解決型」レポートの必須構成要素が異なれば、「ロジック・チャート」や「文章構成図」のフォーマットの形態も異なってくる。

次節以降、4.2節と同様に、3つの思考ツールに関して、思考ツールのフォーマットと学習者Aが作成した思考ツールを示す。なお、学習者Aの「問題解決型」レポートのテーマは「新入社員の離職率を低くするための対策」で、レポートの本文は巻末の付録3に掲載している。「問題解決型」レポートの思考ツールは、「賛否型」レポートの思考ツールと共通する部分が多いため、以下の記述は、相違点を中心に述べる。

4.3.1 ライティング第1段階の思考ツール「ロジック・チャート」

第1段階として、図4-2のライティング過程の右端に記した「問題提起」、「結論」、「根拠」を列挙した後、思考ツール「ロジック・チャート」を利用し、(1)「文章の論理構造を作成する」。図4-7は「ロジック・チャート」のフォーマットで、図4-8は学習者Aが作成した「ロジック・チャート」である。

「賛否型」レポートの「ロジック・チャート」との相違点は、「問題解決型」レポートにおいて、「結論」、その問題を解決する「代表的な解決方法（説明）」、学習者の提案する「解決方法（主張）」を追加し、「主題導入」、「根拠」を削除した点である。削除した「主題導入」は、「賛否型」レポートとほぼ同じ内容であり、「問題解決型」レポートの「ロジック・チャート」のスペースの関係上、省いている。もう1つ削除した「根拠」に関しては、「賛否型」レポートの「根拠」に該当する構成要素として、「問題解決型」レポートでは、「解決方法（主張）」を設定したためである。これらの相違点は、以下に述べる「文章構成図」と「段落中心文表」でも同様である。

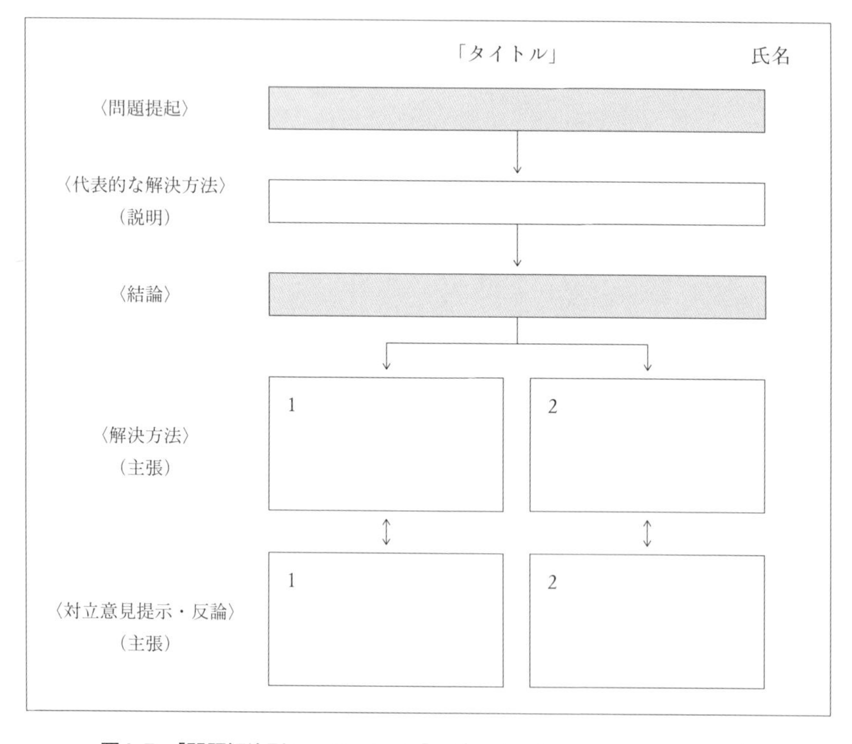

図4-7　「問題解決型」レポートの「ロジック・チャート」フォーマット

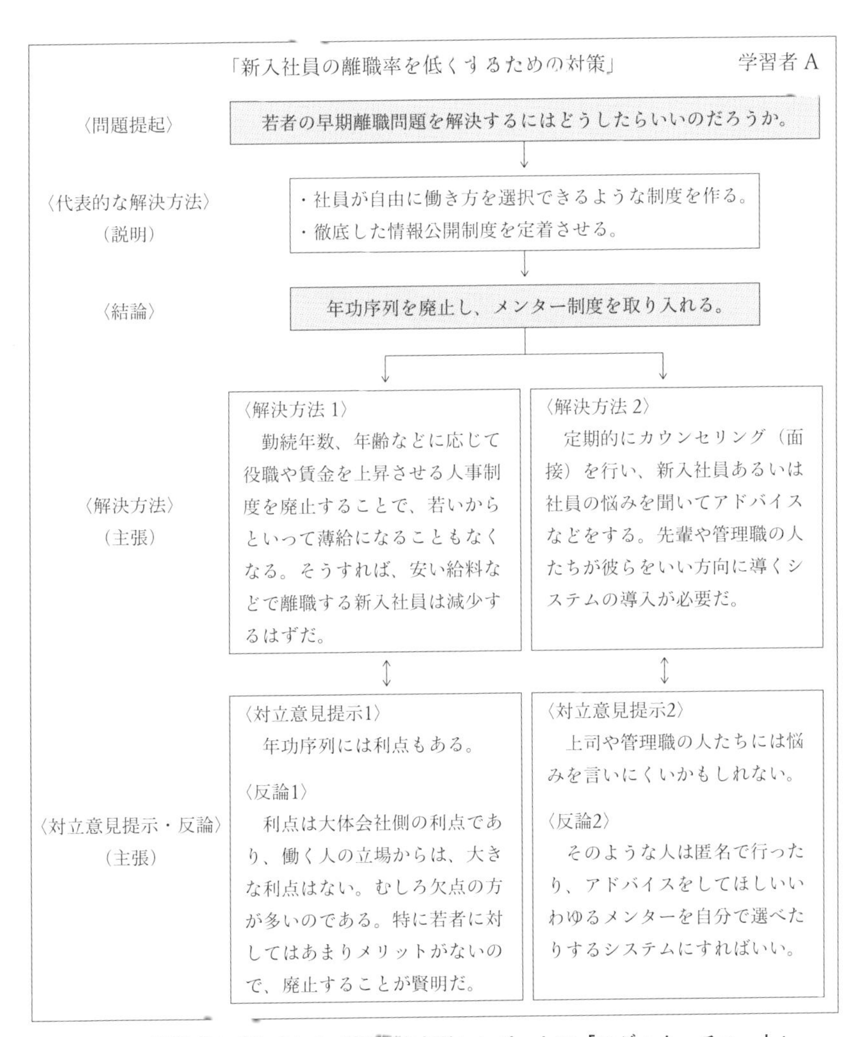

図4-8　学習者Aが作成した「問題解決型」レポートの「ロジック・チャート」

4.3.2　ライティング第2段階の思考ツール「文章構成図」

第2段階として、図4-2のライティング過程の思考ツール「文章構成図」を利用し、(2)「文章の段落構成を作成する」。図4-9は「文章構成図」のフォーマットで、図4-10は学習者Aが作成した「文章構成図」である。図4-10から学習者Aの文章構成、とりわけ、本論部の構成要素の結束性が視覚化され、学習者にとっても、教員にとっても理解しやすい。

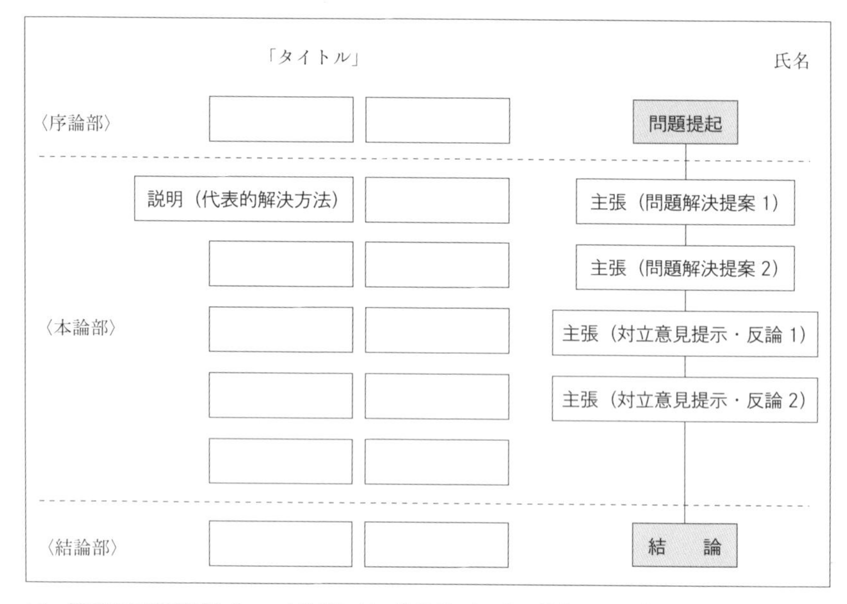

＊1　構成要素が序論部に3つ、本論部に14、結論部に3つある場合のサンプルである。
＊2　網掛けと太字で表示した構成要素は「ロジック・チャート」で提示した構成要素である。

図4-9　「問題解決型」レポートの「文章構成図」フォーマット

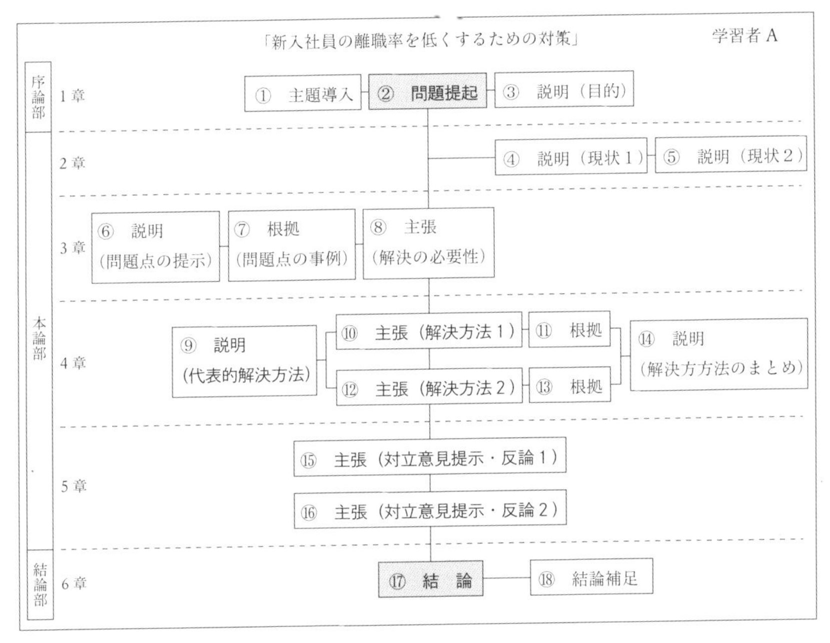

＊1 枠内の左端の数字は構成要素（形式段落）番号である。
＊2 網掛けと太字で表示した構成要素は「ロジック・チャート」で提示した構成要素である。

図4-10 学習者Aが作成した「問題解決型」レポートの「文章構成図」

4.3.3 ライティング第3段階の思考ツール「段落中心文表」

第3段階として、図4-2のライティング過程の思考ツール「段落中心文表」を利用し、(3)「形式段落の中心文を作成する」。表4-4は「段落中心文表」のフォーマットで、表4-5は学習者Aが作成した「段落中心文表」である。表4-5の「段落中心文表」で、学習者Aは表4-4の　フォーマットの構成要素を全て利用したわけではないが、図4-10で学習者Aが作成した「文章構成図」に合わせて、段落中心文を書いている。学習者Aは表4-5の「段落中心文表」を作成した後、レポート本文作成する際に、推敲し、表現の一部を変更した箇所も見られる。このように、段落中心文表をもとに、レポートの本文を作成すれば、文章構成の問題は解消されるはずである。

表4-4 「問題解決型」レポートの「段落中心文表」フォーマット

「タイトル」　　　　　　　　　　　　　　　　　　　　氏名

部	章	段落	段落中心文	構成要素
序論部	1	①		主題導入
		②		**問題提起**
		③		説明 （目的／章構成）
本論部	2	④		説明 （歴史／現状／定義）1
		⑤		説明 （歴史／現状／定義）2
		⑥		説明 （歴史／現状／定義）3
	3	⑦		説明 （問題点の提示）
		⑧		根拠 （問題点の事例）
		⑨		主張 （解決の必要性）
	4	⑩		**説明 （代表的解決方法）**
		⑪		**主張 （解決方法提案1）**
		⑫		根拠 （解決方法案1）
		⑬		**主張 （解決方法提案2）**
		⑭		根拠 （解決方法案2）
		⑮		説明 （解決方法のまとめ）
	5	⑯		**主張 （対立意見提示・反論1）**
		⑰		**主張 （対立意見提示・反論2）**
		⑱		説明 （提案の限界／本論のまとめ）
結論部	6	⑲		**結論**
		⑳		結論補足

＊　網掛けと太字で表示した構成要素は「ロジック・チャート」で提示した構成要素である。

表4-5 学習者Aが作成した「問題解決型」レポートの「段落中心文表」

「新入社員の離職率を低くするための対策」　　学習者A

部	章	段落	段落中心文	構成要素
序論部	1	①	日本では「七五三現象」が問題になっている。七五三現象とは、若者が入社して3年以内に離職してしまう現象である。	主題導入
		②	若者の離職率が高い問題がこのまま続けば、会社にも莫大な損失が生じ、国の経済的にも問題となる。新入社員が3年以内に退職してしまう問題を解決するにはどうしたらいいのだろうか。	**問題提起**
		③	若者の早期離職問題について、会社の立場から、問題の原因を解明し、その解決方法を検討することを目的とする。	説明（目的）
本論部	2	④	若者が入社してすぐ離職してしまうことが社会的に問題になったのは昔からあった。	説明（現状1）
		⑤	「七五三現象」が問題視されている。それを解決しようと多くの会社では、情報公開制度を定着することを取り組んでいる。	説明（現状2）
	3	⑥	若者の早期離職の問題点は2つある。一つは、会社の莫大な金銭損失やもう一つはフリーター・ニートの増加に繋がることが挙げられる。	説明（問題点提示）
		⑦	例えば、会社が新入社員の育成に使ったお金を、その社員の働きから回収できるのは3年以内では無理である。金銭損失が生じるのだ。	根拠（問題点事例）
		⑧	この問題が今後も続くなら、お金をかけて新入社員教育を行う会社には、損失が生じる。その損失は、国の経済にも影響を与える。そのため、この問題を解決しなければならないのである。	主張1（解決の必要性）
	4	⑨	若者の早期離職問題に対する代表的な解決方法は、社員が自由に働き方を選択できるような制度を作ることや徹底した情報公開制度の定着だ。	説明（代表的解決方法）
		⑩	若者の早期離職問題を解決するために、次の2点から解決方法を提案する。まず、年功序列を廃止するべきだと考える。	**主張2（解決方法提案）**
		⑪	年功序列の廃止が若者の早期離職問題の解決方法として望ましいのは、薄給による若年層人材の流出を防止するためである。	根拠（解決方法案1）
		⑫	若者の早期離職問題を解決する2つ目の方法は、メンター制度を取り入れることだ。	**主張3（解決方法提案）**
		⑬	このメンター制度を導入したことで、実際に離職率を下げることに成功した会社がある。	根拠（解決方法案）1
		⑭	以上のことから、年功序列の廃止やメンター制度の導入が、若者の早期離職問題の解決方法として望ましいと思われる。	説明（解決方法まとめ）
	5	⑮	若者の早期離職問題に対して、筆者と異なる立場からの反論として、年功序列にも利点があるという意見もある。確かに、年功序列にも、定年までの安定さや給料の査定が容易であるという利点がある。しかし、利点の多くは大体会社側の利点であり、働く人の立場からは、大きな利点はない。	**主張4（対立意見提示・反論1）**
		⑯	また、メンター制度を行うことになっても、苦手な上司が担当になった場合、自分の悩みを打ち明けにくいという短所がある。しかし、それは新入社員が上司を選べるシステムにすれば良いと思われる。	**主張5（対立意見提示・反論2）**
結論部	6	⑰	以上、若者の早期離職問題に対する解決方法として、年功序列の廃止やメンター制度を取り入れることが望ましいと議論してきた。	**結論**
		⑱	今後は、離職率を下げることに成功した制度である「メンター制度」についてさらに詳しく検討していきたい。	結論補足

＊ 網掛けと太字で表示した構成要素は「ロジック・チャート」で提示した構成要素である。

第5章

授業実践の方法

5.1　授業実践の概要
5.1.1　授業実践でのリーディング導入
5.1.2　授業実践でのライティング導入
5.2　授業実践の成果を検証するための2つのレポート
5.3　レポート評価の方法
5.3.1　レポート評価の種類
5.3.2　日本語教員によるレポート評価
5.3.3　学習者のレポート自己評価と振り返り

ここでは、第3章で提示したライティングと連携したリーディングの方法、そして、第4章で提案したリーディングと連携したライティングの方法を取り入れたレポート・ライティングの授業実践の概要、および、レポート評価について述べる。

まず、授業実践の対象とした授業について述べる。次に、「リーディングとライティング連携」によるライティングの成果を考察するため、同一学習者が実践の前と後で作成した「問題解決型」レポートを比較することによって、学習者のライティング力がどの程度向上したのかを検証する。上級レベルのライティング指導経験を有する日本語教員5名が、学習者6名の実践前と後のレポートに対して、ルーブリック評価と講評を下す。また、レポート評価の考察にあたっては、学習者による自己評価、アンケート、インタビュー内容も参考とする。

5.1　授業実践の概要

表5-1は実践の対象とした授業の基本情報である。授業実践の科目は、日本の某大学の文系学部留学生2年生を対象にした「日本語ライティング2」である。授業の目的は、卒業論文につながる論理的なレポートが書けるようになることである。授業期間は2013年度秋学期（90分×週2回×15週）で、研究協力者である学部留学生は6名（入学時の日本語能力は、日本語能力試験N2レベルが1名、N1レベルが4名、N1レベル以上が1名）である。学部留学生（これ以降は、「学習者」と呼ぶ）6名は、授業実践前に、レポート・ライティングの基本的な書き方の授業を受講し、少なくとも1度は、4,000字程度のレポートを作成した経験をもっている。しかし、授業実践前に、第3章で提案しているような論理構造の観点からのリーディング学習の経験はなかった。

表5-1　実践した授業の基本情報

1	科目	日本の某大学、学部留学生2年生対象「日本語ライティング2」
2	授業の目的	卒業論文につながる、論理的なレポートが書けるようになること
3	期間	2013年度秋学期（90分×週2回×15週）
4	研究協力者	6名（東アジア出身の留学生）
5	4の日本語能力 （1年半前、入学時）	J-CAT*において、日本語能力試験（JLPT）の N2レベル　1名、N1レベル　4名、N1レベル以上　1名
6	4のライティング経験	春学期に、「日本語ライティング1」（週2回）を受講し、ライティングの基礎を学ぶ。期末レポート（4,000字）を執筆する。
7	4のリーディング経験	一般的な日本語リーディングの授業は受講しているが、論理構造に着目したリーディングの経験はない。

＊　Japanese Computerized Adaptive Testで、コンピュータによる日本語学習者のインターネット日本語能力自動判定テストを指す。

5.1.1　授業実践でのリーディング導入

本実践の授業スケジュールを表5-2に示す。学期はじめに、教員は学習者に10編の論説文原稿を課題として渡している。授業期間の10週間（第2週～第11週目）、毎週1編、計10編の新聞の投稿論説文（1,000～1,300字）の文章構造と論理展開に着目したリーディングを行った。

文章構造と論理展開に着目したリーディング学習

(1) 所定の授業日までに、学習者は各論説文のリーディング課題に取り組む。

① 3.3.2項の表3-2「段落中心文表」と論理的構造に対する問いに答える。

② 3.3.3項の図3-6「文章構造図」を作成する。

③ 3.3.4項の図3-8「ロジック・チャート」を作成する。

(2) 授業時に、教員は論説文に関する宿題のフィードバックと解説を行う。

10週間にわたって、リーディングのトレーニングを実施することによって、学習者が文章構造と論理展開に着目できるようになり、それをライティングにも応用できるようになることを期待した。

表5-2　授業スケジュール

<table>
<tr><td>授業週</td><td>1</td><td>2</td><td>3</td><td>4</td><td>5</td><td>6</td><td>7</td><td>8</td><td>9</td><td>10</td><td>11</td><td>12</td><td>13</td><td>14</td><td>15</td></tr>
<tr><td>リーディング</td><td></td><td>R</td><td>R</td><td>R</td><td>R</td><td>R</td><td>R</td><td>R</td><td>R</td><td>R</td><td>R</td><td></td><td></td><td></td><td></td></tr>
<tr><td rowspan="5">ライティング</td><td></td><td colspan="10">資　料　収　集</td><td></td><td></td><td></td><td></td></tr>
<tr><td colspan="2">テーマ選定</td><td></td><td></td><td></td><td></td><td></td><td></td><td></td><td></td><td></td><td></td><td></td><td></td><td></td></tr>
<tr><td></td><td colspan="6">①アンケート調査報告</td><td></td><td></td><td></td><td></td><td></td><td></td><td></td><td></td></tr>
<tr><td></td><td></td><td></td><td></td><td></td><td colspan="6">②「賛否型」レポート</td><td></td><td></td><td></td><td></td></tr>
<tr><td></td><td></td><td></td><td></td><td></td><td></td><td></td><td></td><td></td><td></td><td colspan="5">③「問題解決型」レポート</td></tr>
</table>

＊　「R」では各週、1回目の授業で、論説文リーディング（論理構造と思考ツール）の回答例を確認する。

5.1.2　授業実践でのライティング導入

授業の目標は、卒業論文につながる論理的なレポートとして、4,000字程度の「問題解決型」レポート作成である。授業時間は90分授業を30回実施すること、そして、授業開始の段階で学習者が長文の「問題解決型」レポートを作成することは負担が大きいことを考慮し、次のように、3段階のライティング課題を設定した。

テーマは、3つのライティング課題を通して同じもので、各学習者が関心をもつ日本の社会問題を選択させた。また、この日本の社会問題のテーマ設定にあたり、参考文献が3冊以上入手できることを条件とした。

1つ目のライティング課題は、学習者の選択した日本の社会問題に関するアンケート調査報告書である。アンケート調査票を作成し、30名程度を対象に、簡単なアンケート調査を実施する。そして、その結果を集計し、グラフにまとめる。この課題は、論理的なレポート・ライティングに直接関係するものではないが、自分の設定した社会問題に対する関心を高め、周囲の人々の意見を知る機会を得られる。

2つ目のライティング課題は、アンケート調査をしたテーマに関して、賛成か、反対か、または、「～べきか」、「～べきではないか」といった「賛否型」レポートの作成である。口頭表現のディベートにおいては、こうした賛否型討論がしばしば取り上げられるが、ライティングにおいては、「賛否型」の課題が取り上げられることは少ない。「賛否型」レポートでは、自分の立場を明示し、その根拠を挙げ、対立する意見を挙げ、それに反論する要素が必要となる。そして、こうした論理的な文章作成の支援として、4.2節で提示した3つの思考ツール「ロジック・チャート」、「文章構成図」、「段落中心文表」を利用する。思考ツールを利用し、「立場表明（問題提起）」、「立場確認（結論）」、「根拠」を確認するトレーニングを行うことで、次の「問題解決型」レポート作成へのスムーズな橋渡しとなる。

3つ目のライティング課題は、テーマに関して、問題点を指摘し、その問題を解決するための方法を提案する「問題解決型」レポートの作成である。学習者は、そのテーマに関するさまざまな解決案を示し、最も望ましいと考える解決方法とその根拠を提示する。そして、学習者の解決方法に対立する意見を提示し、それに反論する。こうした論理的な文章作成の支援として、4.3節で提示した思考ツール「ロジック・チャート」、「文章構成図」、「段落中心文表」を利用する。

このように、1つのテーマに関して、複数のライティング課題を提示している。そのことによって、ライティングの段階ごとにテーマの観点を絞り、内容を深め、より長い文章が作成でき、論理的な思考を鍛えることを目指した。なお、表5-2において、「テーマ選定」、①「アンケート調査と報告」、②「賛否型」レポート、③「問題解決型」レポートの開始時期、終了時期に1～2週間の重複が見られる。これは、課題の取り組みが早い学習者と遅い学習者がいるため、授業における課題の取り組み期間に幅が生じたためである。

参考までに、ライティングの3つの課題に関して、学習者Aのテーマと各レポートタイトル、および、レポート作成の条件を示す。

学習者Aの「日本の社会問題」のテーマ：「若者の早期離職問題」

(1) アンケート調査報告：「新入社員の早期離職問題に対する意識調査」

(2)「賛否型」レポート：「新入社員の早期離職に賛成」

(3)「問題解決型」レポート：「新入社員の離職率を低くするための対策」

3つのライティング課題とレポート作成の条件

(1) 日本の社会問題に関するテーマの選択（3週間：第1週〜第3週）

〈テーマの条件〉

① (2)〜(4) のレポートと共通テーマとする。

② そのテーマに関する参考文献が3冊以上ある。

(2) アンケート調査報告書の作成（6週間：第2週〜第7週）

〈調査報告書の条件〉

①1,000字程度の文字数

②アンケート調査票の作成

③調査結果の集計・グラフ化

(3)「賛否型」レポートの作成（6週間：第6週〜第11週）

〈レポート作成の条件〉

①2,000〜3,000字の文字数

②学習者の立場を明示

③根拠（2つ提示）

④対立する意見提示とその反論

(4)「問題解決型」レポート作成（5週間：第11週〜第15週）

〈レポート作成の条件〉

①4,000〜6,000字の文字数

②テーマの問題点提示

③学習者の解決案と異なる代表的な解決案（2つ提示）

④学習者の解決案（2つ提示）

⑤対立する意見提示とその反論（2つ提示）

5.2　授業実践の成果を検証するための2つのレポート

5.1節で述べたリーディングと連携したライティングの実践の成果を検証するため、学習者が作成した実践前のレポートと実践後のレポートを分析対象とする（表5-3）。

分析対象とする実践前のレポートは、春学期の「日本語ライティング1」の期末レポートである。学習者は、『改訂版留学生のための論理的な文章の書き方』と『大学・大学院留学生の日本語④論文作成編』の教科書の内容に沿って、レポートを書くための基礎的な表現、構成などを学んでいる。学習者は期末レポートとして、4,000字程度で、母国の社会問題をテーマに「問題解決型」レポートを作成している。

分析対象とする実践後のレポートは、5.1節で述べた秋学期の「日本語ライティング2」の期末レポートである。5.1節にて述べたように、学習者は、10編の論説文の文章構成に着目したリーディングと2つのライティング課題に取り組んだ後、期末レポートとして、4,000～6,000字で、日本の社会問題をテーマに「問題解決型」レポートを作成している。

このように、実践前と後のレポートにおいて、双方ともレポートの型が「問題解決型」であり、文字数もほぼ同じであるため、この2つのレポートを比較し、リーディングと連携したライティングの実践の成果を検証する。

参考までに、6名の学習者が作成した実践前レポートと実践後レポートのタイトルを表5-4に示す。タイトルの選定に関しては、学習者自身がトピックを選び、決定している。

表5-3　実践前と実践後のレポートの比較

		実践前レポート	実践後レポート
1	執筆完成時	2013年7月	2014年1月
2	レポートの型	「問題解決型」レポート	
3	テーマ	母国の社会問題	日本の社会問題
4	文字数	4,000字	4,000～6,000字
5	思考ツールの使用	なし	あり
6	レポートの条件	特になし	対立意見の提示 それに対する反論

表5-4　「問題解決型」レポートのタイトル一覧（実践前、実践後）

	実践前レポート	実践後レポート
学習者A	韓国の少子化が進んでいる原因	新入社員の早期離職率を低くするための対策
学習者B	中華人民共和国「新」婚姻法に関する研究	早期英語教育の教員不足問題の解決提案
学習者C	徴兵制度	早期英語教育問題の解決方法
学習者D	イルベが社会に与える悪影響とその解決策	英語を第2言語として学ぶべき
学習者E	韓国の教育の問題点とその解決点	日本の将来のエネルギー比率のあり方
学習者F	留学生に就職のチャンスは与えられるのか	「留学生30万人受け入れ計画」を成功させる方法

5.3　レポート評価の方法

5.3.1　レポート評価の種類

本実践では、日本語教員による評価と学習者による評価を元に、ライティングの成果を分析・考察する。表5-5はそれらの評価方法一覧である。日本語教員は、学習者全員が作成した実践前レポートと実践後レポートについて評価する。また、学習者も2つのレポートを自己評価する。レポートの評価にあたっては、教員による評価を重点的に、学習者による評価なども参考にし、総合的に評価していく。

なお、第二言語のライティング評価方法のうち、もっとも一般的で代表的なものが「総合的尺度（holistic rating）」と「分析的尺度（analytic rating）」である（石川他, 2011: 216）。前者は、評価のための規準が1つであり、簡便に測定ができ、労力が少なくて済むため実用性が高い。その一方で、評定者が独自の規準で評定した場合、評定者によってスコアが異なるため、評価に対する高い信頼性を得ることが難しい。後者は、評価のための規準が複数あるため、測定したい項目ごとにスコアを得ることが可能であり、総合的尺度よりも信頼性が高いと言える。しかし、分析的尺度は包括的なライティングを評価しているのかといった妥当性の問題や、総合的尺度よりも評価に時間がかかり、実用性の面では劣るという指摘もある。このように、総合的尺度

表5-5　レポート評価の方法

日本語教員による評価			
実践前レポート		実践後レポート	
①	ルーブリック評価	②	ルーブリック評価
③	講評	④	講評

学習者による自己評価など			
実践前レポート		実践後レポート	
⑤	ルーブリック評価	⑥	ルーブリック評価
⑦	自由記述	⑧	自由記述
		⑨	アンケート・インタビュー

と分析的尺度は、それぞれ一長一短をもっているため、本実践では主な評価方法としてではなく、補助的な評価方法として採用する。

5.3.2　日本語教員によるレポート評価

(1) ルーブリック（Rublic）評価[(1)]

ルーブリック評価は、客観的な知識や理解を判断するための評価ではなく、思考・判断などのパフォーマンス系の評価において、予め、設定した評価項目とそのレベル設定による達成度を判断するものである。日本でも、最近、ライティングなどのパフォーマンスを評価する方法として、徐々にルーブリック評価が広がりつつある。本実践では、総合的尺度と分析的尺度に代わる主な評価方法として導入する。

国内における日本語レポート・ライティングのルーブリック評価に関する研究は、最近、注目されるようになったばかりである。そのため、ルーブリックによる評価方法は定着しているとは言えない。そのため、ルーブリックによる評価方法について、教員一人一人に、事前に十分な時間をとって説明している。

今回、利用するルーブリック評価は、松下他（2013）が提案するレポートの評価ルーブリックを元に、一部を加筆修正したものである（表5-6）。松下他（2013）のルーブリックは、母語話者である日本人学生を対象に作成されたものであるため、外国人留学生が使用することを考慮し、日本語の誤用として、しばしば指摘される「文法・語彙」項目を追加した。そして、松下他（2013）のルーブリックを簡潔な日本語表現に書き換え、各レベルの相違点に関する記述には、その違いを際立たせるために下線を付した。

表5-7はライティング・ルーブリックの評価シートである。今回、ライティングの評価項目として、「背景と問題」「主題と結論」「根拠と事実・データ」「対立意見の検討」「全体構成」「表現ルール」「文法・語彙」の7項目を挙げている。そして、評価対象のレポートが各項目のレベル0～3のどの段階に当たるかをチェックする。そして、各評価項目の小計欄に、それぞれのレベルの

数値0～3の値を記入する。7項目をチェックするため、このルーブリックの「総合」評価は、計0～21点の値に数値化できる。ルーブリック評価は、予め、設定した評価項目とそのレベル設定による達成度を判断するもので、数値化して利用するものではない。しかし、実践前と後の変化や学習者同士の達成度を比較しやすくするため、本書では数値化している。

表5-8は表5-7のライティング・ルーブリック評価シートの利用例である。これは学習者Aの「総合」評価が18点であることを示している。また、教員が利用したルーブリック評価シート（学習者全員の評価シート）は、巻末の付録4に掲載している。なお、学習者が6名、教員が5名と少人数であるため、第6章の結果と考察では、データの統計処理は行わない。

表5-6　日本語ライティング・ルーブリック

観点	問題解決		論理的思考			文章表現	
	背景と問題	主題と結論	根拠と事実・データ	対立意見の検討	全体構成	表現ルール	文法・語彙
観点の説明	・与えられたテーマから自分で問題を設定する。	・設定した問題に対し、展開してきた自分の主張を関連付けながら、結論を導く。	・主張を支える根拠を述べている。 ・根拠の真実性を立証する信頼性の高い事実・データを示す。*1	・自分の主張と対立する意見を取り上げる。 ・それに対して論駁（問題点の指摘）を行う。	・問題の設定から結論に至る過程を論理的に組み立て、表現する。	・研究レポートとしてのルールを守る。	・文法上の誤りがなく、意図したことを適切な語彙を使用し、日本語で意思伝達できる。
レベル3	・与えられたテーマから自分で問題を設定している。 ・論ずる意見も含め、その問題を取り上げた理由や背景について述べている。	・問題に対し、主張を関連付けながら、結論を導いている。 ・結論は一般論にとどまらず、独自性がある。	・根拠を述べている。 ・根拠となる事実・データが2つ以上示されている。	・自分の主張と対立する意見を2つ以上取り上げている。 ・それら全てに対して、論駁（問題点の指摘）を行っている。	・問題設定から結論までが論理的に組み立てられている。 ・記述の順序、段落と段落のつながりがよい。	・指定されたフォーマットを使い、レポートの文字数が守られている。 ・引用部分と自分の文章の区別を明示している。レポートの最後に引用文献を書いている。 ・1つの段落は1つの内容でまとめる。段落に中心文と支持文がある。 *2	・文法上の誤りがほとんどない（助詞、動詞の活用など）。 ・レポートにふさわしい文体（だ、である体）・語彙・表現が使える。自分の言いたいことが意思伝達できる。 ・1文の長さが長すぎない（60字以内）。修飾・被修飾の関係が明白である。主語と述語が対応している。 *2
レベル2	・与えられたテーマから自分で問題を設定している。 ・その問題を取り上げた理由や背景について述べている。	・問題に対し、主張を関連付けながら、結論を導く。	・根拠を述べている。 ・根拠となる事実・データが1つ示されている。	・自分の主張と対立する1つの意見を取り上げている。 ・それに対して論駁（問題点の指摘）を行っている。	・問題設定から結論までが論理的に組み立てられている。 ・記述の順序、段落と段落のつながりが大体よい。		
レベル1	・与えられたテーマから自分で問題を設定している。 ・その問題を取り上げた理由や背景の内容が不十分である。	・結論を述べているが、主張との関連が不十分である。	・根拠を述べている。 ・根拠となる事実・データが明らかではない。	・自分の主張と対立する意見を取り上げている。 ・それに対して論駁（問題点の指摘）を行っていない。	・問題設定から結論までのアウトラインがたどれる。 ・記述の順序や段落と段落のつながりがりがよくない。		
レベル0	・与えられたテーマではない問題設定になっている。または、問題設定が曖昧である。	・結論が述べられていない。あるいは、結論が曖昧である。	・根拠を述べていない。	・自分の主張と対立する意見を取り上げていない。	・問題設定から結論までのアウトラインをたどることが難しい。	・上記の3つのどれにも該当しない。	・上記の3つのどれにも該当しない。

（松下佳代他（2013）「VALUEルーブリックの意義と課題－規準とレベルの分析を通して－」、第17回大学教育研究フォーラム、発表資料 を参考に作成）

＊1　信頼できる事実・データとは、大学、公的機関、学会、新聞など公共性・信頼性の高い情報を指す。一方、匿名など作成者名がない情報、個人のブログなどは、信頼性が低いと判断される。

＊2　3つの条件をすべて満たす場合は「レベル3」、2つの場合は「レベル2」、1つの場合は「レベル1」と、満たさない場合は「レベル0」とみなす。

表5-7　ライティング・ルーブリック評価シート

総合点

学習者名	背景と問題	主題と結論	根拠と事実・データ	対立意見の検討	全体構成	表現ルール	文法・語彙
レベル3							
レベル2							
レベル1							
レベル0							
小計							

＊　該当するレベルに○印をつけ、下段にレベルの数を書く。

表5-8　ルーブリック評価シートの例

18/21

学習者A	背景と問題	主題と結論	根拠と事実・データ	対立意見の検討	全体構成	表現ルール	文法・語彙
レベル3			○	○	○	○	
レベル2	○	○					○
レベル1							
レベル0							
小計	2	2	3	3	3	3	2

(2) ルーブリック評価の分析例

表5-8は、ある教員が評定した学習者Aに対するルーブリック評価である。ここではそのスコアに至る分析過程を第6章より先取りして説明する。7つの評価の観点のうち、紙幅の都合上、「背景と問題」、「主題と結論」、「文法・語彙」の3つを取り上げる。

まず、「背景と問題」の観点は、表5-8ではレベル2と評されている。「背景と問題」の最高点であるレベル3とレベル2の違いは、「その問題を取り上げた理由や背景について述べる」際に、「(書き手の) 論ずる意見も含め」ているかどうかである（表5-6）。レポートの本文（付録3の第1章、②段落第6文から③段落第1文）にあたり、「（書き手の）論ずる意見」が含まれているのか、検討する。

> （前略）若者の早期離職率の増加は、「最近の若者は忍耐力が足りない」という者だけの問題ではない。昔から築き上げてきた国の労働環境や会社のシステムにも問題があるのではないか。
>
> ③本レポートでは、若者の早期離職問題について、会社の立場から、問題の原因を解明し、その解決方法を検討することを目的とする。

「（書き手の）論ずる意見」としては、③段落第1文の「会社の立場から」のようであるが会社のどのような立場からなのかは明示されていない。また、その前の文に、「国の労働環境や会社のシステムにも問題がある」とも書かれ、会社だけでなく、国の労働環境からも論じるようであるが、第1章の段階では「（書き手の）論ずる意見」の方向性は見えているが、はっきりとは伝わらない。そうした点から、レベル2と評定されたと思われる。ただし、教員によっては、この部分も「（書き手の）論ずる意見」が示されているとして、レベル3と判断している場合もある。第6章の表6-1の学習者Aの実践後の「背景と問題」では、5名の教員のうち、2名がレベル3、3名がレベル2と評定している。

次に、「主題と結論」の観点は、レベル2と評定されている。「主題と結論」のレベル3とレベル2の違いは、「問題に対し、主張を関連づけながら、結論を導いている。」上で、「結論は一般論にとどまらず、独自性がある。」かどうかである。レポートの本文（付録3の第6章⑰段落）にあたり、「独自性の結論」が含まれているのか、検討する。

> ⑰以上、このレポートでは、若者の早期離職問題に対する解決方法について検討してきた。その結果、年功序列の廃止やメンター制度を取り入れることが望ましいと議論してきた。年功序列は、年齢や勤続年数で新入社員の価値を低く設定し、モチベーションを下げる最大の原因であ

ることがわかった。（中略）そして、新入社員の悩みを解消し、正しい仕事の方向に導くことができるメンター制度の導入も多くの会社で導入すべきだと考える。（後略）

学習者Aは、若者の早期離職問題に対する解決方法として、年功序列制度の廃止とメンター制度の導入を挙げている。この結論に、独自性があるとすれば、レベル3に、ないとすれば、レベル2に評定される。表5-8では、レベル2に評定されているが、第6章の表6-1の「主題と結論」では、3名の教員がレベル3に、2名の教員がレベル2に評定している。学習者Aは、先行研究を丹念に調べ、その中から有効だと思われる解決方法を自分の結論として、正しく引用し、根拠を述べて論じている。教員がこの内容に学習者Aの独自性を認めるかどうかは、授業の目標、クラス全体のライティング・スキルのレベル、学習者個人のライティング・スキルのレベルなどの要因とも関係していると思われる。

最後に、「文法・語彙」の観点は、レベル2と評されている。「文法・語彙」のレベル判定は次の3つの観点をいくつ満たしているかによって決まる。①「文法上の誤りがほとんどない」、②「レポートにふさわしい文体・語彙・表現が使える。自分の言いたいことが意思伝達できる」、③「1文の長さが長すぎない。修飾・被修飾の関係が明白である。主語と述語が対応している」である。レベル3は3つの観点を全て満たしていること、レベル2は2つ満たしていることである。学習者Aは①と②は満たしているが、③については、ところどころ文のねじれが見られるため、レベル2と評定されたのであろう。その例として、第1章②段落と第2章④段落の段落中心文を示す。

②若者の離職率が高い状態がこのまま続けば、会社にも莫大な損失が生じ、国の経済的にも問題となる。

④若者が入社してすぐ離職してしまうことが社会的に問題になったのは昔からあった。

第1章②段落の段落中心文の後半、「国の経済的にも問題となる。」は、「国の経済の上からも問題となる。」の方が理解しやすい。また、第2章④段落の段落中心文は、「若者が入社してもすぐ離職してしまうという社会的な問題は昔からあった。」の方が日本語として自然に感じられる。ただ、どこまで厳密にチェックするのかは教員の判断によるところが大きく、第6章の表6-1の「文法・語彙」では、3名の教員がレベル3に、1名の教員がレベル2に、1名の教員がレベル0に評定している。

(3) レポート講評

日本語教員は、学習者ごとに、実践前レポートと実践後レポートをそれぞれ講評する(2)。そして、2つのレポートを比較し、改善された点、変化が見られない点、逆に悪化した点などに関して、短評する。表5-9は学習者ごとのレポート講評のシートである。そして、表5-10は、表5-9の講評シートの利用例である。講評は、学習者ごとに、実践前レポート、実践後レポート、実践前から実践後への変化について、および、学習者全体に共通する実践前から実践後への変化についてレポート講評シートで短評する（巻末の付録5参照）。レポート講評は、数値で計ることができないレポートの特徴などに言及しているため、質的な評価と考えている。

表5-9　講評シート

学習者名

<table>
<tr><td>総合評価</td><td></td><td>内容</td><td></td><td>構成</td><td></td><td>文法等</td><td></td></tr>
<tr><td>講評</td><td colspan="7"></td></tr>
</table>

表5-10　講評シート例

総合評価	C	内容	C	構成	C	文法等	B
講評	結論は、本論をまとめた意見というより、所感になっている。根拠について、文献から引用している点はいいが、具体的な例がないので、言及内容がわかりにくい。また、3つの根拠の詳細さが違う。2つの反論のうち、反論といえそうなのは1つ。日本語がわかりにくいところがいくつもある。						

なお、講評の際に、参考までに、総合的尺度として、教員個人の観点による「総合」評価、および、分析的尺度として、レポートの「内容」、「構成」、「文法・語彙・表現」に関するA～D評価も付している(3)。A～D評価の基準は日本語教員が決定するため、各教員の評価観点を重視した評価とも言える。よって、ここでは、評価基準を明示した(1)「ルーブリック評価」を重視し、教員個人の観点によるA～D評価は、参考程度に扱う。

5.3.3　学習者のレポート自己評価と振り返り

レポートの総合的な評価にあたっては、日本語教員からの評価だけでなく、学習者のレポートに対する自己評価やアンケート・インタビューにおける振り返りも参考にする。それらは、表5-5の⑤・⑥ルーブリック評価、⑦・⑧自由記述、⑨レポートに対するアンケートや授業全体を振り返ったインタビューである。

学習者による自己評価

(1) ルーブリック評価（表5-5の⑤・⑥、自己評価シートは巻末の付録6）
(2) 自由記述（表5-5の⑦・⑧、自己評価シートは巻末の付録6）
(3) アンケートと実践終了時のインタビュー（表5-5の⑨、アンケートは巻末の付録7）

(1) ルーブリック評価は、教員と同じルーブリックを使用し、学習者が自分のレポートを自己評価した。学習者がルーブリック評価を使った自己評価ははじめての試みであったため、事前に、ルーブリック評価の方法や内容について説明した。学習者は授業実践開始後、実践前のレポートについて、ルーブリック評価を実施した。そして、同じルーブリック評価を使って、実践後のレポートについても評価することを学習者に事前に伝えておいた。なお、巻末の付録6の評価シートには、学習者個人の観点による「総合」評価、および、レポートの「内容」、「構成」、「文法・語彙・表現」に関するA～D評価も付している。これらの総合的尺度と分析的尺度による評価も参考程度に扱い、レポートの主な評価としては、ルーブリック評価を重視する。

(2)「自由記述」は、巻末の付録6の下部に掲載した。学習者は、所定の欄に、レポート作成に関するコメントを自由に書いている。

(3)「実践後レポートに対するアンケート」は、巻末の付録7に掲載している。アンケートには、実践後レポート作成上、よくできた点や難しかった点なども質問している。第6章で分析する質問項目は、付録7のアンケート項目の中から、3つの思考ツールの利用に関する4つの質問（図5-1）である。また、「実践終了時インタビュー」は、授業実践終了後、授業担当者が各学習者に対して30分間費し、付録7のアンケート項目の回答を確認するフォロー・アップ・インタビューを実施した。

問4　レポートの本文を書く前に、「ロジック・チャート」を書き、「問題提起、代表的な解決方法、結論、(あなたの) 解決方法、対立意見提示・反論」を確認しました。「ロジック・チャート」を書くことは、レポート作成にどのような影響がありましたか。

問5　「文章構成図」を書いて構成を視覚的に確認することは、レポート作成にどのような影響がありましたか。うまく書けなかった場合は、どのようなところが難しかったですか。「文章構成図」について、自由にコメントしてください。

問6　レポートの本文を書く前に、各段落の段落中心文を「段落中心文表」にまとめることは、レポート作成にどのような影響がありましたか。

問8　今学期は、1つのテーマについて、「アンケート調査」、「賛否型」レポート、「問題解決型」レポートと3つの方法で調査し、レポートを書きました。春学期の期末レポートの取り組みと比較して、今学期はどのような点がよくできましたか。また、どのような点について、勉強が必要だと思いましたか。

図5-1　実践後レポートに対するアンケートの問4・問5・問6・問8

注

(1)　濵名 (2011) は、ルーブリックの定義の1つに、下記を挙げている。

> レベルの目安を数段階に分けて記述して、達成度を判断する基準を示すものである。学習結果のパフォーマンスレベルの目安を数段階に分けて記述して、学習の達成度を判断する基準を示す教育評価法として盛んに用いられるようになった。これまでの評価法は客観テストによるものが主流を占めていたが、知識・理解はそれで判断できたとしても、いわゆるパフォーマンス系 (思考・判断、スキルなど) の評価は難しい。ポートフォリオ評価などでルーブリックを用いて予め「評価軸」を示しておき、「何が評価されることがらなのか」についての情報を共有するねらいもある。

(2)　授業実践期間に、授業担当教員1名は学習者のレポートに対して、内容、構成、言語形式などの観点からより多くの点について講評を述べている。本実践の評価は、授業が終了した後に、5名の教員に短い講評を依頼したものであるため、学習者に全ての教員の講評をフィードバックしていない。

(3)　日本語ライティングの分析評価の評価基準として、この3基準が取り上げられることが多い。例えば、石橋 (2012：46) では、作文の質的分析の主要カテゴリーとして、「内容」「構成」「言語形式」の3つを挙げている。

第6章

授業実践の結果と考察

6.1　日本語教員のレポート評価からの考察
6.1.1　ルーブリック評価
6.1.2　講評
6.2　学習者が作成した思考ツールからの考察
6.2.1　思考ツールの評価
6.2.2　評価上位者の思考ツール
6.2.3　評価中位者の思考ツール
6.3　学習者の自己評価からの考察
6.3.1　ルーブリック評価
6.3.2　学習者による自由記述
6.4　学習者に対するアンケートからの考察
6.5　本章のまとめ
6.5.1　日本語教員による評価からの考察
6.5.2　学習者が作成した思考ツールからの考察
6.5.3　学習者の自己評価からの考察
6.5.4　学習者に対するアンケート結果からの考察

本章では、授業実践の前と後に書いた2つの「問題解決型」レポートの評価を比較し、その結果を考察する。まず、日本語教員による実践前、実践後のレポートについてルーブリック評価を行い、学習者のレポートの達成度について言及する。そして、その結果から、レポートの完成度が高い学習者（評価上位者）と中程度であった学習者（評価中位者）に分ける。そして、その学習者グループごとに、レポートの講評や思考ツールの活用状況を分析する。

次に、教員のルーブリック評価と学習者のルーブリック評価を比較し、学習者の自己評価の傾向を探る。また、学習者の自由記述からレポート作成の取り組みを分析する。さらに、学習者による実践後レポートのアンケート回答やインタビュー回答から、今回の実践で試みたリーディングと連携したライティング、思考ツールを利用したライティングについて考察を深める。

6.1　日本語教員のレポート評価からの考察

6.1.1　ルーブリック評価

表6-1は、学習者6名（学習者A～学習者F）が作成した実践前レポートと実践後レポートについて、5名の日本語教員（教員G～教員K）が、7項目のルーブリック評価（表5-7）を合計した「総合」点数（0～21点）、(1)「背景と問題」(2)「主題と結論」(3)「根拠と事実・データ」(4)「対立意見の検討」(5)「全体構成」(6)「表現ルール」(7)「文法・語彙」項目の点数（それぞれ0～3点）を一覧表示したものである。表6-1からは、学習者ごとのスコアの変化を読み取ることが難しい。そこで、スコアを4階級（0～6点：下位階級、7～11点：中位階級、12～16点：上位階級、17～21点：最上位階級）に分け、その階級の点数をつけた教員の数を度数として示した（表6-2）。また、図6-1は、表6-2をグラフ化したもので、学生ごとのスコアの伸びを視覚的に示している。

図6-1から、全体として、学生全員の点数が伸びていることがわかる。ここ

では最上位階級（17～21点）のスコアを評定している教員の数が多いほど、評価が高いとみなしている。最も評価が高かったのは、学習者Fで、実践後レポートでは全教員が最上位階級のスコアを出している。学習者Fはもともとライティング能力が高く、6名の学習者の中で、実践前レポートにおいても、最上位階級に1名の、上位階級に4名の教員が評定し、最も高いスコアをもっている。次に、評価が高かったのは、学習者Aと学習者Dである。実践後のスコアは2名の学習者とも、最上位階級に5名の、上位階級に1名の教員が評定している。しかし、実践前のスコアを見ると、学習者Aは下位階級のスコアも見られるため、学習者Aの方がより成長したと言える。次いで、学習者Eは、実践前は学習者Dと同じスコアであったが、実践後のスコアは学習者Dよりも、最上位階級と評定した教員が1名少ないが、3名の教員が最上位階級と評定している。そして、学習者Bは、実践後のスコアにおいて、最上位階級、上位階級、中位階級、下位階級といずれの階級にも評定されている。最後に、学習者Cは、実践後のスコアでは中位階級と評した教員が多い。

以上から、学習者F、学習者A、学習者D、学習者Eの4名は、実践後のスコアで最上位階級だけ、あるいは、最上位階級と上位階級と評定されているため、本書では、評価上位者としてあつかう。そして、あとの学習者Bは全てのスコア階級に評されているため、便宜上、評価中位者としてあつかう。最後の学習者Cは、中位階級と評されているため、評価中位者とする。この学習者グループは、レポートの講評や思考ツールの活用状況で利用する。なお、本実践では、評価が極めて低い学習者はいなかったので、評価下位者は設定していない。

次に、評価項目ごとにスコアの変化を見ていく。表6-1からは、ルーブリックの7つの項目ごとに、スコアの変化をイメージすることが難しい。そこで、スコアを4階級（0点：下位階級、1点：中位階級、2点：上位階級、3点：最上位階級）に分け、その階級の点数を出した教員の数を度数として示した（表6-3）。また、図6-2は、表6-3をグラフ化したもので、項目ごとにスコアの変化を視覚的に示したものである。

図6-2から、実践前と実践後で変化のなかった(7)「文法・語彙」[1]を除い

て、全体として、学生全員の点数が伸びていることがわかる。最も、伸びが大きかった項目は（4）「対立意見の検討」である。しかし、実践前レポート作成の指導において、教員は対立意見についての言及をしなかったため、ほとんど全員の学生が対立意見を書いていなかった。そのため、実践前の評価は6名の学習者全員が下位階級の評定だった。その一方、実践後レポートでは、対立意見の陳述がレポート作成の条件となっていたため、6名の学習者の中で4名が最上位階級に評定され、評価の伸びが大きくなっている。したがって、実践前と実践後の変化の大きい評価になっているが、変化の大きかった項目としてはあつかわない。

残りの5つの項目、（1）「背景と問題」（2）「主題と結論」（3）「根拠と事実・データ」（5）「全体構成」（6）「表現ルール」の実践後の評価は全て同じで、最上位階級に4名、上位階級に2名の教員が評定し、高い評価を得ている。この中で、実践前から実践後の評価の伸びが大きかったのは、（2）「主題と結論」である。実践前には、最上位階級のスコアが無かったが、実践後には最上位階級のスコアが4名に伸びている。次いで、（5）「全体構成」と（6）「表現ルール」では、実践前に最上位階級のスコアは1名であったが、実践後には4名の教員が評定し、成長が感じられる。そして、（3）「根拠と事実・データ」、（1）「背景と問題」も実践前より実践後の方が、最上位階級のスコアが増えている。なお、学部留学生のライティングの問題点として掲げた3つの問題点（①段落に関する問題、②論理的思考の未熟さに関する問題、③構想の不十分さ）について、（1）「背景と問題」（2）「主題と結論」（3）「根拠と事実・データ」（4）「対立意見の検討」（5）「全体構成」の5つの項目について、実践後レポートで高い評価を得たことから、問題点を解決できた可能性が高いことを示している。

表6-1　教員のルーブリック評価：結果一覧

		学習者A		学習者B		学習者C		学習者D		学習者E		学習者F	
		前	後	前	後	前	後	前	後	前	後	前	後
総合 0〜21点	教員G	9	18	8	11	12	9	15	20	8	19	14	21
	教員H	6	14	1	2	13	13	10	18	14	19	14	20
	教員I	16	21	8	19	13	19	16	21	14	19	18	21
	教員J	11	21	4	13	12	8	10	18	10	15	13	20
	教員K	15	18	5	20	6	10	10	14	10	14	14	19
(1) 背景と問題 0〜3点	教員G	2	2	1	2	2	3	2	3	3	3	2	3
	教員H	1	2	0	0	1	1	2	3	3	3	2	3
	教員I	3	3	2	3	3	3	3	3	3	3	3	3
	教員J	2	3	0	2	3	2	2	2	2	2	2	3
	教員K	2	2	1	3	1	2	2	2	2	3	3	3
(2) 主題と結論 0〜3点	教員G	1	2	1	1	2	1	2	3	1	2	2	3
	教員H	1	2	0	1	2	2	2	2	2	2	2	3
	教員I	3	3	1	3	2	2	2	3	2	3	2	3
	教員J	2	3	1	2	2	2	2	2	2	2	2	3
	教員K	2	3	1	3	1	1	2	3	2	3	2	2
(3) 根拠と事実・データ 0〜3点	教員G	2	3	1	1	2	1	3	3	1	3	3	3
	教員H	2	3	0	0	3	3	3	3	3	3	3	3
	教員I	3	3	1	3	2	3	3	3	3	3	3	3
	教員J	3	3	0	2	2	0	1	3	2	3	3	3
	教員K	3	3	1	3	1	1	1	2	2	2	2	3
(4) 対立意見の検討 0〜3点	教員G	0	3	0	1	0	1	1	3	0	3	0	3
	教員H	0	3	0	0	0	3	0	3	0	3	0	3
	教員I	0	3	0	3	0	3	0	3	0	3	0	3
	教員J	0	3	0	0	0	0	0	3	0	3	0	3
	教員K	0	3	0	2	0	2	0	2	0	2	0	2
(5) 全体構成 0〜3点	教員G	1	3	2	2	2	1	3	3	1	3	3	3
	教員H	1	2	0	0	2	1	2	3	2	3	2	3
	教員I	2	3	1	3	2	2	2	3	2	2	3	2
	教員J	1	3	0	2	2	2	1	2	2	2	2	3
	教員K	2	2	1	3	1	2	1	2	1	2	2	3
(6) 表現ルール 0〜3点	教員G	2	3	2	2	2	1	3	3	1	3	3	3
	教員H	0	2	0	0	2	2	1	3	3	3	3	3
	教員I	2	3	1	2	2	3	3	3	2	3	3	3
	教員J	1	3	1	2	2	1	2	3	1	2	2	2
	教員K	3	2	1	3	1	1	2	2	1	1	2	3
(7) 文法・語彙 0〜3点	教員G	1	2	2	2	2	1	3	2	1	2	3	3
	教員H	1	0	1	1	1	1	0	1	1	2	2	2
	教員I	3	3	2	2	2	3	3	3	2	2	3	3
	教員J	2	3	2	3	2	1	2	2	1	1	2	3
	教員K	3	3	1	3	1	1	2	1	2	1	3	3

表6-2　「総合」評価の4階級分布

総合 0〜21点	学習者A		学習者B		学習者C		学習者D		学習者E		学習者F	
	前	後	前	後	前	後	前	後	前	後	前	後
0〜6点	1	0	3	1	1	0	0	0	0	0	0	0
7〜11点	2	0	2	1	0	3	3	0	3	0	0	0
12〜16点	2	1	0	1	4	1	2	1	2	2	4	0
17〜21点	0	4	0	2	0	1	0	4	0	3	1	5

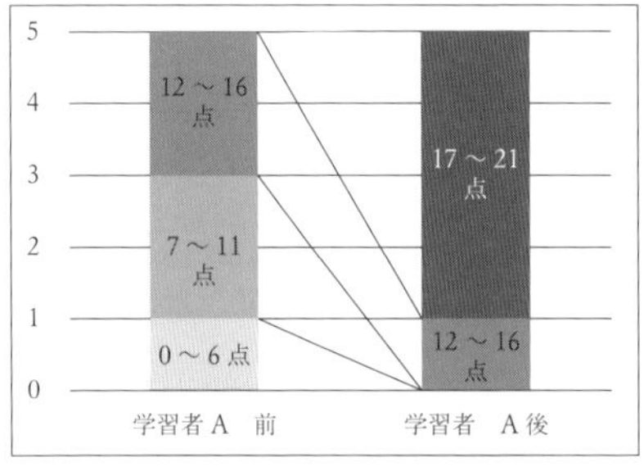

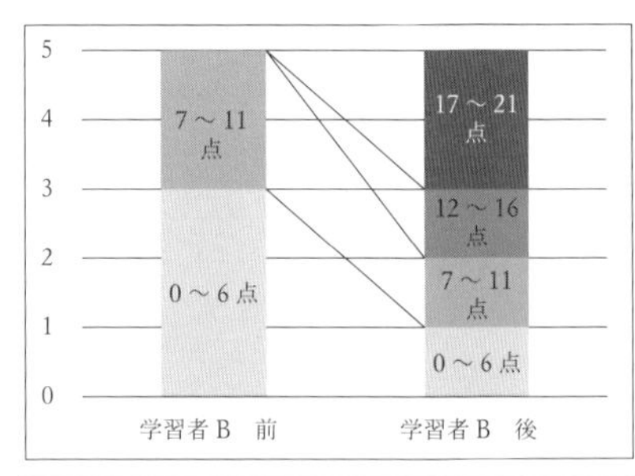

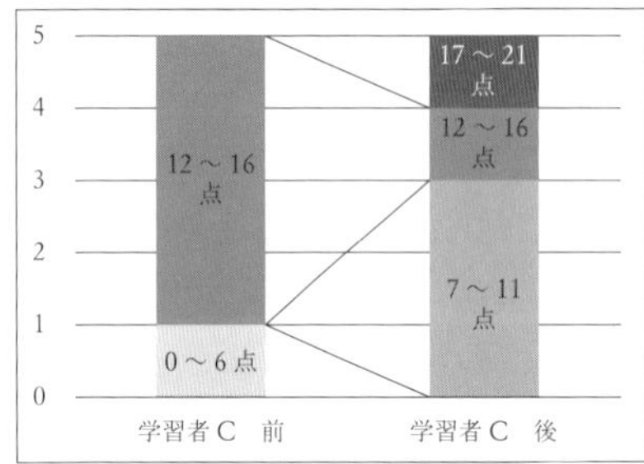

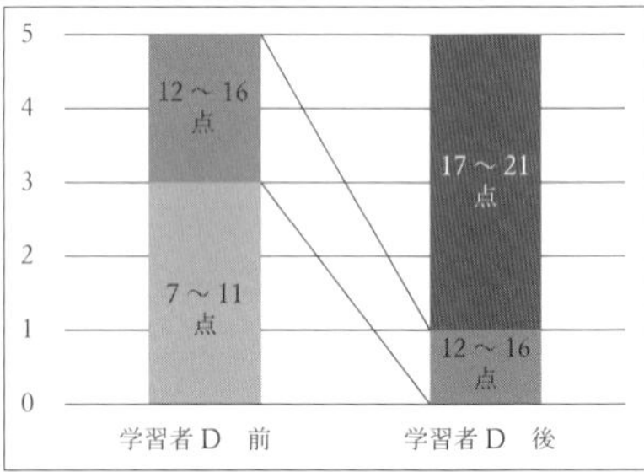

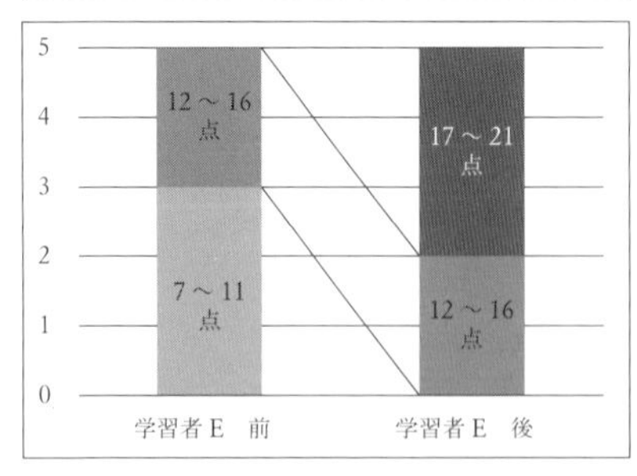

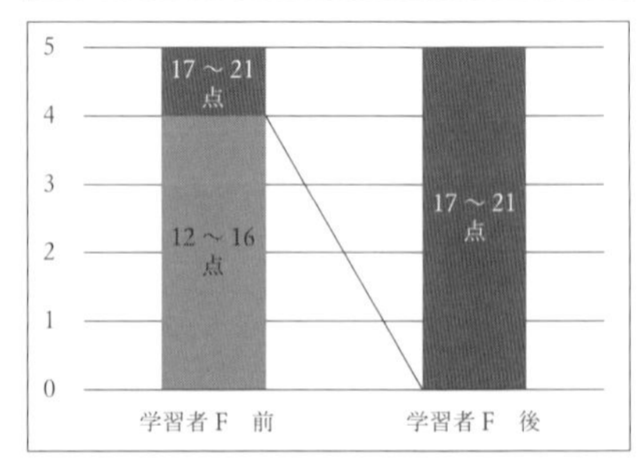

図6-1　「総合」評価の学習者別スコア変化

表6-3 評価項目別、学習者の4階級分布

（1）背景と問題 0～15点	実践前	実践後
0～3点	0	0
4～7点	1	0
8～11点	2	2
12～15点	3	4

（2）主題と結論 0～15点	実践前	実践後
0～3点	0	0
4～7点	1	0
8～11点	5	2
12～15点	0	4

（3）根拠と事実・データ 0～15点	実践前	実践後
0～3点	1	0
4～7点	0	0
8～11点	3	2
12～15点	2	4

（4）対立意見の検討 0～15点	実践前	実践後
0～3点	6	0
4～7点	0	1
8～11点	0	1
12～15点	0	4

（5）全体構成 0～15点	実践前	実践後
0～3点	0	0
4～7点	2	0
8～11点	3	2
12～15点	1	4

（6）表現ルール 0～15点	実践前	実践後
0～3点	0	0
4～7点	1	0
8～11点	4	2
12～15点	1	4

（7）文法・語彙 0～15点	実践前	実践後
0～3点	0	0
4～7点	1	1
8～11点	4	4
12～15点	1	1

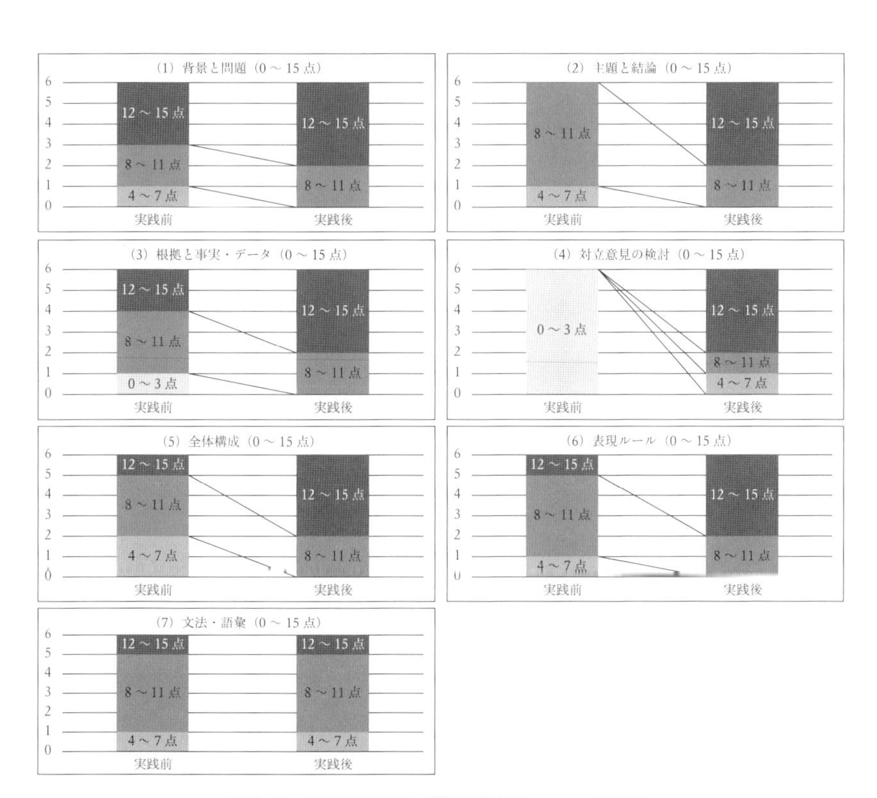

図6-2 評価項目別、学習者全体のスコア変化

なお、今回の実践では、同じルーブリックを使っても、教員5名の評価が同じにならなかった。その原因として、教員全員が集まって評価基準についての話し合いの場を設けていないため、評価基準を示してもその適用範囲が教員によって幅があったこと、教員によってライティング評価に対するビリーフ（belief; 信念）が違うことが考えられる。したがって、評価にあたっては、ルーブリック評価だけでなく、講評も含めて、総合的に評価したい。

6.1.2　講評

実践前レポート（付録8）と実践後レポート（付録9）に分けた上で、評価上位者と評価中位者の2つのグループに分けて検討する。そして、付録8と付録9において、肯定的内容と否定的内容の観点から書かれているコメント（付録8と付録9の下線部分）を以下の(1)から(4)で取り上げる。そして、それらのコメントに共通する要素を項目として抽出して、実践前と実践後の講評内容を比較・検討する。

本書の講評とは、教員がレポートの長所、短所や改善点などについて自由に短評したものである。長所についての言及したところは肯定的内容として、短所や改善点の指摘は否定的内容として列挙している。講評の基準は教員によって異なるため、例えば、レポートの文章構成に関するコメントが、ある教員は肯定的な点から評したり、別の教員は否定的な点から評したりするなど、評価が分かれている場合もある。以下に示す表6-4から表6-7の中で、下線部を引いている箇所は、肯定的内容と否定的内容の両方にその観点が記載されているものである。なお、教員の講評の文言は、紙幅の都合上、複数の教員のコメントの要所を押さえたものである。

表6-4　実践前レポートの講評（評価上位者：学習者A、学習者D、学習者E、学習者F）

〈肯定的内容〉
①資料にもとづいた分析をしている。本文は論旨が通り、資料根拠が示され、説得力がある*。（学習者A） ②内容・構成ともによくできている。議論の流れが把握できるところがよい。（学習者D） ③レポートの体はなしている。レポートの構成は形式上できている。（学習者E） ④様々なデータを引用しているところを評価する。明快に論じている。（学習者F） ⑤日本語の間違いがほとんどない。身近な問題に目を向けてよく調べている。（学習者F）
〈否定的内容〉
①段落構成、段落内構成に問題がある。説得性に欠け、結論に無理がある*。考察・分析が浅い。（学習者A） ②参考文献はネット上のものばかりで、全体として内容が浅い印象。（学習者D） ③比較的簡単な解決策、一般的帰結で、物足りなさを感じる。（学習者D） ④意見や意見の根拠がはっきりせず、自分の見解をまとめている感が強い。（学習者E） ⑤文法上の誤用、不適切な表現が散見される。引用の仕方や段落分けも改善すべき。（学習者E） ⑥直接引用の仕方に問題があり、まとめの解決法が弱い。論点が絞り込めていない。（学習者F） ⑦現状の説明に多くの字数を用い、提案が短いのでバランスが悪い。（学習者F）

＊　学習者Aの説得性に関するコメントは、肯定的内容（教員K）と否定的内容（教員H）の両方が見られる。

表6-5　実践前レポートの講評（評価中位者：学習者B、学習者C）

〈肯定的内容〉
①ユニークな問題を扱っている。（学習者B） ②構成はよい。全体的な流れがしっかりしている。（学習者C） ③問題点を明確にしている。自分の意見を交えてよく論じている。（学習者C）
〈否定的内容〉
①根拠がはっきりせず、自分の印象で漫然と説明している。（学習者B） ②構築性のある議論の展開がなく、レポートの目的、問題提起が曖昧。結論に序論の答えがない。段落構成に問題あり。（学習者B） ③参考文献リストがない。参考文献からのコピペを寄せ集めた印象。（学習者B） ④文の完成度が低く、何を言いたいのか不明だ。（学習者B） ⑤考察が浅い。自分の経験の中だけで述べているので、安直すぎる印象。（学習者C） ⑥意見・主張が少なく、根拠も示されていないので、主観的で感想文的だ。根拠に支えられた主張となっていない。（学習者C） ⑦文法・語彙などの誤用が多い。指示語が指すものが曖昧だ。（学習者C）

実践前レポートの講評に関しては、評価上位者も評価中位者も、肯定的内容より、否定的内容が多い。評価上位者の肯定的内容には、「全体的な構成（序論部、本論部、結論部の三部構成など）」、「テーマの面白さ」、「様々な資料からの引用」が挙げられた。そして、否定的内容には、「簡単な解決策」、「内容の浅薄さ」、「明確な根拠にもとづいていない解決策」、「段落構成の問題」、「引用方法の問題」、「現状説明と提案のバランスの悪さ」などが挙げられる。また、「日本語の文法・語彙の誤用」は肯定的内容にも否定的内容にも見られる。

一方、評価中位者の肯定的内容には、「テーマの面白さ」と「全体的な構成」が挙げられる。また、否定的内容には、「感想文的文章」、「問題提起と結論が曖昧」、「段落構成の問題」、「根拠にもとづいていない解決策（コピペの寄せ集めの議論）」、「引用文献無し」、「日本語の文法・語彙の誤用」、「指示語の曖昧さ」の7項目が挙げられる。評価上位者と評価中位者の否定的内容の共通点には、「段落構成の問題」、「根拠にもとづいていない解決策」、「日本語の文法・語彙の誤用」がある。前者2つの問題点については、これらは第1章で示した学部留学生のレポートの問題点として指摘した①「段落に関する問題」、②「論理的思考の未熟さに関する問題」、③「構想の不十分さ」と共通するところがある。

次に、これらが実践後レポートで改善されたのかについて、付録9の講評から抜粋した表6-6と表6-7について検討する。

表6-6　実践後レポートの講評（評価上位者：学習者A、学習者D、学習者E、学習者F）

〈肯定的内容〉
①資料にもとづいて意見を展開し、具体的で独自性の高い解決策が提示されている。（学習者A） ②全体の文章の流れが把握しやすく、読み手の理解が進みやすい*1。（学習者A） ③論文の基本的要素がほぼ揃っている。専門的な資料を読みこなし、必要な資料を引用して、自分の論を進めている*2。（学習者D） ④構成がきちんといる。論理的な流れで読み手の思考から逸脱しない展開で、主張が受け入れやすい。（学習者D） ⑤議論の構成がしっかりしている。根拠を示し、主張ができている。（学習者E） ⑥問題に対して公平かつ客観的な目を向けようとする姿勢が見られる。（学習者E） ⑦（実践前レポートと比べ、）日本語の誤りが少なくなった。（学習者E） ⑧全ての面で素晴らしい。テーマの設定がうまく、オリジナルの視点からの問題設定は評価できる。留学生ならではの視点が入ったレポートとなっている。（学習者F） ⑨よくリサーチし、資料をうまく使い、データも十分に示している。（学習者F） ⑩全体の骨組みも論理的な流れである。（学習者F） ⑪日本語の間違いもほとんどない。（学習者A、学習者F）
〈否定的内容〉
①全体構成、段落分けに問題がある。裏づけが足りない部分がある。（学習者A） ②専門的説明が不足し、根拠なども引用が多く、説得力はいま一つ。（学習者D） ③筆者独自の意見がもう少し展開しているといい。引用が多い。（学習者E） ④文法・語彙・表現に関する日本語の誤用が多い。表やグラフで提示の工夫がほしい。（学習者E） ⑤2つ目の論点の資料の資料は質が良くないので、説得性に欠ける。（学習者F）

＊1　学習者Aの文章構成に関して、肯定的内容（教員G、教員J）と否定的内容（教員H）の2つコメントが見られる。

＊2　学習者Dの専門的な資料の引用や説明、説得性について、肯定的内容（教員H）と否定的内容（教員G、教員K）のコメントが見られる。

表6-7　実践後レポートの講評（評価中位者：学習者B、学習者C）

〈肯定的内容〉
①論旨に即して構成され、理解しやすい。全体の論理展開はわかりやすい*1。前回と比べ破綻無く文章が書けるようになった。（学習者B） ②文法の誤りがなく、読みやすい。日本語の誤用が少ない。（学習者B） ③分析をふまえた上で、主張ができている*2。（学習者B） ④筆者自身が考え、議論している点が大変良い。（学習者C） ⑤構成がよく*3、主張の形成が明確で、わかりやすい。（学習者C）
〈否定的内容〉
①筆者の考察から生まれたオリジナリティのある提案は見られない。提案は現状の解説に止まっている。調べたことを説明している印象が強い。（学習者B） ②章構成、章内の構成に大きな問題がある。（学習者B） ③引用の仕方にも問題がある。（学習者B） ④説明の方法が冗長である。字数オーバーでフォーマットを守っていない。（学習者B） ⑤結論は本論をまとめたというより、所感になっている。まとめに、自身の経験や感想が書かれて、感想文のように感じられた。（学習者C） ⑥思考がまだ十分に整理されておらず、それが全体の構成や章の不適切な見出しに表れている。問題提起から解決策の提示まで全体的にぼんやりした印象。（学習者C） ⑦アカデミック・ライティングが不十分で、文法上の誤用が多く、指示語の指すものが曖昧。（学習者C）

＊1　学習者Bの文章構成について、肯定的内容（教員J、教員K）と否定的内容（教員H）のコメントが見られる。

＊2　学習者Bの主張について、肯定的内容（教員I、教員J、教員K）と否定的内容（教員G、教員H）のコメントが見られる。

＊3　学習者Cの文章構成について、肯定的内容（教員I）と否定的内容（教員K）のコメントが見られる。

評価上位者の実践後レポートの講評（表6-6）に関しては、実践前レポートよりも、肯定的内容が大幅に増え、否定的内容は減少した。確かに、一部の学習者の「文章構成の問題」、「説得力不足」、「日本語の誤用問題」の3項目が否定的内容として指摘されている。しかし、それらはもっとこうすれば、レポートが良くなるという改善点をうながすコメントが多く、全面的な否定的内容となっていない。そのため、これらの否定的内容を覆す肯定的内容として、「文章構成（議論構成）の良さ」、「根拠（資料）にもとづいた解決策（主張)」、「日本語の誤用の減少（または、皆無)」を挙げることができる。そこで、同じ観点について、肯定的内容と否定的内容の両方のコメントがある場合、ここでは肯定的内容の方がその比重が重いと判断している。その他、評価上位者の肯定的内容には「テーマの設定の良さ」も挙げられる。したがって、実践前レポートの問題点として指摘した「段落構成の問題」、「根拠にもとづいていない解決策」、「日本語の文法・語彙の誤用」については、肯定的内容の「文章構成（議論構成）の良さ」、「根拠（資料）にもとづいた解決策(主張)」、「日本語の誤用の減少（または、皆無)」が挙げられ、改善されたと考える。つまり、講評からも実践後レポートの方が、レポートの質が上がり、レポート・ライティングの3つの問題点（①段落に関する問題、②論理的思考の未熟さに関する問題、③構想の不十分さ）を解決できた可能性が高いと言えそうである。

一方、評価中位者の実践後レポートの講評（表6-7）に関しては、肯定的内容は実践前より増えているが、否定的内容は実践前とあまり変化がない。肯定的内容には「文章構成（論理展開）の良さ」、「分析をふまえた主張」、「日本語の誤用の減少」の3項目が挙げられる。しかし、これらの肯定的内容を覆す「文章構成（章構成、章内構成）の問題」、「オリジナリティのない提案(調べたことの説明)」、「日本語の誤用の多さ」という否定的内容が挙げられる。そして、「感想文的文章」、「指示語の曖昧さ」、「引用の問題」（実践後の新しい問題点)、「書式違反」（実践後の新しい問題点）といった否定的内容(全部で7項目）が続く。これらは評価上位者の改善点をうながす否定的内容と異なり、評価中位者の否定的内容は強い語調での指摘も多いため、問題点の指摘と判断している。したがって、同一学習者のある観点について、肯定的内容と否定的内容の両方が見られる場合、ここでは否定的内容の方の比重が重いととらえている。また、評価中位者の実践前レポートの否定的内容として指摘した7項目のうち、実践後では「問題提起と結論が曖昧」、「引用文献無し」は指摘されていないため、この2項目は改善されたと判断する。しかし、前述した実践後レポートの否定的内容の7項目は、どちらかと言えば問題点として判断しているため、実践前レポートの評価上位者との共通の問題点であった「段落構成の問題」、「根拠にもとづいていない解決策」、「日本語の文法・語彙の誤用」は改善されたとは言いにくい。

なお、評価中位者の学習者Bと学習者Cの評価が伸びなかった原因について、学習者Cは6.2節にて、学習者Bは6.4節にて、総合的に考察する。

6.2　学習者が作成した思考ツールからの考察

6.2.1　思考ツールの評価

本実践では、レポート本文を作成する前に、学習者は3つの思考ツールを作成している。思考ツールが適切に作成されたのかを確認するために、4.2.3項で提示した表4-3の「思考ツール利用のチェックリスト」を用いて筆者が評定した。思考ツールのチェック項目の内容を満たしていれば、その項目を加点する形で、「ロジック・チャート」では3点、「文章構成図」では3点、「段落中心文表」では4点、合計10点として計算した。その結果を表6-9に示す。ルーブリックの評価上位者の学習者F、学習者A、学習者D、学習者Eは、10点中、10点や7点であった。しかし、評価中位者の学習者Bや学習者Cは、10点中、3点や2点であった。とりわけ、学習者Bは「問題解決型」レポートについては文章構成図を提出しなかったため、文章構成図の点数がないことが響いている。このように、ルーブリックの評価の評価中位者は思考ツールの利用度が極めて低かったが、評価上位者の思考ツールの利用度は高く、ルーブリック評価の数値結果と思考ツールの利用度は概ね相関している。

表6-8　思考ツール利用のチェックリスト（表4-3の再掲）

思考ツール	チェック項目
ロジック・チャート	□ 1　完成したチャートに記入漏れがない。
	□ 2　チャートの文章は構成要素の機能を反映した内容になっている。
	□ 3　論理構造の流れにそって、チャートの文章も滑らかにつながっている。
文章構成図	□ 4　構成要素の番号が上から下へ、左から右へ続いている。
	□ 5　ロジック・チャートの構成要素が全て入っている。
	□ 6　中心線上に「問題提起」「主張」「結論」を配置している。
段落中心文表	□ 7　完成した表に記入漏れがない。
	□ 8　文章構成図の構成要素の数と機能名が、表内のそれらと一致している。
	□ 9　段落中心文と構成要素が対応している。
	□10　段落中心文と段落中心文が滑らかにつながっている。

表6-9　思考ツールの利用度の結果

	学習者A	学習者B	学習者C	学習者D	学習者E	学習者F
ロジック・チャート（3）	3	1	0	3	1	3
文章構成図（3）	3	0	1	3	2	3
段落中心文表（4）	4	2	1	4	4	4
計（10）	10	3	2	10	7	10

6.2.2　評価上位者の思考ツール

評価上位者から学習者Aのレポートを例に挙げ、レポート作成過程の中で、思考ツールの利用状況を分析する。学習者Aが作成した3つの思考ツールは、第4章にて思考ツールのサンプルとして、既に提示しているが、再び掲載する。図6-3に「ロジック・チャート」、図6-4に「文章構成図」、表6-10に「段落中心文表」を示す。

(1)「ロジック・チャート」

表6-8の「ロジック・チャート」のチェックリストでは、次の3つの項目、1「完成したチャートに記入漏れがない」、2「チャートの文章は構成要素の機能を反映した内容になっている」、3「論理構造の流れにそって、チャートの文章も滑らかにつながっている」を挙げている。図6-3はこれら3項目のすべてを満たしている。

項目1は、全てのチャートに文章が書かれている。項目2について、チャートの左側に提示した構成要素に対し、右側のチャートの枠内では、適切な文言が挿入されている。例えば、「問題提起」に対し、「若者の早期離職問題を解決するにはどうしたらいいのだろうか」とあり、「結論」に対し、「年功序列制度を廃止し、メンター制度を取り入れる」とあり、適切に対応している。学習者Aは「解決方法1」として、「年功序列制度を廃止すれば、若い者が薄給になることはなく、安い給料で離職する新人社員は減少するはずだ。」を挙げている。そして、「解決方法1」に対する「対立意見提示1」として「年功序列には利点もある。」と述べる。また、「反論1」として「利点は会社にとっての利点であり、働く人の立場からは大きな利点はなく、欠点の方が多い。特に、若者にとって利点はないので、廃止することが賢明だ。」とする。「反論1」は具体的な根拠が明示されていないため、やや強引な論の展開という印象も受けるが、論の展開として、「対立意見提示」や「反論」が成立している。項目3は、チャート内の文章を矢印の流れに沿って読めば、滑らかにつながっていると言えよう。

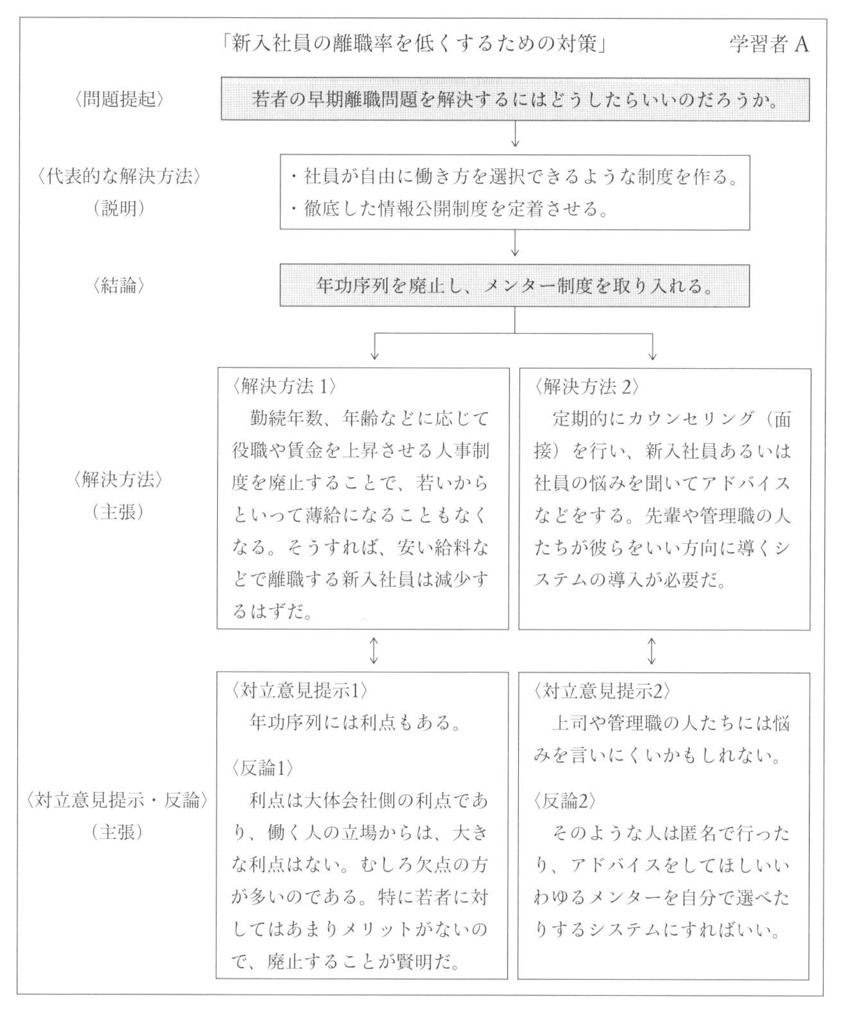

図6-3　学習者A（評価上位者）の「ロジック・チャート」（図4-8の再掲）

(2)「文章構成図」

表6-8の「文章構成図」のチェックリストでは、次の3項目、4「構成要素の番号が上から下へ、左から右へ続いている」、5「ロジック・チャートの構成要素が全て入っている」、6「中心線上に「問題提起」「主張」「結論」を配置している」を挙げている。図6-4はこれら3項目をすべて満たしている。

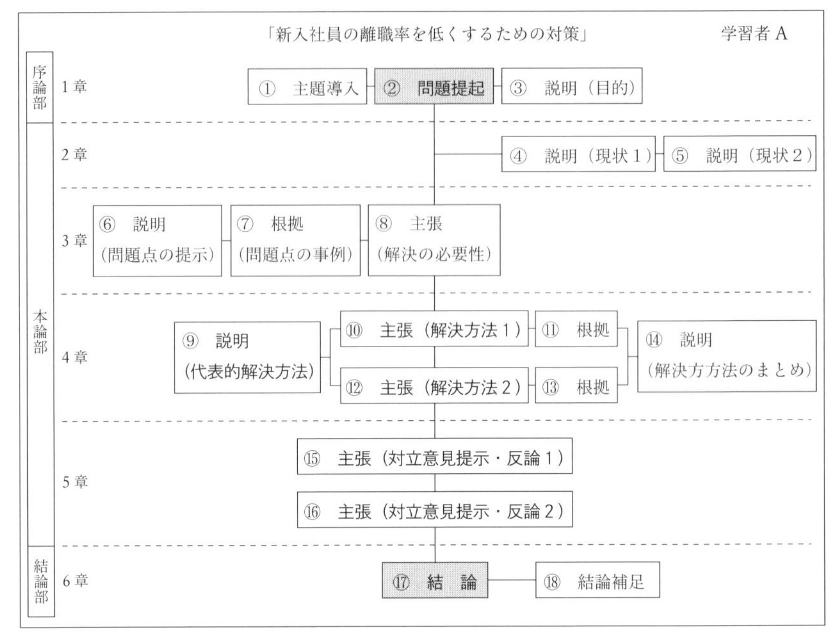

＊1　枠内の左端の数字は構成要素（形式段落）番号である。
＊2　網掛けと太字で表示した構成要素は「ロジック・チャート」で提示した構成要素である。

図6-4　学習者A（評価上位者）の「文章構成図」（図4-10の再掲）

また、巻末の付録3に掲載したレポート本文における文章の展開で、「段落中心文表」の項目4と項目6は、図6-4を見てすぐに確認できる。項目5について、「ロジック・チャート」で使った7つの構成要素（「問題提起」、「現在の対応・代表的解決方法」、「結論」、「解決方法1」、「対立意見提示・反論1」、「解決方法2」、「対立意見提示・反論2」）は、図6-4「文章構成図」に反映させている。

(3)「段落中心文表」

表6-8の「段落中心文表」のチェックリストでは、次の4つの項目、7「完成した表に記入漏れがない」、8「文章構成図の構成要素の数と機能名が、表内のそれらと一致している」、9「段落中心文と構成要素が対応している」、10

「段落中心文と段落中心文が滑らかにつながっている」を挙げている。表6-10は上述の4項目をすべて満たしている。項目7と項目8は、表6-10を見てすぐに確認できる。また、項目9と項目10は、表6-10の段落中心文をよく読み、確認できる。

段落中心文の展開に則ったものであり、論理展開が明快である。なお、学習者Aのレポートに対する教員のコメントを下記に補足する。

学習者Aのレポートに対する日本語教員の主なコメント

①いろいろな見解を提示し、客観的、冷静な目を向けられるようになった。(教員H)

②実践前レポートは話の展開がつかみにくかったが、実践後レポートは読み手の期待に沿った展開だった。(教員J)

③実践後レポートは先行研究をふまえ、その問題点も挙げ、考察の仕方が深まった。(教員I)

このように、学習者Aは3つの思考ツールをそれぞれ適切に利用し、そして、3つの思考ツールが有機的に連携した上で、レポート本文作成に反映させることができたようだ。上記で述べた学習者Aの特徴は、評価の高い他の学習者にも同じ傾向が見られた。例えば、学習者Dや学習者Fも、レポートのテーマ（論点）を比較的早い段階で決定し、適切な資料を選択し、3つの思考ツールを関連づけることができている。

表6-10　学習者A（評価上位者）の「段落中心文表」（表4-5の再掲）

「新入社員の離職率を低くするための対策」　学習者A

部	章	段落	段落中心文	構成要素
序論部	1	①	日本では「七五三現象」が問題になっている。七五三現象とは、若者が入社して3年以内に離職してしまう現象である。	主題導入
		②	若者の離職率が高い問題がこのまま続けば、会社にも莫大な損失が生じ、国の経済的にも問題となる。新入社員が3年以内に退職してしまう問題を解決するにはどうしたらいいのだろうか。	**問題提起**
		③	若者の早期離職問題について、会社の立場から、問題の原因を解明し、その解決方法を検討することを目的とする。	説明（目的）
本論部	2	④	若者が入社してすぐ離職してしまうことが社会的に問題になったのは昔からあった。	説明（現状1）
		⑤	「七五三現象」が問題視されている。それを解決しようと多くの会社では、情報公開制度を定着することを取り組んでいる。	説明（現状2）
	3	⑥	若者の早期離職の問題点は2つある。一つは、会社の莫大な金銭損失やもう一つはフリーター・ニートの増加に繋がることが挙げられる。	説明（問題点提示）
		⑦	例えば、会社が新入社員の育成に使ったお金を、その社員の働きから回収できるのは3年以内では無理である。金銭損失が生じるのだ。	根拠（問題点事例）
		⑧	この問題が今後も続くなら、お金をかけて新入社員教育を行う会社には、損失が生じる。その損失は、国の経済にも影響を与える。そのため、この問題を解決しなければならないのである。	主張1（解決の必要性）
	4	⑨	若者の早期離職問題に対する代表的な解決方法は、社員が自由に働き方を選択できるような制度を作ることや徹底した情報公開制度の定着だ。	**説明（代表的解決方法）**
		⑩	若者の早期離職問題を解決するために、次の2点から解決方法を提案する。まず、年功序列を廃止するべきだと考える。	**主張2（解決方法提案）**
		⑪	年功序列の廃止が若者の早期離職問題の解決方法として望ましいのは、薄給による若年層人材の流出を防止するためである。	根拠（解決方法案1）
		⑫	若者の早期離職問題を解決する2つ目の方法は、メンター制度を取り入れることだ。	**主張3（解決方法提案）**
		⑬	このメンター制度を導入したことで、実際に離職率を下げることに成功した会社がある。	根拠（解決方法案）1
		⑭	以上のことから、年功序列の廃止やメンター制度の導入が、若者の早期離職問題の解決方法として望ましいと思われる。	説明（解決方法まとめ）
本論部	5	⑮	若者の早期離職問題に対して、筆者と異なる立場からの反論として、年功序列にも利点があるという意見もある。確かに、年功序列にも、定年までの安定さや給料の査定が容易であるという利点がある。しかし、利点の多くは大体会社側の利点であり、働く人の立場からは、大きな利点はない。	**主張4（対立意見提示・反論1）**
		⑯	また、メンター制度を行うことになっても、苦手な上司が担当になった場合、自分の悩みを打ち明けにくいという短所がある。しかし、それは新入社員が上司を選べるシステムにすれば良いと思われる。	**主張5（対立意見提示・反論2）**
結論部	6	⑰	以上、若者の早期離職問題に対する解決方法として、年功序列の廃止やメンター制度を取り入れることが望ましいと議論してきた。	**結論**
		⑱	今後は、離職率を下げることに成功した制度である「メンター制度」についてさらに詳しく検討していきたい。	結論補足

＊　網掛けと太字で表示した構成要素は「ロジック・チャート」で提示した構成要素である。

6.2.3　評価中位者の思考ツール

評価中位者から学習者Cのレポートを例に挙げ、レポート作成過程の思考ツールの利用状況を分析する。図6-5に「ロジック・チャート」、図6-6に「文章構成図」、表6-11に「段落中心文表」を示す。これらの思考ツールは、授業実践中に何度か教員のフィードバックを受けた後の最終段階の提出物である。学習者Cは、クラスの中で入学時の日本語力が最も低く、授業でフィードバックした内容が思考ツールに反映されるまでに長時間を要し、修正されないまま思考ツールを提出した感が否めない。なお、学習者Cの実践後レポートは、巻末の付録10に掲載している。

(1)「ロジック・チャート」

思考ツールの分析に入る前に、学習者Cの日本の小学校の早期英語教育に関する情報不足による内容面の問題を指摘したい。小学校の英語教育を実施するために、英語教員が不足しているという問題設定は問題がないが、学習者Cは「早期英語教育を受けたい小学生と受けたくない小学生に分ける」という解決案を示した。しかし、2013年の時点で、小学校5・6年生全員が対象になっているという現状をふまえていない解決案であった。また、解決方法1「日本にいる英語母語話者を勧誘する」も、解決方法として実現が困難であろうと推測されるが、そうした解決方法についても、現状分析や参考文献からの情報収集が不足している点が否めない。

表6-8の「ロジック・チャート」のチェックリストでは、3つの項目をチェックした。しかし、図6-5はこれら3項目のうちどれも満たしていない。チャートの最下部の「反論」が空白になっているため、項目1「完成したチャートに記入漏れがない。」は記入漏れが見られる。学習者Cは自分の解決方法に対する対立意見をかろうじて提示したものの、それに対する反論を作成できなかった。構成要素に沿って、学習者自身の考えをまとめ、文字化することに困難が伴っている。ここでは自分の解決方法と対立する意見を提示し、それに対する反論を示すことをレポートの条件としているが、学習者Cにとって

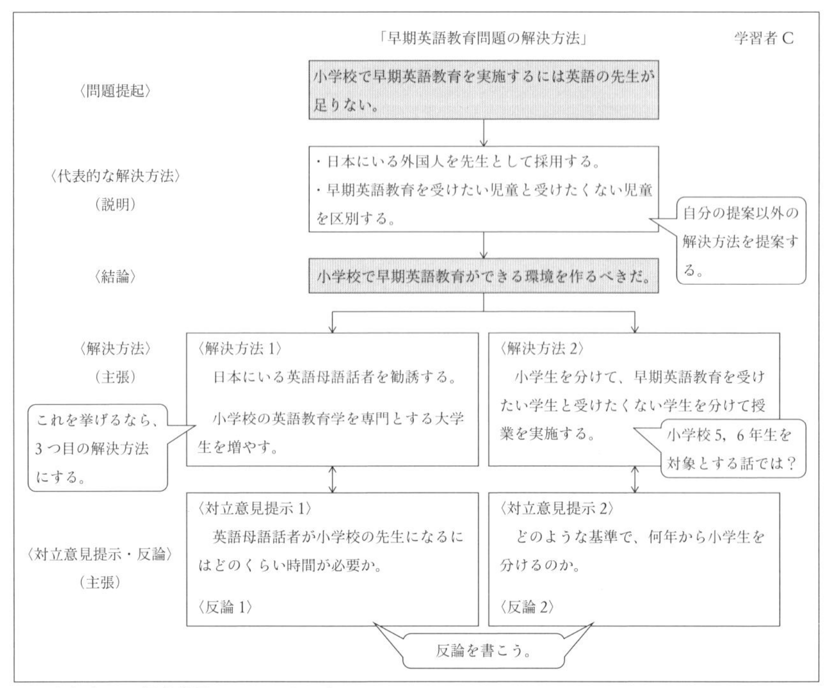

＊　吹き出しは担当教員のコメントである。

図6-5　学習者C（評価中位者）の「ロジック・チャート」

は、まだそのレベルの論理的思考力に達しているとは言えないようだ。

そして、項目2については「代表的な解決方法」に自分の解決方法を記入しているため、「チャートの文章は構成要素の機能を反映した内容になっている」とは言えない。また、未記入項目もみられるため、項目3「論理構造の流れにそって、チャートの文章も滑らかにつながっている」とは言えない。

(2)「文章構成図」

表6-8の「文章構成図」のチェックリストの中で、図6-6は、項目4「構成要素の番号が上から下へ、左から右へ続いている」のみ、満たしている。しかし、図6-5「ロジック・チャート」の「主張（解決方法）」が、図6-6では「根拠（解決方法）」に代わるなど、項目5「ロジック・チャートの構成要素が全

て入っている」とは言えない。また、「主張（解決方法)」が見られないため、項目6「中心線上に「問題提起」「主張」「結論」を配置している」と言えない。なお、チェック項目には示していないが、第2構成要素から第8構成要素まで「説明」が連続するのは不自然に感じられる。

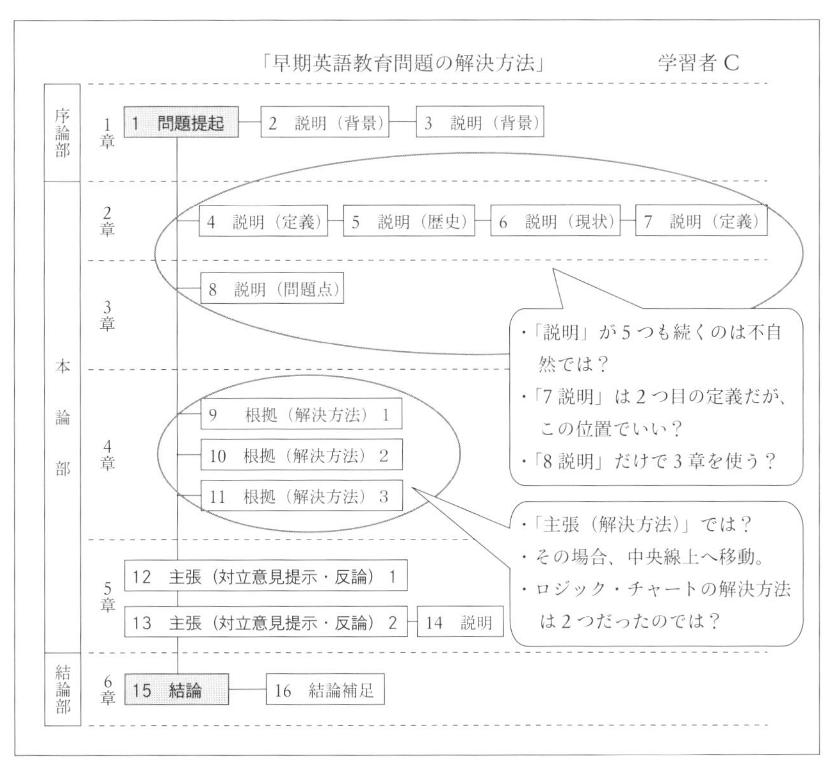

＊1　枠内の左端の数字は構成要素（形式段落）番号である。
＊2　網掛けと太字で表示した構成要素は「ロジック・チャート」で提示した構成要素である。
＊3　吹き出しは担当教員のコメントである。

図6-6　学習者C（評価中位者）の「文章構成図」

(3)「段落中心文表」

チェックリストの分析の前に、まず、図6-5「ロジック・チャート」で問題提起していた「小学校の英語教員の人員不足」の問題を表6-11では扱っていないことが大きな問題である。表6-11では、「問題提起」は第2段落になっているが、段落中心文を読むと、第3段落の方が適切と思われる。ただ、第3段落の段落中心文は非常に長く、3つの問題が書かれているが、中心となる問題について簡潔にまとめた方がいいだろう。「早期英語教育の問題点を指摘し、日本で早期英語教育を普及させる方法」をテーマにしているようだ。なお、学習者Cの日本語能力の問題が露呈し、タイプミスや日本語として理解しにくい表現が多くなっている。

表6-8の「段落中心文表」のチェックリストでは、次の4つの項目、7「完成した表に記入漏れがない」、8「文章構成図の構成要素の数と機能名が、表内のそれらと一致している」、9「段落中心文と構成要素が対応している」、10「段落中心文と段落中心文が滑らかにつながっている。」を挙げている。表6-11では、項目7しか満たしていない。

項目8について、図6-6「文章構成図」と表6-11は全く対応せず、2つの思考ツールの構成要素（形式段落）の数も異なっている。「文章構成図」の構成要素は16だが、「段落中心文表」の構成要素は18である。つまり、学習者Cについては、「段落中心文表」と「文章構成図」の思考ツール、さらに、テーマ変更をしたことについて「ロジック・チャート」と「段落中心文表」の思考ツールは、関連性がほとんど見られなかった。

また、項目9について、「構成要素」と「段落中心文」は、ほとんど対応していない。例えば、第2段落の構成要素は「問題提起」であるが、段落中心文の内容は「問題提起」というより「説明」であり、もしレポートのはじめに置くなら「主題導入」となるだろう。第17段落の「結論」の「早期英語教育の伝統的な考え方を捨てよう。」も、何に対する「結論」なのか、そもそも「結論」なのか、疑問が残る。おそらく、表の「構成要素」のラベルを無視し、段落中心文を並べたもので、思考ツールの利用方法が十分に理解されていない。

表6-11 学習者C（評価中位者）の「段落中心文表」

「早期英語教育問題の解決方法」　学習者C

部	章	段落	段落中心文	構成要素
序論部	1	1	早期英語教育を実施させるためにいくつかの問題がある。	主題導入
		2	現在ではイマージョン教育というのがあるのだが、知らない人が過半数である。早期英語教育のために早期留学に行くこともたちもいる。	**問題提起**
		3	将来英語能力のために幼いごろから準備する。子供から勉強した英語が年を取ってからその能力が出る。まず、なぜ早期英語教育が必要であるか。また、現在の早期英語教育にどのような問題があるか、最後にその問題をどうして改選するるのかについて述べたいと思う。	説明（目的）
本論部	2	4	日本は早期英語教育の歴史は1世紀を超えている。	説明（歴史）
		5	グローバル時代になって英語能力が最も必要になった。	説明（現状）
		6	早期英語教育というのは高い英語能力の向上のため、幼いごろから英語教育をする。	説明（定義）
	3	7	早期英語教育が実現するために必要なもの。早期英語教育をどうやってさせるか、その情報があまりにもない。学校以外に勉強させるときかかる経済的なもの。	説明（問題点の提示）
		8	さまざまな早期英語教育があるが、早期英語教育についてあまり、情報がないとか、教育のために家族が分かれて海外で住んでいくことなど。	説明（問題点の事例）
		9	現在までは早期英語教育にはかなり費用がかかる。教育に高い費用の代わりに最も楽しい勉強ができる教育方法が必要。	主張（解決の必要性）
	4	10	全国の小学校から英語教育をさせる。つまり、外国語を学ぶことに、幼いごろから、外国文化や言語を接触させる。	説明（代表的解決方法）
		11	家庭で英語教育ができる方法を探す。例：家で簡単にできる、歌・ゲーム）などを利用する。	根拠（解決方法１）
		12	子供から英語に対し興味ある歌や簡単なゲームを通じてより安く習得することが可能。	説明（解決方法１）
		13	グローバル友達を作る。国家とは関係なく、英語でコミュニケーションできるようにする。	根拠（解決方法２）
		14	自分の連年対でお互いにコミュニケーションすることで、聞く、話す、ことがより早く習得できる。	説明（解決方法２）
		15	幼いごろから、外国の文化や言語を接触させ、歌やゲームで興味を引き出して、自分が勉強するようにその環境を両親が作ってあげる。	説明（解決方法まとめ）
	5	16	初等教育をあくまで母国語教育の場としてとらえ、まず母語から定着させ、後で外国語を勉強しよう。初等教育に一部分だけ英語の学習を含み（bilingualeducation）のほうがよい。世界の半分がbilingualeducationである。	主張（対立意見提示・反論）1
結論部	6	17	早期英語教育についての伝統的な考え方を捨てよう。	**結論**
		18	小学校の初期から他言語・多文化に触れさせても不自然ではない。	結論補足

テーマがイマージョン教育導入に変更？

段落中心文はできるだけ1行にまとめる。

文章構成図（構成要素の数と機能）と一致しない。

段落中心文と構成要素がほとんど対応していないことが問題。「問題提起」は第3段落のようだが、複数の問いが並んでいる。中心の問いだけを書いた方がいい。「結論」は第16段落のようだが、この結論で言いたいことがはっきり伝わらない。

＊1　網掛けと太字で表示した構成要素は「ロジック・チャート」で提示した構成要素である。
＊2　吹き出しは担当教員のコメントである。

最後に、項目10については、学習者Cの日本語能力の問題も大きいが、「段落中心文と段落中心文が滑らかにつながっている」とは言いにくい。

このように、評価中位者の思考ツール利用には、次の3つの特徴が挙げられる。1つは、3つの思考ツールの利用方法が十分に理解されていないことである。なお、学習者Bについては、6.4節で述べるが、思考ツールを利用する意志がほとんどみられない。2つめは、思考ツール間の連携が不十分で、思考ツールが未完成であることである。3つめは、思考ツールを使って、レポートのテーマ（論点）を絞ることに、かなりの時間を要することである。

(4) 学習者Cのライティングに対する考察

学習者Cは、資料からの情報収集能力、自分の考えをまとめる力、そして、論理的思考力など複数の能力が十分とは言えず、結果として、思考ツールをうまく活用できていない。「日本の早期英語教育」という大きなテーマの中で、学習者C自身の関心のあるテーマを決めかねていた。そのため、「ロジック・チャート」、「段落中心文表」、「文章構成図」の段階において、「問題提起」と「結論」を変えてしまい、一貫した「問題提起」と「結論」を唱えることができなかった。また、最後に決定した「結論」に沿って、他の思考ツールを書き換えることも可能だったはずだが、ライティングの進度が他の学習者よりも大幅に遅れていたため、そうした余裕がなく、レポート作成に取りかかった。このように、学習者Cにはレポート作成の時間管理の問題も生じた。さらに、表6-11の段落中心文の日本語が示すように、学習者Cの日本語力がアカデミックなレベルに達していないため、日本語での表現力にも限界が見られた。

このように、学習者Cは、思考ツールの活用、論理的思考力、アカデミックな日本語力（文法・表現の向上）などの問題点が大きいため、ルーブリック評価は実践前と比べ、伸びが大きいとは言えない。ただ、学習者Cは、明るく、前向きな性格だったので、悲観的にならず、できるところから改善しようとしていた。レポート本文においては、「段落中心文表」を元に、段落構成や内容を一部変更し、「問題提起」、「結論」などを明示した。推敲は十分とは言えないが、レポート本文を作成する段階で、それまでの思考ツールで作成した構成や内容に関する推敲を行った形跡がうかがえ、実践前と比べ、成長も感じられる。

6.3　学習者の自己評価からの考察

6.3.1　ルーブリック評価

学生の自己評価と教員の評価を比較するため、表6-1の教員のルーブリック評価一覧に、学生の自己評価を加えたものが、表6-12である。まず、ルーブリックの「総合」評価を比較する。図6-7は、図6-1の「総合」評価の学習者別スコア変化に、学生の自己評価を星印で示したものである。図6-5から、全般的に、学習者の自己評価が自分に甘いのは学習者B、やや甘いのは学習者A、適切に評価しているのは学習者Cと学習者D、やや厳しい評価をしているのは学習者Eと学習者Fであることがわかる。実践前の学習者A、学習者B、学習者Cの「総合」のスコアは、教員評価よりも自己評価が高い。とりわけ、学習者Bの実践前は、教員の評価よりも自己評価が大変高く、日本語能力に対する過信、あるいは、評価の甘さがうかがえる。個性が光る学習者Bについては、6.4節の自由記述も含めて後で考察したい。一方、評価上位者の学習者Eと学習者Fは、実践前も実践後も、教員評価よりも低めに自己評価し、厳密に評価する姿勢がうかがえる。また、ほぼ適切に自己評価していたのは、実践後の学習者Aと学習者C、実践前と実践後の学習者Dである。実践後の方がルーブリック評価に慣れてきていること、学習者Dは客観的に日本語を評価できることがわかる。これはレポートの評価項目を事前に把握していたこと、授業実践を通して、評価項目に示された文章構成や論理構造に関する理解が高まったことが要因と言えるかもしれない。

表6-12　ルーブリック評価の比較一覧（教員と学習者自己評価）

		学習者A		学習者B		学習者C		学習者D		学習者E		学習者F	
		前	後	前	後	前	後	前	後	前	後	前	後
総合 0～21点	教員G	9	18	8	11	12	9	15	20	8	19	14	21
	教員H	6	14	1	2	13	13	10	18	14	19	14	20
	教員I	16	21	8	19	13	19	16	21	14	19	18	21
	教員J	11	21	4	13	12	8	10	18	10	15	13	20
	教員K	15	18	5	20	6	10	10	14	10	14	14	19
	自己評価	17	18	18	18	16	12	14	17	10	16	14	19
(1) 背景と問題 0～3点	教員G	2	2	1	2	2	3	2	3	3	3	2	3
	教員H	1	2	0	0	1	1	2	3	3	3	2	3
	教員I	3	3	2	3	3	3	3	3	3	3	3	3
	教員J	2	3	0	2	3	2	2	2	2	2	2	3
	教員K	2	2	1	3	1	2	2	2	2	3	3	3
	自己評価	2	3	3	3	2	2	2	2	2	3	2	3
(2) 主題と結論 0～3点	教員G	1	2	1	1	2	1	2	3	1	2	2	3
	教員H	1	2	0	1	2	2	2	2	2	2	2	3
	教員I	3	3	1	3	2	2	2	3	2	3	2	3
	教員J	2	3	1	2	2	2	2	2	2	2	2	3
	教員K	2	3	1	3	1	1	2	3	2	3	2	2
	自己評価	3	2	3	2	2	2	2	2	1	3	2	2
(3) 根拠と事実・データ 0～3点	教員G	2	3	1	1	2	1	3	3	1	3	3	3
	教員H	2	3	0	0	3	3	3	3	3	3	3	3
	教員I	3	3	1	3	2	3	3	3	3	3	3	3
	教員J	3	3	0	2	2	0	1	3	2	3	3	3
	教員K	3	3	1	3	1	1	1	2	2	2	2	3
	自己評価	3	2	2	2	3	2	2	3	3	2	3	3
(4) 対立意見の検討 0～3点	教員G	0	3	0	1	0	1	1	3	0	3	0	3
	教員H	0	3	0	0	0	3	0	3	0	3	0	3
	教員I	0	3	0	3	0	3	0	3	0	3	0	3
	教員J	0	3	0	0	0	0	0	3	0	3	0	3
	教員K	0	3	0	2	0	2	0	2	0	2	0	2
	自己評価	2	2	2	3	2	1	1	3	0	2	0	3
(5) 全体構成 0～3点	教員G	1	3	2	2	2	1	3	3	1	3	3	3
	教員H	1	2	0	0	2	1	2	3	2	3	2	3
	教員I	2	3	1	3	2	2	2	3	2	2	3	2
	教員J	1	3	0	2	2	2	1	2	2	2	2	3
	教員K	2	2	1	3	1	2	1	2	1	2	2	3
	自己評価	3	3	2	3	3	2	2	3	2	2	3	3
(6) 表現ルール 0～3点	教員G	2	3	2	2	2	1	3	3	1	3	3	3
	教員H	0	2	0	0	2	2	1	3	3	3	3	3
	教員I	2	3	1	2	2	3	3	3	2	3	3	3
	教員J	1	3	1	2	2	1	2	3	1	2	2	2
	教員K	3	2	1	3	1	1	2	2	1	1	2	3
	自己評価	2	3	3	2	2	2	3	2	2	2	2	3
(7) 文法・語彙 0～3点	教員G	1	2	2	2	2	1	3	2	1	2	3	3
	教員H	1	0	1	1	1	1	0	1	1	2	2	2
	教員I	3	3	2	2	2	3	3	3	2	2	3	3
	教員J	2	3	2	3	2	1	2	2	1	1	2	3
	教員K	3	3	1	3	1	1	2	1	2	1	3	3
	自己評価	2	3	3	3	2	1	2	2	2	2	2	2

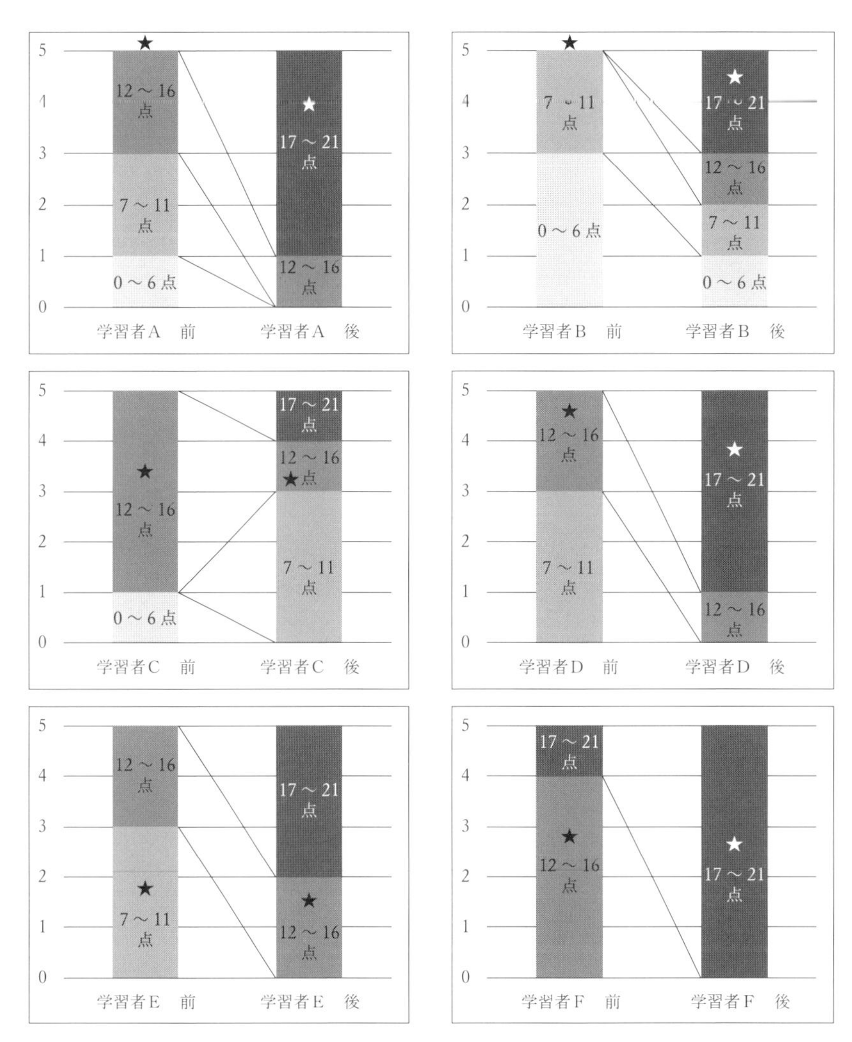

＊1　学生の自己評価の階級を星印で示す。
＊2　「学習者A　前」と「学習者B　前」の自己評価は「17～21点」の階級である。

図6-7　「総合」評価の学習者別スコアと学習者の自己評価

表6-12の7つの下位項目の評価について、教員と学習者の自己評価は「総合」と同じ傾向が見られるため、項目別については、特に、コメントしない。ただ、(4)「対立意見の検討」の実践前レポートについて、教員はどれも対立意見を検討していないとして、教員Gの学習者Dに対する1点を除いて、0点と評定している。しかし、学習者A、学習者B、学習者Cは2点をつけていることから、この3名は対立意見に対する理解が十分ではなかったことがわかる。

6.3.2　学習者による自由記述

実践前の自由記述（表6-13）には、学習者全員がはじめてルーブリックを利用したため、「(実践前）レポートはうまくできたと思っていたが、ルーブリック評価を行い、自分の問題点がわかった」という旨の記述が3名の学習者に見られた。また、評価の方法を考え直すようになったという言及も見られる。これは、ルーブリックで示した観点の評価基準に適用できるかどうかを自ら判断することで、レポートを客観的に見ようとする意識が生じたことを示している。さらに、「対立意見の検討」に言及していなかったという反省も示された。「対立意見の検討」について、実践前には、特段の指導はなかったが、実践後レポートではレポートの条件として提示した。とりわけ、長文のレポートを作成する際には、自分の主張と根拠を示すだけなく、対立意見を挙げ、それに反論することによって、自分の主張を強固にすることを学んだようである。

次に、実践後レポートの自由記述（表6-13）では、学習者Bを除いた5名の学習者は、文章構成力に関して高い評価を記している。これは実践において、思考ツールを使った文章構成支援が作用した結果と言えるだろう。また、レポート作成において難しかった点は、学習者によってさまざまであり、「参考文献から（自分の探している）情報を見つけること」（学習者A)、「日本語で自分の意見をまとめること」（学習者B)、「時間に間に合わせて文章を書くこと」（学習者C)、「制限字数以内に書くこと」（学習者F）などが出ている。

なお、学習者Eの「何を伝えたいかは、春学期のレポートの方がはっきりしている」というコメントは、テーマ選択の重要性を示唆している。実践前レポートは、テーマが母国の社会問題だったため、学習者にとっては身近なテーマであり、学習者なりの意見を出しやすかったようだ。一方、実践後レポートは、テーマが日本の社会問題だったため、学習者によって、日本の社会問題に関する知識や関心の差が大きく、早い段階でテーマを見つけることができた学習者とそうでない学習者に大きく分かれた。学習者Eは、実践後レポートのテーマについて、実践前レポートほど伝えたいメッセージがなかったと思われる。伝えたいメッセージをもったテーマ選択ができるか否かは、長文のレポート作成における重要な要素と言える。また、長文のレポートになればなるほど、内容の吟味と再編成、および、それをレポートに構築させていく文章構成と表現方法に対する検討が必要である。

最後に、実践前と実践後の自由記述を比較する。実践前は、学習者は自身のレポートが大体よくできていると思っていたようだが、ルーブリック評価表を使って自己評価した後、自分のレポートの改善点がいくつも見えてきたようだ。実践後レポートでは、5名の学習者が以前より論理的思考能力が向上した旨を述べているが、レポート作成の問題点（文献からの情報収集、日本語での表現力、レポート完成までの時間管理、テーマ選択の問題、制限字数を守って書くことなど）は学習者により異なった。また、学習者が本当に書きたいものをテーマに選択できなかった場合、文章構成や意見の述べ方という技能が上達しても、内容面での不満足感が残るようだ。

表6-13　学習者による自由記述（実践前、実践後）

	実践前レポートに対する自由記述	実践後レポートに対する自由記述
学習者A	初めて書いてみる長文のレポートだったので、少し難しく感じたが、どのように文字数を増やして書けばいいのか、どのようなテーマを選んで書けば、うまく長くかけるのかなど、未熟な点がたくさんあった。 本を読んで書いたレポートではなかったが、インターネットの情報でうまく書けていると思う。 ルーブリックを使って、細かい項目に分けて評価をすることで、自分のレポートの問題点がわかかった。	全体の構成が最もよくできている。 参考文献で情報を探すことは難しかった。本で自分が必要な内容を見つけ出すのが少し難しい。 表現集のおかげで、書きやすかった。今後もレポートを書くときに使いたい。
学習者B	文章表現、文法・語彙はもちろん大事だが、やはり、根拠と主題を支える事実もしっかり書かないとダメだと気づいた。 正式に提出する前に、担当先生に何回も訂正して頂いたので、自信がある。	日本語表現と文章構成がよくできた。 自分の意見を日本語でまとめることが難しかった。 データ引用のため、文字数が多かった。だが、たくさんの資料やデータを調べた上、書いたものなので、内容については自信がある。
学習者C	徴兵制度については、自分が感じたものを主題として作成したレポートであり、さまざまな情報を手に入れるのは簡単だった。しかし、それをまとめるのはなかなか難しかった。 全般的に構成や内容は良いが、内容中の文法と語彙の間違いが多かった。	全体的な構成と主張が足りなかった。自分が持っている資料や情報をちゃんとまとめて書くのが難しかった。 時間に間に合わせて書くことができなかったので、よくなかった。自分が書きたいことについて、ちゃんとまとめができなかった点も良くなかった。 今回、取り上げたテーマで、英語教育学に興味を深くもつようになった。また、文章の力も良くなった。
学習者D	レポートは、結構、うまくできたと思っていたが、レポートのよくない部分が目に入った。特に、根拠とデータの部分が足りない。 ルーブリック評価をして、自分のレポートをもっと細かく評価することができた。今までは、漠然と、構成、内容、方法だけで評価した。この評価によって、自分のレポートの改善点がわかるようになった。	構成とレポートの流れがよくできた。 段落中心文のところが一番難しかった。 解決方法と反論とその根拠を中心に書こうとしたが、反論の部分がメインになってしまった。
学習者E	ルーブリック評価によって、評価の方法を考えなおすようになった。実際に、どうやって評価が行われるのか、どのような観点から、チェックしていけばいいのかについて、知った。 インターネットだけではなく、もっと具体的に文献などを調査したら良かった。そして、自分の意見についても論理的に述べる必要があると思った。	春学期のレポートと比べて、文の構造がよくできている。そして、ちゃんとした形式になっているレポートだと思う。それは、考えたテーマから自分で問題を設定したから。 しかし、何を伝えたいのかは、春学期のレポートの方がよりはっきりしていると思う。 レポートの内容としてどのようなことを書いたらいいのかについてわかるようになり、いろいろな観点から考えて自分の意見を述べるようになったと思う。 文章の構成を作るまでに時間が結構かかり、自分がいいたいことを、まとめて短く整理することが難しかった。
学習者F	大体よくできていたと思ったが、対立意見の検討に関しては全然できなかった。 母国語のデータを使ったので、読む人に対して、わかりづらいかもしれない。 内容や構成は結構よかったと思ったが、「語彙・表現・文法」の面では、同じ表現を繰り返して使い、いろいろな表現を使ったらもっとよくなるかもしれない。 1文の長さが長いところが結構あったのではないか。	全体的な構成や意見とそれに対する根拠など、よく書けた。 第一稿の提出後、指定された文字数に収めるために、文字数を減らした。制限された文字数以内に書く能力も必要だと思った。

＊1　表内の下線部は筆者が加えたものである。
＊2　学習者が書いた文章の文法上の明らかな誤りや、誤字・脱字は、筆者が訂正した。

6.4　学習者に対するアンケートからの考察

授業実践終了時に実施した思考ツールについての問い（第5章の図5-1）に対する学習者の回答と、学習者へのインタビュー内容を表6-14に示す。なお、「実践後レポートに対するアンケート」の本文は、巻末の付録7に掲載している。

(1)「ロジック・チャート」と「段落中心文表」の利用

表6-14の問4と問6の回答から、学習者Bを除いて、「ロジック・チャート」と「段落中心文表」の作成によって、内容や構成を確認できたといった肯定的な意見が多く見られた。こうした点から、学習者がレポートを作成する上で、上手く活用できているかどうかは別にして、学習者の回答からこの2つの思考ツールは概ね有用だったと言えよう。

多くの学習者は、従来、レポート作成の前に、アウトラインを作成していた。しかし、アウトラインよりも、「ロジック・チャート」によって、論理構造が整理され、「段落中心文表」によって、より具体的にレポートの内容や構成をイメージできたようである。

(2)「文章構成図」の利用

表6-14の問5の回答から、「文章構成図」については、①レポート構成を確認できて良いといった肯定的なコメント（学習者C、学習者E）、②作図が難しいというコメント（学習者A、学習者D）、③文章構成図は書かなくてもいいのではといったコメント（学習者F）の3つが見られた。肯定的なコメント以外の②と③について、その背景を考察する。

まず、②「文章構成図」の作図が難しいというコメントについて考察する。3つの思考ツールの中で、思考ツールのフォーマットが決まっていないのが「文章構成図」である。そのため、自分で構成要素を図中に配置しなければならない。構成要素の配置については、「問題提起」、「結論」、および、結論を導く根拠となる「主張」を縦の中央ラインに並べるように指導している。それ以外の構成要素の配置に関しては、上から下へ、左から右へという構成要素の番号の流れになっていれば、必ずしも教員が提示した回答例の文章構成図と一致する必要はない。しかし、学習者は、教員が提示した回答例の文章構成図の配置と完全一致しなければ正解ではないという認識が強いようである。あるいは、こうした図式化表現の経験が少ないために、より難しさを感じている可能性もある。

次に、③「文章構成図」は書く必要がないのではというコメントに回答する。確かに、「文章構成図」を書かなくても、レポート作成は可能である。しかし、書いた方が文章構成の流れを把握できるため、長文作成に慣れていない学習者には「文章構成図」の作成を推奨したい。ライティングの実践では、「ロジック・チャート」の後、「文章構成図」と「段落中心文表」に同時に取り組む学習者や、「ロジック・チャート」、「段落中心文表」の作成後、レポートを作成し、最後に「文章構成図」を作成した学習者もみられた。学習者Fのように、レポート作成の前でなく、レポート作成後に、「文章構成図」を書いてみることも、自分の書いたレポートの構成を振り返る有効な手段である。そして、長いレポートの場合は、特に、全体の構成要素の関係性を俯瞰できるため、「文章構成図」の作成を薦める。

(3) 実践全体を通じて

表6-14の問8の回答から、各学習者ができるようになったことに違いがあるが、全体として、学習者自身が自らのライティング・スキルの成長を感じていることがわかる。例えば、学習者Aと学習者Eは参考文献に関する事項を挙げている。学習者Aは、1つの大きなテーマで、3つのタイプのレポートを作成したので、参考文献を見なくても、内容をよく理解したことを挙げている。そして、学習者Eも、参考文献を読む中で、説得力のある意見の書き方に関して気づきがあったようだ。

また、学習者Cは文章構成の方法ができるようになったこと、学習者Dと学習者Fは、思考ツールの利用によって、実践後レポートの方の完成度が増したことや、自分の意見をうまくまとめられたことを振り返っている。

なお、レポートの文字数に関して、学習者Aは4,000字程度の長文のレポートが書けるようになって嬉しいと述べている。一方、学習者Fは、第一稿の段階で7,000字近く達した文章を、第二稿の段階で、所定の文字数である6,000字以下に減少させなければならなかった。そのため、学習者Fは、所定の文字数で意見を述べる場合、構成と内容だけでなく、各構成要素を何字程度で書くのかという文字数の目安を学んだようである。

このように、リーディングと連携したライティングの実践全体を通じて、学習者は、参考文献の読み方、文章構成の方法、レポートの文字数などの異なる観点から各々の成長を感じているようだ。

(4) 学習者Bについての考察

学習者Bは他の学習者と大きく異なるアンケートの回答をしている。思考ツール活用の意義を認めず、「私にとって悪い影響しかなかった」（表6-14の問4・問6の回答）と述べている。インタビュー時に、その理由を尋ねると、「自分の主張を首尾一貫して述べる自信があるため、思考ツールは必要ない」という回答だった。実際、学習者Bのリーディングの課題（新聞の論説文分析）の提出回数は、10回中3回と、非常に低調だった。また、ライティングの「問題解決型」レポートの実践では、「ロジック・チャート」と「段落中心文表」は未完成の状態で提出し、「文章構成図」は未提出であった。

また、表6-12や図6-7に示したように、教員による学習者Bの「総合」評価は、実践前の教員評価は21点満点中、1〜8点の間と極めて低いが、本人の自己評価は18点と極めて高い。実践後もどちらかと言えば教員より高めに自己評価する傾向がある。したがって、学習者Bが自己分析しているように、首尾一貫した主張ができているとは必ずしも言えず、自己評価は甘い傾向がある。また、こうした点については、学習者Bの性格、面倒なことは避けたい、言いたいことははっきり言うという性格も影響していると思われる。

現在までに、この実践を含め、30名近い学習者が論説文のリーディングやレポート・ライティングにおいて思考ツールを利用している。しかし、このような否定的な学習者の反応ははじめてであった。思考ツールの利用を拒む学習者Bのような学習者には、思考ツールの利用を強制すべきではないと考えている。こうした学習者に対するライティングの指導は今後の課題の1つでもある。

表6-14　実践後アンケートに対する学習者の回答

	問4	問5	問6
学習者A	他の授業のレポートを書くときには、まずレポートを書きつつ、考えながら書いた。しかし、この授業では、まず時間かけて様々な材料を探して整理してからレポートを書いたので、レポートを書き始めてから、書くスピードがとても早かったのでよかった。	正直、自分が書いたレポートの構成図をどう書けばいいのか、まだよくわからないところがある。	問4と同じ。
学習者B	私の場合は悪い影響しかなかった（→「インタビュー」で確認する。）	記載なし	問4と同じ。
学習者C	自分が書く内容について、まとめて書くことができた。 文章構成がよりたやすくできる。 テーマに関して、自分で考える力が身に付く。	一目で自分のレポート構成が ちゃんとできているかどうか、わかりやすい。	文章構成を作成することに役に立ちました。
学習者D	ロジック・チャートを書くことによって、書こうとした内容が整理されてもっと構成がよくなった。	自分が考えた段落の置き場所と先生がチェックして置いた段落の場所に違いがあった。段落の正しい置き方が一番難しかった。	段落中心文表を書くことによって、書こうとした内容が整理されてもっと構成がよくなった。
学習者E	自分のレポートを全体的にどう進めるかについて確認ができる。	自分がいまどの部分について書いているのか確認できる。そして、書きながら方向を失わないので自分がいいたいことをはっきり示す事ができる。	さまざまな観点から書く事ができた。そして、時間の短縮ができた。
学習者F	ロジック・チャートを書く作業で、レポートの大まかな内容や構成を考えておいたので、資料探しが順調だった。	文章構成図を書くのは、レポートの執筆に影響はあまりなかった。	レポートを書く前に、段落中心文表を書いたので、自分の意見や対立意見や反論などを書く時に書きやすかった。

表6-14　実践後アンケートに対する学習者の回答（続き）

	問8	インタビュー
学習者A	春学期の方は、いろいろなテーマで、さまざまな表現を使ってみることが中心だった。しかし、今学期は同じテーマで、レポートの条件が違う書き方をしてきたので、最後のレポートを書くときには参考文献を見なくても書けるくらい、内容が頭に入っていた。	ロジック・チャート、段落中心文表を書いていたので、レポートを書き始めてから書き終わるまでが早かった。 4000字以上の長いレポートが書けるようになって、うれしい。 勉強が必要だと思った点は、やはり長いレポートになると、最後の方の文は、文が長くなる傾向があった。
学習者B	レポートを書くには、このような流れのだと勉強になった。	書き写しをすれば筆者の考えはわかるので、段落中心文表や文章構成図にまとめ直す時間が無駄である。面倒で気分が乗らない。 私は自分の主張はぶれない自信がある。レポート作成では、たくさんの資料から根拠や事例をあげ、自分の言葉でまとめることができた。 段落中心文表は、レポートの後に書いた。自分の頭の中でぶれない主張と構成をイメージできるので、段落中心文表は不要だ。資料を読みながら、本文に内容を加えていった。
学習者C	よくできたとは言えないが、いろんな勉強になった。自分の言葉をレポートに合った表現でまとめる力が必要。レポートを書くために、文章構成ができるようになったことは、最もよかった。	自分が書きたいテーマが何かよくわからなくて悩んでいた。期末レポートのテーマをなかなか決めることができなかったので、作業が遅れた。
学習者D	春学期のレポートに比べて完成度が高くなったと思います。	特に、補足事項はない。
学習者E	今学期は関連著籍を探しながら、多くの人の意見が書いている本を見て、なぜ、その意見について主張しているのが説得力ある文の形で読むことができて、とても勉強になった。そして、私も文を書く時にどのように相手に訴えるのかについて考えるようになった。	以前は、レポートを書くときは、見出しを書いてから本文を書いていた。 期末レポートで、自分の意見がなかなか決まらなかった。そのため、ロジック・チャートにとても時間がかかった。レポートの本文を書く前に、段落中心文表を書くことは必要だと思った。 以前より、長いレポートが書けるようになった。 文章構成図を書くことが重要なら、文章構成図のテストをすればよかったのではないか。
学習者F	ロジック・チャートと段落中心文表を書くという事前作業で、自分の意見などを順調に書けた。 小レポートと期末レポートの第一稿の完成時、決まった文字数を超えてしまった。自分が言いたいことを決まった文字数以内に書けるように、練習が必要だと思いました。	今までは、レポートを書く前は、アウトラインのみ書いていた。 段落中心文表からレポート執筆で大丈夫。文章構成図は必要ない気がする。文章構成図はレポートの後に書いたので、構成図がなくても、レポートが書けると思う。

6.5　本章のまとめ

6.5.1　日本語教員による評価からの考察

図6-1から、「総合」評価は、全体として、学生全員の点数が伸びていることを示した。また、図6-2から、ルーブリックの7つの項目のうち、(1)「背景と問題」、(2)「主題と結論」、(3)「根拠と事実・データ」、(5)「全体構成」、(6)「表現ルール」の5つの項目については、実践前から実践後の評価が伸びていることを示した。なお、(4)「対立意見の検討」はこの変化分析の対象外としている。次に、項目別評価について、(1)「背景と問題」(2)「主題と結論」(3)「根拠と事実・データ」(4)「対立意見の検討」(5)「全体構成」の5つの項目について、実践後レポートで高い評価を得たことから、学部留学生のライティングの問題点として掲げた3つの問題点（①段落に関する問題、②論理的思考の未熟さに関する問題、③構想の不十分さ）について、問題点を解決できた可能性が高いことを示した。

次に、実践後レポートの講評については、評価上位者と評価中位者に分け、さらに、講評の内容を肯定的内容と否定的内容に分けて述べた。付録9から、評価上位者の実践後レポートでは、実践前レポートよりも、肯定的内容が大幅に増えていることがわかった。もっとも、「文章構成の問題」、「説得力不足」、「日本語の誤用問題」について改善点が指摘された学習者もいるが、評価上位者に多く見られる肯定的内容として「根拠（資料）にもとづいた解決策（主張)」、「文章構成（議論構成）の良さ」、「テーマの設定の良さ」、「日本語の誤用の減少（または、皆無)」が挙げられる。つまり、講評からも、評価上位者の実践後レポートでは、レポートの質が上がり、レポート・ライティングの3つの問題点（①段落に関する問題、②論理的思考の未熟さに関する問題、③構想の不十分さ）を解決できたと言ってもいいだろう。

評価中位者の講評に関しては、肯定的内容が実践前より増えている点は評価できるが、否定的内容は実践前とあまり変わらない。肯定的内容には「文章構成（論理展開）の良さ」、「分析をふまえた主張」、「日本語の誤用の減少」

が挙げられる。しかし、否定的内容には、これらの肯定的内容を覆す「文章構成（章構成、章内構成）の問題」、「オリジナリティのない提案（調べたことの説明）」、「日本語の誤用の多さ」も指摘されており、さらに「引用の問題」、「書式違反」、「感想文的文章」、「指示語の曖昧さ」も挙げられる。このことからも、評価中位者の実践後レポートには、改善の余地が残されている。

6.5.2　学習者が作成した思考ツールからの考察

思考ツールが適切に作成されたのかを確認するために、「思考ツールのチェックリスト」（表6-4）を用いて、学習者が作成した3つの思考ツールを筆者が評定した。その結果、ルーブリックの評価と思考ツールの評価は相関し、同じグループに分けられた。

次に、評価上位者から学習者A、評価中位者から学習者Cを選び、作成された3つの思考ツールを具体的に分析した。その結果、評価上位者の思考ツール利用に見られるライティングの特徴として、次の3つを挙げた。①3つの思考ツールを適切に利用できる。②3つの思考ツール間の連携がとれ、レポートの本文に反映できる。③ライティング活動の早い段階で、レポートのテーマ（論点）を絞ることができる。また、評価中位者の思考ツール利用に見られるライティングの特徴として、次の3つを挙げた。①3つの思考ツールの利用方法が十分に理解されていない。または、利用する意志がほとんどない。②3つの思考ツール間の連携が不十分で、思考ツールが未完のままレポートを作成する。③レポートのテーマ（論点）決定までに、通常より時間を要する。この結果から、より評価の高いレポート・ライティングをするには、思考ツールの適切な利用とテーマの見極めが重要と言えるだろう。

6.5.3　学習者の自己評価からの考察

ルーブリック評価では、実践前より実践後の方が、教員による評価に近い自己評価を下した学習者が多くなった。また、実践後レポートに対する教員による講評と学習者の自由記述では、文章構成や論理的展開に関して、肯定的な評価が多く見られた。なお、学習者にとって、テーマの選択は重要であり、知識や関心のあるテーマの適切な選択がレポート作成の満足度に大きな貢献を果たすことが認められた。

6.5.4　学習者に対するアンケート結果からの考察

学習者Bを除いた学習者の思考ツールに関するアンケート回答から、アウトラインより「ロジック・チャート」の方が論理構造が整理されること、「段落中心文表」の方がより具体的にレポートの内容や構成に貢献できたことがわかる。しかし、「文章構成図」については、学習者によって、反応が分かれた。肯定的な評価、作図の難しさ、他の2つの思考ツールがあれば「文章構成図」は不要というコメントが挙げられた。「文章構成図」は、他の2つの思考ツールと異なり、学習者が構成要素の配置を学習者自身で考える必要がある。そうした練習に慣れていない場合、作図が難しいという声が上がったと思われる。しかし、「文章構成図」を作成することによって、全ての構成要素の流れを視覚的に示し、文章構成をメタ的に確認できるため、学習者に作成を薦めたい。

次に、学習者について短評する。評価中位者の学習者Bは特異な存在で、論理的思考に対する自信をもっているため、思考ツールの利用は不要であるという立場に立った。しかし、実際には、学習者Bのレポートは自己評価ほど高くなく、客観的に自己評価できていないという問題が残っている。また、もう一人の評価中位者の学習者Cは、日本語力や論理的思考力が今回のレポート作成レベルに達していないことに加え、学習者が本当に関心のあるテーマ選択ができなかったなどの要因によって、実践後レポートの評価の伸びは少なかった。一方、評価上位者の4名は、3つの思考ツールを有機的に連動させ、論理的なレポートを作成できた。6.1節に示したように、実践前より実践後レポートにおいて評価が伸びている。また、授業実践全体を通して、学習者は、参考文献の読み方、文章構成の方法、レポートの字数制限といった異なる観点から各々の成長を感じているようだ。

以上、評価中位者の2名はうまく思考ツールを利用できたとは言えないが、評価上位者の4名はレポート・ライティングにおける文章構成に関する問題点を克服し、思考ツールの利用によって、論理的思考を促し、それをレポートに反映できるようになったと言えよう。

注

(1)　実践前と実践後において「文法・語彙」が変化がなかった原因として、実践では「文法・語彙」学習に重点をおいたシラバスではなかったことと、上級から超級レベルの学習者は一定レベルの「文法・語彙」を習得しており、間違いを指摘してもそれがなかなか修正されない「化石化」の2つが考えられる。

第7章

結論

7.1　総括

7.2　日本語ライティング教育の総合的考察

7.2.1　ライティングのためのリーディング、
リーディングのためのライティング

7.2.2　思考ツールを利用したリーディングとライティング

7.2.3　テーマに対する理解を深める段階的ライティング

7.3　今後の課題

7.3.1　テーマ選択の重要性

7.3.2　参考文献に関する課題

7.3.3　評価項目の事前開示

本書では、学部留学生を対象に、日本語ライティング教育に資する学習支援の提案とその実践研究について議論してきた。第二言語教育における「リーディングとライティングの連携」のもと、論理的思考のための思考ツールを提案し、リーディングとライティングにおいて文章構造や論理的展開の学習支援について述べてきた。そして、授業実践を行い、その実践の結果を分析、考察した結果を述べる。また、実践結果を総合的に考察し、今後の課題を提示する。

7.1　総括

第1章では、日本の留学生受け入れ状況を概説し、その中に占める学部留学生の割合が比較的高いことを示した。学部留学生に対する日本語教育、とりわけ、アカデミック・ライティング教育の必要性を論じた。

そして、大学で課されているレポートを①「説明型」、②「論証型（賛否型）」、③「論証型（問題解決型）」、④「調査型」の4つに分類した。本書では、論文作成につながるレポートとして、③「論証型（問題解決型）」レポート作成を主な対象とする。

次に、学部留学生の日本語ライティングの問題点の中で、文章構造に関する問題として、(1)「段落に関する問題（段落内のトピックの分散、他の段落とのつながりの不整合など）」、(2)「論理的思考の未熟さに関する問題（書き手の主張、問題提起、根拠がない、あるいは、明確でないことなど）」、(3)「構想の不十分さ（未整理のまま書かれた内容や複数段落における同趣旨の重複など）」を指摘した。これらのライティングの問題点を解決するための教育方法を提案すること、さらに、その方法を授業実践し、その成果を示した。

第2章では、日本語ライティング教育の関連研究を概説した。まず、北米では、1980〜1990年代に盛んに「リーディングとライティングの連携」の研究が進められた。「リーディングとライティングの連携」の教育モデルの中で、本実践は、「内容重視のモデル」に近いことを示した。思考ツールはアカデミック分野での利用が決して多いとは言えないが、思考ツールの利用によって、学習者は自分の思考を客観的に整理し、新しい考えを導くことが可能となる。そのため、思考ツールを利用し、リーディングやライティングの思考過程を支援することは意義があると思われる。

第3章では、まず、論理的な文章の論理構造について、本書では「論理的であるとは、「主張」と「根拠」から成り、適切な「根拠」にもとづいて「主張」をすることである」と定義した。そして、論説文やレポートの論理構造を図式化してイメージ表示（図7-1）した。論説文の論理的な構造を理解するために、論説文のリーディング過程の枠組みを提案した（図7-2の上部）。そして、リーディング過程を3つの段階に分け、3つの思考ツール（「段落中心文表」「文章構造図」「ロジック・チャート」）を用いて分析した。

第4章では、まず、レポートのライティング過程の枠組みを提案した（図7-2の下部）。レポート作成の過程においては、リーディングの過程と反対の順に「ロジック・チャート」、「文章構成図」、「段落中心文表」の3つの思考ツールを利用する。次に、「賛否型」レポートと「問題解決型」レポートの作成にあたり、3つの思考ツールのフォーマットと、学習者が作成した思考ツールの利用例を提示した。このように、書き手の思考内容を文章化する過程を3段階にて視覚化することによって、論理的思考の支援を試みた。

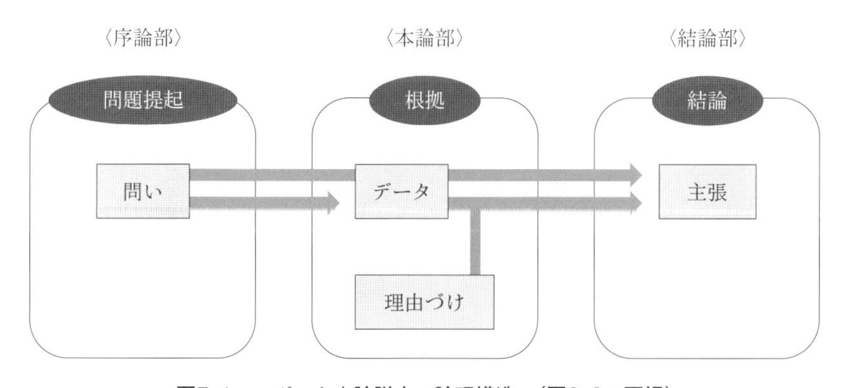

図7-1　レポートや論説文の論理構造　（図3-3の再掲）

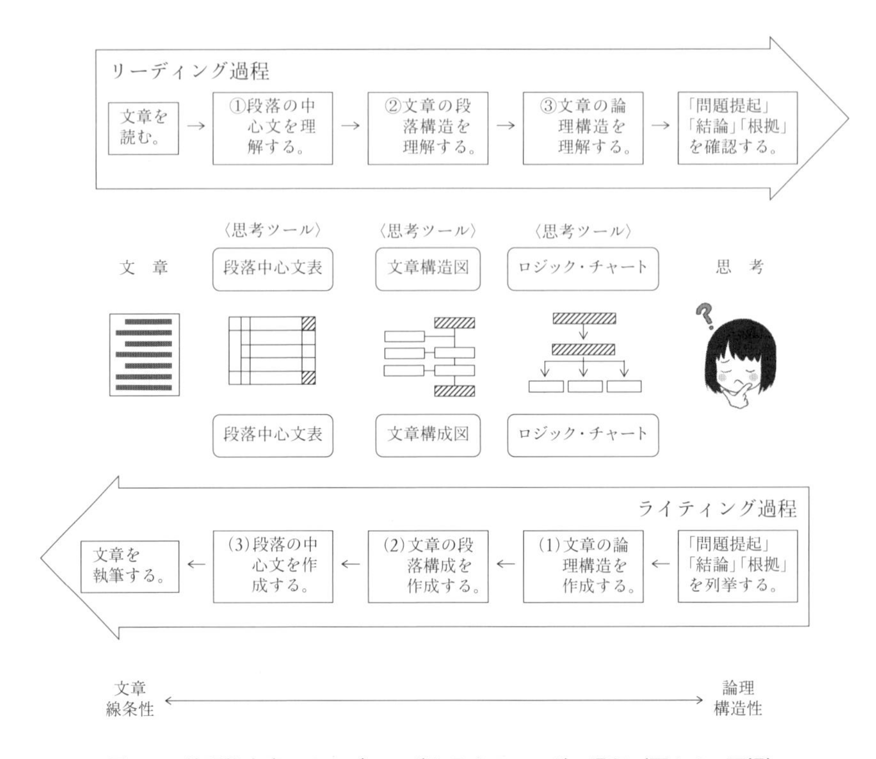

図7-2　論理的文章のリーディングとライティングの過程（図4-2の再掲）

第5章では、日本語教員5名が実践前と実践後のレポートに対して、2種類の評価（ルーブリック評価と講評）を下し、実践後のライティング力の向上を検証した。また、レポートを総合的に評価するため、学習者によるレポートの自己評価（ルーブリック評価と自由記述）やアンケートによる回答なども参考にした。

第6章では、4つの結果を分析し、考察した。(1) 日本語教員によるルーブリック評価について、「総合」評価と項目別評価（①「背景と問題」、②「主題と結論」、③「根拠と事実・データ」、④「対立意見の検討」、⑤「全体構成」）は、実践後レポートで高い評価を得た。なお、この後、実践後レポートの「総合」評価が高かった学習者（評価上位者）4名と、中程度であった学習者（評価中位者）2名の2つのグループに分けて論じた。

また、日本語教員の講評からも、評価上位者の実践後レポートでは、ライティングの文章構成の問題点を解決できたと言ってもいいだろう。しかし、評価中位者の実践後レポートは、文章構成の問題点を解決できたと断言することが難しい。

(2) 学習者が作成した思考ツールの評価について、ルーブリックの評価と思考ツールの評価は相関関係がみられた。また、評価上位者の思考ツール利用について次の3点が指摘できる。①3つの思考ツールを適切に利用できる。②3つの思考ツール間の連携がとれ、レポートの本文に反映できる。③ライティング活動の早い段階で、レポートのテーマ（論点）を絞ることができる。この結果から、より評価の高いレポート・ライティングを作成するには、思考ツールの適切な利用とテーマ選択が重要と言えるだろう。

(3) 学習者の自己評価については、ルーブリック評価では、実践前より実践後の方が、教員による評価に近い自己評価を下した学習者が多くなった。実践後レポートに対する教員による講評と学習者の自由記述では、文章構成や論理的展開に関して、肯定的な評価が多く見られた。

(4) 学習者に対するアンケートやインタビューの結果、学習者Bを除いた学習者の思考ツールに関するアンケート回答から、「ロジック・チャート」と「段落中心文表」は肯定的な内容が多かったが、「文章構成図」については、学習者によって、反応が分かれた。

評価中位者の学習者について短評する。学習者Bは、学習者の中で特異な存在だった。論理的思考に対する自負心が強く、教員によって、レポート評価が分かれた。また、学習者Cは、日本語力や論理的思考力が今回のレポート作成レベルに達していないことなどから、実践後レポートの評価の伸びは少なかった。一方、評価上位者の4名は、3つの思考ツールを有機的に連動させ、論理的なレポートを作成でき、実践前より実践後レポートにおいて評価が伸びている。学習者Fはもともとライティング能力が高く、続いて、学習者Dも比較的高いライティング力をもっていた。学習者Aはライティング力が最も伸び、学習者Eも伸びてきている。

以上、評価中位者については文章構成力のレベルが合格点に達したと断言できないが、評価上位者は、リーディングと連携したライティングの実践で、思考ツールの利用によって、論理的思考を促し、それをレポートに反映できるようになったと言えよう。

7.2　日本語ライティング教育の総合的考察

7.2.1　ライティングのためのリーディング、リーディングのためのライティング

本書は、北米の第二言語教育（英語）における「リーディングとライティングの連携」の枠組みを筆者なりに解釈し、それを日本語ライティング教育に発展させたものである。第2章にて詳述したように、1980〜1990年代、北米では、リーディングとライティングは一緒に上達するという考え方が普及し、1999年以降、「21世紀の外国語学習スタンダーズ」では従来の外国語の枠組みよりも幅広い観点による教育内容が提案され、実践されている。一方、日本では、「リーディングとライティングの連携」を全面に出した研究はあまり見られなかったが、アカデミック・ライティングにつながるリーディング学習の提案（二通, 2006; 奥村, 2014など）がなされている。こうした動きはあるものの、21世紀を迎えても、日本の大学の外国語科目は、ライティングやリーディングといった1つの言語技能名を冠にした科目名が圧倒的に多い。

筆者は学部の外国人留学生を対象にした日本語ライティングの科目を20年近く担当している[(1)]。しかし、レポートでよく使う日本語表現、語彙、構成の方法などの基本的なスキルを教えるだけでは、一時的にそのスキルが上達しても、レポート全体のレベルアップにはあまり至らないように思われた。そこで、ライティングの授業に、週ごとの宿題として、第3章で紹介した論説文の論理構造に着目したリーディングを取り入れている。多くの学習者は、日本語による文学、随筆、説明文といったジャンルの長文読解を経験しているが、リーディング科目での質問項目は内容に関するものであり、論理構造

についての質問（表3-2）に解答した経験はほとんどないため、本書が提案するリーディング学習に、最初は戸惑いが見られた。今まで、レポート作成のために参考資料を読んでいても、論理的構造とは何かについてあまり理解できていなかった可能性がある。リーディング実践における論説文の「問題提起」、「結論」、「根拠」を意識したトレーニングは、まさに、レポート・ライティングのためのリーディングと言えるのではないだろうか。

こうした論理的構造に関するリーディングのトレーニングが、レポート・ライティングにおいて、書き手の思考を論理的に構成する練習、すなわち、読み手に論理的にわかりやすく伝える書き方につながると思われる。それは、リーディングのためのライティングである。すでに、「リーディングとライティングの連携」において指摘されているように、リーディングとライティングは、一緒に教えられ、一緒に上達していくものである。このように、ライティングのためのリーディング、リーディングのためのライティングという循環の中で練習を繰り返し行うことが、日本語ライティングのスキルを上達させることにつながる。

7.2.2　思考ツールを利用したリーディングとライティング

リーディングやライティングにおける論理的思考を支援するための思考ツールとして、「段落中心文表」、「ロジック・チャート」、「文章構造図（リーディング）／文章構成図（ライティング）」を提案したことが本実践の2つ目の特徴である。とりわけ、日本語が母語ではない外国人留学生にとって、日本語の文献を読み、日本語で内容を理解し、日本語で自分の思考内容を表現することは、日本人が日本語で読み、理解し、表現するよりも、困難だと思われる。そこで、外国人留学生がこうした思考ツールを利用し、思考内容を確認することはより有用性が高いと考える。なお、舘岡（2002）は「大学で必要となる日本語力」には、「一般的な日本語能力」と「アカデミック・スキル」の2つがあるとしている（図1-1）。本書の思考ツールは、従来、日本語教育ではあまり重点をおいて教育されなかった「アカデミック・スキル」（資料収集力、分析力、思考力、判断力など）の中の論理的な思考力を支援するツールと考えている。

実践の結果、1名の学習者を除いて、本文を書く前に、「ロジック・チャート」や「段落中心文表」を作成することは、学習者に肯定的に受け入れられた。こうした思考ツールの利用によって、「書く材料を探し、整理してからレポートを書いたので、書くスピードが速くなった」、「書こうとした内容が整理され、構成がよくなった」など、思考ツールに対する肯定的なコメントが多く見られた。

一方、「文章構成図」の作成に関しては、肯定的な意見、否定的な意見、不要とする意見が見られた。「文章構成図」は、学習者自身が本文全ての構成要素（形式段落）の機能を決定し、紙面に構成要素を配置するものである。したがって、学習者によっては、作成の負担が大きく、難しいと感じられたのかもしれない。もし、学習者がレポートの本文を書く前に「文章構成図」を作成することが難しければ、レポート完成後に「文章構成図」を作成しても構わないと考えている。授業実践では、「段落中心文表」と「文章構成図」を同時に作成する学習者、レポート本文作成後に「文章構成図」を書いて構成要素の流れを確認する学習者もいた。「文章構成図」の作成によって、学習者は自らのレポート構成を視覚的に確認し、メタ的に推敲を深められるからである。

なお、思考ツールの利用に対して、否定的な反応を示す学習者もいた。思考ツールの作成は不要だと考える学習者もいることから、全ての学習者に対して、思考ツールの利用を強いることは望ましくないと考えている。こうした学習者に対する指導のあり方は、今後の課題の1つである。

7.2.3　テーマに対する理解を深める段階的ライティング

本書では、専門的な内容の長文のレポートが作成できるように、1つのテーマについての理解を深めていく「段階的ライティング」を実践した。学習者は日本の社会問題をテーマに、学習者自身が関心のあるテーマを決め、その1

つのテーマに関して3種類のレポート（①アンケート調査報告、②「賛否型」、③「問題解決型」）を課した。各レポートの文字数の条件に関しては、①アンケート調査報告は所定の報告書の形式に準じ、1,000字程度、②「賛否型」は2,000字程度、③「問題解決型」レポートは4,000～6,000字と、徐々に文字数を増やしている。例えば、学習者Fは「日本の留学生受け入れ問題」を、学習者Bは「日本の早期英語教育問題」を3つのレポートに共通する大きなテーマとして扱い、3種類のレポートにおいて、下記のタイトルを選んだ。

学習者F（評価上位者）の「日本の留学生受け入れ問題」に関するレポートのタイトル

①アンケート調査報告：「留学生の住まい」に関するアンケート調査報告
②「賛否型」レポート：「留学生30万人受け入れ計画」に賛成
③「問題解決型」レポート：「留学生30万人受け入れ計画」を成功させる方法

学習者B（評価中位者）の「日本の早期英語教育問題」に関するレポートのタイトル

①アンケート調査報告：早期英語教育に関するアンケート調査報告
②「賛否型」レポート：早期英語教育に反対
③「問題解決型」レポート：早期英語教育の教員不足問題を解決すべき

このように、ある大きなテーマに関して、レポートごとに課題の観点を少しずつ変え、3種類のレポートを書くことによって、学習者はそのテーマに対する理解を深めていくことができる。日本語ライティング教育のテキスト（二通・佐藤, 2003; アカデミック・ジャパニーズ研究会, 2015など）や実践では、毎回、異なるテーマの課題を与えることが多い。その場合、多様なテーマについて書くことはできるが、1つのテーマに関する内容や構成に対する推敲時間には限度がある。しかし、本実践では、1つのテーマの中で、3種類のレポートを作成したため、学習者が選んだ特定のテーマの参考文献を多く読め、テーマに対する学習者の意見を検討する機会が何度も与えられた。アンケートに対する回答の中に、「同じテーマでレポートの条件が違う書き方をしたので、最後のレポートを書くときには参考文献を見なくても書けるくらい、内容が頭に残っていた」（表6-14の問8、学習者Aの回答）というコメントも見られ、3つのレポートを通して、テーマに対する理解や思考を深めることができたと言えよう。

ただ、厳密に分析すると、テーマに対する理解を深めることに成功した評価上位者とうまくいかなかった評価中位者がいる。本書では、第6章にて、③「問題解決型」レポートの分析を中心に扱ったが、学習者は③「問題解決型」レポートを作成する前の段階において、①アンケート調査報告や②「賛否型」レポートを作成した。それらは学習者全員にとって、比較的、取り組みやすい課題であったようだ。しかし、③「問題解決型」レポートの段階で、早い段階で問題点と解決法を決める評価上位者と、問題点とその解決方法を何度か変更するなど、テーマ決定に時間のかかる評価中位者に分かれた。

評価上位者の学習者（学習者F）は、①アンケート調査報告と②「賛否型」レポートの延長線上に、③「問題解決型」レポートのテーマを設定したため、それまでの資料も含め、テーマを深め、自分の意見をまとめていくことができた。しかし、評価中位者の学習者（学習者B）の場合は、①アンケート調査報告と②「賛否型」レポートの延長線上とはやや違うところに、③「問題解決型」レポートのテーマを設定したため、新しい資料を探す必要があり、議論を振り出しに戻ってはじめなければならないことも生じた。これは③「問題解決型」レポートのテーマを見据えて、①アンケート調査報告や②「賛否型」レポートのテーマを設定していなかったことが原因と推測している。

このように、評価上位者はテーマに対する理解を深めることに成功しているが、一方、評価中位者は、厳密に言えば、テーマを発展させ、深めることに成功したとは言い難い。今後も、テーマに対する理解を円滑に深めていくことができるように、段階的ライティングの指導を検討したい。

7.3 今後の課題

学部留学生を対象にしたリーディングと連携したライティングの理論と実践において、多くの学習者は、思考ツールの利用によって論理的思考が促され、とりわけ、文章構成や論理的展開において、成長が見られたと言えよう。なお、本実践において、あまり成長が見られなかった2名の評価中位者に関しては、思考ツールをうまく活用でききなかったことが共通点として挙げられる。

ここでは、レポートの文章構成や論理的思考以外の面から、日本語ライティング教育における今後の課題として、(1)「テーマ選択の重要性」、(2)「参考文献に関する課題」、(3)「評価項目の事前開示」を取り上げる。

7.3.1 テーマ選択の重要性

評価中位者が作成したレポートは、その学習者が本当に関心をもっているテーマを選んだのか、と疑問に感じることが多かった。とりわけ、字数の多い4,000字以上のレポートでは、学習者の主張がまず存在し、その主張を論理的に展開していく必要がある。しかし、選択したテーマが学習者にとってあまり関心がないものであれば、引用部分が長くなり、一般論をまとめるに留まることも多い。今回、実践後レポートでは、日本の社会問題を大きなテーマに据え、その中で、学習者が自ら関心のあるテーマを決めた。しかし、学習者の選んだテーマが本当に関心をもっているテーマではなかった場合、主張が弱く、学習者の言葉で語っていない印象が強く感じられた。

例えば、7.2.3項で挙げた学習者Fは、留学生の一人として、「日本の留学生受け入れ問題」に関心をもち、「留学生30万人受け入れ計画を成功させる方法」について、学習者自身の体験も交えた根拠を示し、読み手を引きつける議論を展開した。一方、学習者Bは、母国での英語教育と比較した「日本の早期英語教育問題」に関心をもっていた。しかし、「早期英語教育」という大きなテーマの中で、具体的にどの観点を選ぶかについて、長時間を要した。おそらく、学習者Bは、早期英語教育問題に解決すべき問題点があることを知っているが、具体的な問題点をよく把握していなかったのではないかと思われる。最終的に、学習者Bは小学校の英教員不足の問題を「問題解決型」レポートのタイトルとして選択し、多くの参考文献からこの問題の解決方法などを提示した。しかし、文献からの引用を羅列した印象が強く、学習者Bが関心をもって選んだテーマであったのか、疑問が残る。

このように、レポートの文字数が増えるほど、学習者が本当に関心のある、書きたいテーマを選択することが重要になる。関心のあるテーマを広げるためにも、学習者は、日頃から、多種多様な情報に接し、考える習慣をつけることが望ましい。

考える習慣をつけるために、学習者に薦めたいのは、毎日、新聞紙を読むこと、そして、1週間に1冊くらいのペースで、書籍、中でも新書を読むことである。なぜなら、多くの留学生は自宅で新聞を購読することは全くと言っていいほどなく、そして、自宅にテレビをもっていることも少ない。そのため、日本にいながら、日本の情報を偏って得ていることが多い。もちろん、留学生はインターネットを介して、日本の様々な情報を得ているが、ウェブ上の情報は断片的で、情報の質は玉石混交である。また、ウェブ上の新聞社のニュースで、最新のニュースを見ることはできても、その日の中で、より重要なニュースが何であるかは、紙面に比べて判断しにくい。新聞紙には、時事ニュースだけでなく、時事ニュースの解説、社説、読者からの投稿文、政治・社会・文化・教育・スポーツ・地域情報など、多種多様な内容が提供されている。考える習慣をつけるためには、まず、社会で起きていることを知り、それについて、自分なりに考えることが重要である。そうするためには、毎日、新聞紙を読むことが最適だと考える。そして、可能な限り、読んだ内容について、友達と語り合うことができれば、より考える習慣がつくだろう。

また、余裕があれば、新書を読むことを薦めたい。なぜなら、新書は最近話題になっているテーマについても、そのテーマの現状、歴史、問題点、筆者の意見が手短にまとめられている。すなわち、そのテーマについての過去、現在、未来を大まかに把握できるからである。そして、新書サイズはもち運びやすく、値段も手ごろで、手に取りやすい。そのテーマについて、さらに、詳しく知りたい場合に、一般書や専門書に進めばいいだろう。こうすれば、考える習慣が定着するのではないかと考えている。

7.3.2　参考文献に関する課題

今回の実践を通じた参考文献に関する課題を2つ述べる。1つは、学習者が必要とする情報の収集力である。もう1つは、参考文献を読む際の学習者の姿勢である。

前者は、レポートのテーマが決まった後、学習者が必要とする情報を適切に収集することの難しさを指している。情報収集力は、舘岡（2002）のいう「アカデミック・スキル」の1つである。授業実践では、3冊以上の参考文献があるものからテーマを選ぶこととし、インターネットだけからの情報収集にならないように指導した。授業実践では、意外にも、学習者から適切な参考文献が見つからないという声が多く聞かれた。それは、テーマに対する適切なキーワードを選べなかったために、文献が見つからない場合、また、文献のタイトルにキーワードが含まれていても、学習者が収集したい情報が含まれていない場合であった。さらに、特定のテーマに関しては、一方の立場からの文献が多く、その反対の立場の文献が見つからないという事態が生じた。例えば、原子力発電所の再稼働に関する議論に関しては、圧倒的に、再稼働反対の立場の文献が多く、再稼働を支持する立場の文献は極めて少ない。そのため、再稼働を支持する根拠に関する情報収集に、学習者は苦労していた。

こうした場合には、文献のタイトルだけから探すのではなく、目次情報や文献解題にも目を通し、そうした情報も文献検索の上で手掛かりにしたい。また、そのテーマに関する基本図書を読み、その参考文献一覧の中から、自分の求める文献を探すことも必要である。一般的に、参考文献の情報収集は簡単だと思われがちであるが、実際には、そうでない場合もある。学習者が必要とする情報を信頼のおける参考文献から収集するスキルを習得する練習がレポート・ライティングに望まれる。

後者の参考文献を読む際の学習者の姿勢とは、文献を読んでいる際に、自分の考えをしっかりもって読むことの大切さを意味している。例えば、ある学習者は、原子力発電所再稼働に賛成の根拠を探すために文献を読んでいた。しかし、原発の再稼働に反対する文献を読み進めるうちに、再稼働反対の立場をとる著者の考えをそのまま、自分の主張として述べたり、双方の立場に立った意見を述べたりするようになった。書き手の中で立場の揺れが見られると、読み手は書き手の主張を理解できなくなる。そこで、文献を読む際には、どんな情報を得るために読んでいるのかといった目的意識をもつこと、そして、それ以上に、自分の立場や意見をしっかりもって、情報収集することが大切だと思われる。さらに、学習者は剽窃とみなされないように、参考文献の著者の引用箇所と自分の意見をはっきりと書き分けることは言うまでもない。

7.3.3　評価項目の事前開示

この課題は学習者に対するものではなく、教員に対する課題である。教員は学習者に対して、レポートの評価項目を事前に公開することが望ましいと考える。一般的に、学習者は、教員がレポートをどのように評価しているのか、そして、自分のレポートはどのように評価されたのかを知らないことが多い。今回の実践では、学習者に、レポート作成前の段階で、ルーブリック評価を提示し、最後に、レポートを自己評価させた。学習者は自分のレポートをその評価基準と照らし、評価を下し、自分のレポートに不足している部分を省みている。そして、教員の評価基準の一面を知ることができ、具体的なレポート評価項目についてイメージができたことは、学習者にとって大きな収穫であったと思われる。

日本語教育分野でもルーブリック評価が普及しはじめようとしているが、一般的に、レポートの評価については、教員個人の基準に任されているところが大きく、その基準もあまり明らかにされていない。しかし、今後は、レポート課題の条件提示と同時に、そのレポートの評価観点、評価規準、判断基準について具体的に提示するべきだろう。そうすれば、学習者はレポート作成時に、どのような点に留意し、レポート作成するかを考えるようになり、自律的な学習者を養成することにもつながるからである。

なお、ルーブリック評価の項目は、レポートの種類や課題によって、評価観点が変わらない部分と変わる部分があると思われる。例えば、表5-6のルーブリックでは、「対立意見の検討」について、レベル3「自分の主張と対立する意見を2つ以上取り上げる。」としているが、これは絶対的な規準ではない。レポートの種類や課題によっては柔軟に内容を変更した方がよいだろう。また、表5-6のルーブリックの残り6つの評価観点については、他のレポートでも使える汎用的な観点であるように思われる。

また、ルーブリック項目の評価にあたっては、一律、どの項目も同じ比重で評価するのではなく、特定の項目の評価比重を重くする傾斜配点も考えられる。そして、複数の評価者が担当する場合には、評価者の間で、事前にサンプルを評価し、評価が分かれそうな部分について話し合っておくことが望ましい。このように、レポート・ライティングにおけるルーブリック評価において、レポートごとに、適切な評価観点、評価規準、判断基準、評価項目間の比重などを検討していくことは今後の課題である。

以上、学部留学生を対象にした日本語ライティングの今後の課題として、(1)「テーマ選択の重要性」、(2)「参考文献に関する課題」、(3)「評価項目の事前開示」の3つの点から述べてきた。今後、こうした課題に取り組み、よりよい日本語ライティングの指導を行いたい。本書において議論してきた学習方法や実践結果が、日本語のライティング教育に少しでも貢献できれば幸いである。

注

（1）　ライティング教育実践の中では、スピーキングとライティングを連携させ、話し言葉としてスピーチやプレゼンテーションのアウトプットと、書き言葉としてレポートのアウトプットを結びつける実践も行った（脇田・三谷, 2011）。

付　録

1 〔第3章〕論説文A《私の視点》「消費増税　日本の決断力、世界に示せ」
アダム・ポーゼン、『朝日新聞』2013年9月19日 … 184

2 〔第4章〕学習者Aの「賛否型」レポート
「新入社員の早期離職に賛成」… 186

3 〔第4章〕学習者Aの「問題解決型」レポート（実践後）
「新入社員の離職率を低くするための対策」… 190

4 〔第5章〕日本語教員による評価（1）ルーブリック評価シート … 199

5 〔第5章〕日本語教員による評価（2）レポート講評シート … 200

6 〔第5章〕学習者による自己評価（ルーブリック評価・自由記述）… 201

7 〔第5章〕学習者に対するアンケート（実践後）… 203

8 〔第6章〕実践前レポートに対する教員の講評 … 204

9 〔第6章〕実践後レポートに対する教員の講評 … 208

10〔第6章〕学習者Cの「問題解決型」レポート（実践後）
「早期英語教育問題の解決方法」… 212

1 〔第3章〕 論説文A

《私の視点》「消費増税 日本の決断力、世界に示せ」

米国ピーターソン国際経済研究所所長 アダム・ポーゼン、『朝日新聞』2013年9月19日

[1] 安倍首相が近く、消費増税をするかどうかの決断をする。私は主に三つの理由から、予定通り消費税を上げるべきだと考える。

[2] 一つ目は、日本に対する信頼の問題だ。安倍政権の経済政策「アベノミクス」における重要な点は、「日本は決断力があり、変わることができる」ことを国内外に示すことといえる。7月の参院選で圧勝し、少なくとも小泉政権以降で最も強い政治基盤を持つ安倍首相ですらこの改革ができないとなれば、日本は大きな変革をする能力がないとみなされるだろう。

[3] 二つ目は経済的な理由だ。1997年に日本は消費税を3%から5%に上げたが、景気失速の主な要因となった。当時の財政状況は今ほど深刻でなかったため、増税は間違いだったと思っている。だが、あれから15年たち、状況は大きく変わった。政府の借金は倍増し、労働者の高齢化も進んだ。日本が財政破綻（はたん）したギリシャのようになるとは思わないが、借金を膨らませることによるコストは当時より相当高まっている。

[4] 三つ目の理由は、金融政策への影響だ。日本銀行はデフレ脱却のため金融緩和を進めている。今までとは全く違う政策であり、私も支持している。だが、消費増税を先送りすれば、日銀が大量の国債を買い続けることがとても難しくなるだろう。日銀が単に財政の肩代わりをしているだけだと、人々が思ってしまうからだ。

[5] 多くの人が賛成する消費増税ができないとすれば、日本は著しい不信を招くだろう。為替や金利上昇などの悪影響が出て、日本と関係を深めたいと思う国にも二の足を踏ませてしまうことになる。

[6] 一部の人々は、予定通りの増税に反対している。首相の助言役であ

る浜田宏一・米エール大名誉教授（内閣官房参与）が「毎年1%ずつ上げるべきだ」と提案している。私は浜田氏を尊敬しているが、その案には賛成できない。なぜなら、私が挙げたような悪影響を引き起こす、つまり政府による逆戻りとみられてしまうからだ。

⑦ 一方で短期的な経済への影響を抑えるため、一時的な財政対策もあった方がいい。最も有効なのは2年間限定の投資減税だろう。景気刺激の効果を最大化し、消費増税の改革も後押しする。

⑧ 消費増税は単に経済だけの問題ではない。世界に対して「日本は変わることができ、変わりたい」と伝えることである。安倍首相が環太平洋経済連携協定（TPP）の交渉で合意し、消費増税も決断できれば、今から1年後、日本の世界における役割、日米関係、そしてアジアに与える影響力は格段に強まっているだろう。

（本文1,071字）

＊ 段落番号は、筆者が数字を振ったものである。

2 〔第4章〕 学習者Aの「賛否型」レポート

2013年12月11日

「日本語ライティング2」

新入社員の早期離職に賛成

学習者A

1．はじめに

①入社3年以内で会社を辞めてしまう新入社員が増えつつある。現在は3割の人が離職をするが、これから4割に近づくだろうとも言われている。若者が離職をする理由はさまざまだが、多くの人はそういう若者に対して、「最近の若者は忍耐性が足りない」、「勝手すぎる」など、否定的に思ってしまう傾向がある。

②このレポートは、新入社員早期離職について賛成の立場から意見を述べる。そして、私が新入社員早期離職問題で賛成の立場を取る理由を明らかにする。

2．将来が見えない会社

③早期離職に賛成する根拠は二つある。まず、第一の根拠は、その会社の仕事に将来性がないと感じることである。森田（2006）では次のような事例が挙げられている。「決定的だったのは、自分より10年先に入った先輩がまったく変わっていなかったことです。キャリアターゲットになる人が誰もいなかったんです。これ以上いても大きく成長できないと思い、結局、入社一年弱で転職しました」。

④このような場合、将来性のある会社に転職するのが賢明だ。最初は無論、その会社の仕事に全く慣れず、先輩がしている仕事をとても難しく思うかもしれない。しかし、多くの場合、あまり時間が経たなくてもその先輩がしている全ての仕事が自分もできるようになることが多い。成長を感じられることのない会社で何十年も勤められる最近の若者はどれほどいるのだろうか。就職したばかりの頃は意欲が溢れ、定年までこ

の会社のために頑張れると思うかもしれないが、いずれそういった考えは薄れるだろう。

⑤第二の根拠は、その企業ではもう成長できないと判断し、さらに高いステージを他の職場に求めることは自然なことであるからである。人間は仕事を通じて社会に貢献し、自分が成長していくことを求めている。現実に満足し、現状を維持しようとする人もいれば、困難を乗り越えて大きな成功を夢見る人もいる。成功しようとする意志が強い人は、もう学ぶことがない会社に残る理由はないだろう。

⑥このような場合、ほかの企業に移って着実にキャリアを積み上げていくのが賢明だ。キャリアアップの結果は、転職して他の企業に移ることだけではない。親の事業を継承したり、起業したりすることもある。みんなが転職をやめ、会社に残って現実を維持するより、こうした転職や起業する人がいるからこそ現在の世界が維持できるのではないだろうか。積極的に次の仕事の場を求めて働いていくという前向きな離職をし、着実にキャリアを積み上げていく、実に建設的な離職である。

3. 早期離職に対する反対意見とそれに対する反駁

⑦長く勤めずに辞めてしまう新入社員に向けて「最近の若者は我慢が足りない」と非難する声が多い。たとえば、少し叱ったり、嫌な仕事をさせたりするとすぐ不満を抱き、仕事をやめてしまう若者が多い。そして、会社がどう回っているのか全く知らない入社したばかりの新入社員に、重要な仕事を任すことは無理である。しかし、若者は、就職すれば専門的な仕事ができるという漠然とした期待をし、入社するが、自分が思っていた仕事を任されなかったら、挫折してやめる。つまり「気に入らない、満足できない、ミスマッチだ、思っていたものと違う」などの理由で、すぐ辞めることから考える。

⑧確かに、昔の人と比べると確かに我慢する力が足りないかもしれない。しかし、そう言っている人たちも若者の時、同じことを言われたはずだ。そして、会社は今の若者のスタイルをみようともしない。今は昔

と違う。若者の性格も、考え方も、周りの環境も何もかも変わった。にもかかわらず、会社の管理職の価値観や意識はまだ昭和時代に止まっている。自分たちが新人だった頃だけを思い、「俺が新人だったときには、あんたみたいな行動できなかった。上司のいうことにはすべて従った」と、部下に語る。あるいは、昔の価値観を若者に強いる。わがままな発言に過ぎない。もう昭和時代ではないのにも関わらず、昔のやり方や考え方を最近の若者に求めることは無理がある。すぐ離職してしまう若者を非難するより、昔のやり方にこだわらずに、最近の若者の特性や昔と変わった環境を理解することが優先であるのではないだろうか。

⑨そして、人は、ただお金を稼ぐために働いているわけではない。自分がやりたいこと、大事だと思っている信念があれば、キャリアのために転職することが望ましい。

4．おわりに

⑩以上、本レポートでは、新入社員早期離職問題に関して賛成の立場をとる理由を述べてきた。就職した会社の将来性のなさと自分の成長の場を他の会社に求めることを挙げた。前者は、その会社の仕事に将来性がないと感じることである。後者は、その企業ではもう成長できないと判断し、さらに高いステージを求めることである。

⑪新入社員の価値を高めるために、早期離職は必要だ。最近の若者の生き方の選択肢は昔のようにただ一つの会社で一生働くサラリマンだけではない。自分らしい生き方を求めて自分を磨き、さらに上を目指すのである。不満を抱きながらもその会社にずっと勤めるのは、自分の人生を投げ捨てるとしか思えない。もっと成長したいと、もっと自分の価値を高めたいと思うならば、離職してステップアップするのが正しいのではないだろうか。

参考文献

森田英一（2006）『3年目社員が辞める会社・辞めない会社』東洋経済新

報社
城繁幸（2006）『若者はなぜ3年で辞めるのか？－年功序列が奪う日本の未来』光文社
久野康成（2007）『できる若者は3年で辞める！』出版文化社

（本文のみ　2,147字）

＊1　段落番号は、筆者が便宜上、数字を振ったものである。
＊2　下線部は学習者Aの「段落中心文表」に提示した段落中心文を反映したものである。レポート作成時までに、学習者Aが推敲を行い、表現が一部変更しているものもある。

3 〔第4章〕 学習者Aの「問題解決型」レポート（実践後）

2014年1月23日

「日本語ライティング2（秋学期　期末レポート）」

新入社員の離職率を低くするための対策

学習者A

1. はじめに

①日本では「七五三現象」が問題になっている。七五三現象とは、若者が入社して3年以内に離職してしまう現象である。それは、中卒者が7割・高卒者が5割・大卒者が3割の割合で入社3年以内に会社を辞めてしまうことを指している。最近は大卒者の割合が4割近くになりつつあるということで、問題は大きくなっている。

②若者の離職率が高い状態がこのまま続けば、会社にも莫大な損失が生じ、国の経済的にも問題となる。新入社員が3年以内に退職してしまう問題を解決するにはどうしたらいいのだろうか。そもそも何故若者は就職活動で苦労して、内定をもらったにもかかわらず、会社に入社して間もなく離職してしまうのだろうか。いい加減な就職活動を行い、運よく内定をもらって入社した人は少ないだろう。大抵の人たちは、自分をしっかり分析し、まじめに就職活動をして内定をもらい、自分に合った会社に入社したはずだ。若者の早期離職率の増加は、「最近の若者は忍耐力が足りない」という者だけの問題ではない。昔から築き上げてきた国の労働環境や会社のシステムにも問題があるのではないか。

③本レポートでは、若者の早期離職問題について、会社の立場から、問題の原因を解明し、その解決方法を検討することを目的とする。

2. 若者の早期離職問題の現状・定義

④若者が入社してすぐ離職してしまうことが社会的に問題になったのは昔からあった。グラフ1は、厚生労働省が2010年に発表した「新規学卒就職者の在職期間別離職率の推移」である。グラフを見ると、中学卒・

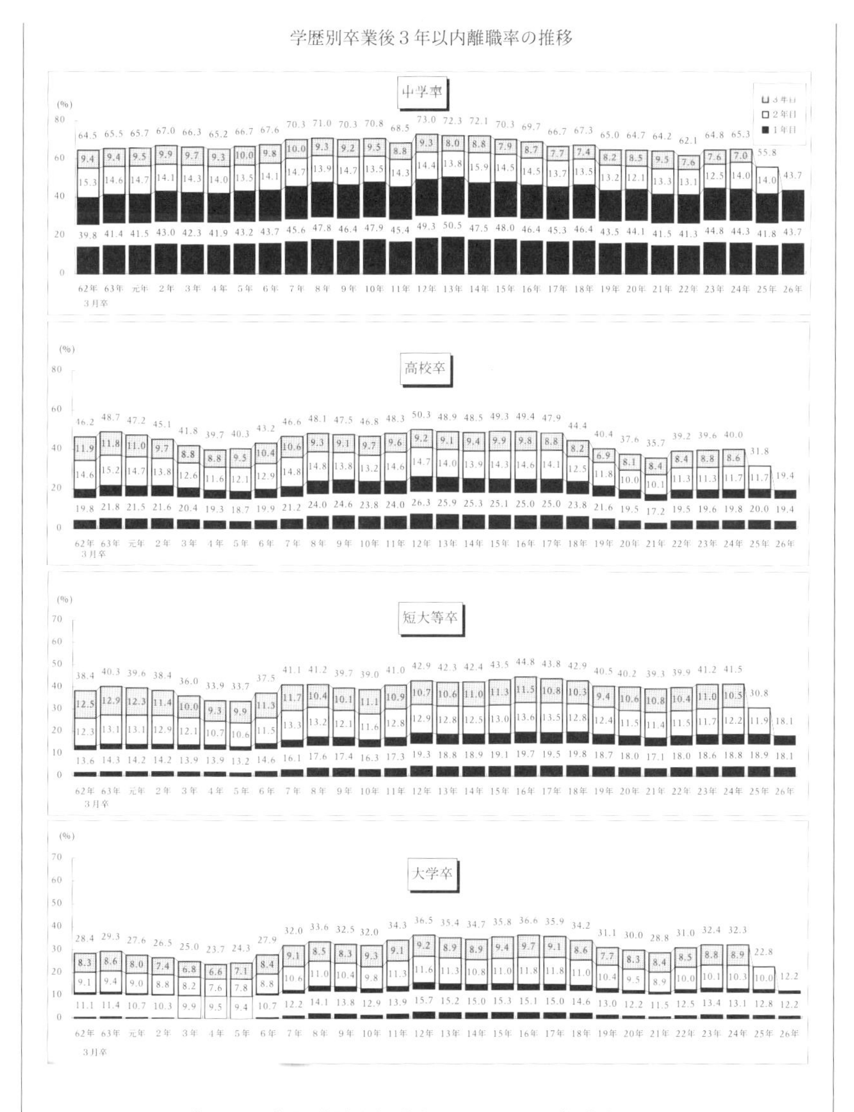

グラフ1　新規学校卒就職者の在職期間別離職率の推移

高校卒・大学卒の早期離職問題は、最近現れた問題ではなく、25年ほど前からずっと続いていることが分かる。中学、高校、大学卒であっても、入社1年目で離職してしまうことが最も多く、中学卒業者に至っては1年目で離職する人が半分近い割合を占めていることが分かる。このグラフは「七五三現象」を最も正確に表している。

⑤このように、「七五三現象」が問題視されている。それを解決しようと多くの会社では、情報公開制度を定着することを取り組んでいる。情報公開制度とは、会社の情報を秘密にせず公に開示することで、他人のボーナス額や仕事の評価などの情報を簡単に得られる制度である。面接時には知ることができない詳しい情報を事前に知ることで、ミスマッチを最小化できる大きな利点がある。そして、社員が自由に働き方を選択できるような「選択人事制度」を取り組んでいる会社もある。人は皆同じ性格を持っていないので、働き方も変わってくる。選択人事制度を導入し、自分のスタイルに合った働き方が選択できることで、強いられることなく働ける。それは社員の定着にも繋がる。

3. 会社のジレンマ

⑥若者の早期離職の問題点は2つある。1つは、会社の莫大な金銭損失、もう1つは、フリーター・ニートの増加に繋がることが挙げられる。

表1　新入社員一人採用に当たっての費用

（回答対象企業数：653社）

0円	43	社	6.6	%
1万円未満	11		1.7	
1万円～2万円未満	29		4.4	
2万円～3万円未満	16		2.5	
3万円～4万円未満	25		3.8	
4万円～5万円未満	5		0.8	
5万円～6万円未満	34		5.2	
6万円～10万円未満	23		3.5	
10万円～11万円未満	66		10.1	
11万円～20万円未満	27		4.1	
20万円～21万円未満	36		5.5	

21万円～30万円未満	27		4.1	
30万円～40万円未満	40		6.1	
40万円～50万円未満	27		4.1	
50万円～60万円未満	27		4.1	
60万円～100万円未満	16		2.5	
100万円～200万円未満	29		4.4	
200万円～500万円未満	8		1.2	
500万円以上	2		0.3	
無回答	162		24.8	
計	653		100.0	

※一人採用するにあたっての費用の平均額（単純平均）308,513円（52.4％）

⑦例えば、会社が新入社員の育成に使ったお金を、その社員の働きから回収できるのは3年以内では無理である。金銭損失が生じるのだ。グラフ1は、東京商工会議所が2004年に行った調査で「新卒者一人採用するに当たっての費用」を表したものである。この表を見ると、新卒者一人当たりの採用にかかる費用の中で、10万円～11万円未満が最も多く、平均額は308,513円に上る。一人あたりの費用だけではあまり高い金額ではないが、それが何千人に達し、そのうち半分近くが早期離職をすると仮定すると、多額に上ることになる。それが何年も続けば、大きな問題になるのはいうまでもない。

⑧そして、2つ目の問題として、フリーターやニートの増加もあり得る。まだ日本は既卒者が就職活動をする際に、新卒者と比べると内定をもらいにくいなど、待遇が良くない。新卒採用より中途採用の方が少ない現状である。すべてではないが、この現状を貫くことが出来ず、就職活動に失敗しフリーターになったりニートになったりする若者が増えることになる。この問題が今後も続くなら、お金をかけて新入社員教育を行う会社には、莫大な損失が生じる。そして、フリーターやニートの増加によって、会社に人手が足りなくなり、国の経済にも影響を与えることになるだろう。そのため、この問題を解決しなければならないのであ

る。

4. 早期離職問題の解決方法

⑨若者の早期離職問題に対する代表的な解決方法は、社員が自由に働き方を選択できるような制度を作ることや徹底した情報公開制度の定着だ。しかし、この対応では十分であるので、別の解決方法を提案する。

⑩若者の早期離職問題を解決するために、次の2点から解決方法を提案する。まず、年功序列を廃止するべきだと考える。年功序列とは、官公庁・企業などにおいて勤続年数、年齢などに応じて役職や賃金を上昇させる人事制度・慣習のことを指す。終身雇用、企業別労働組合と並んで「三種の神器」と呼ばれ、日本型雇用の典型的なシステムである。

⑪この年功序列の廃止が若者の早期離職問題の解決方法として望ましいのは、薄給による若年層人材の流出を防止するためである。年齢や勤続年数が上がるほどいい待遇になるこのシステムのことを城（2006）は「年齢で決まる人の値段」と表現し、「日本企業の中では、業種、そして企業規模ごとに、何歳で月何万円という緩やかな相場が確立しているわけだ。」と述べている。ここに疑問が生じる。若手社員と勤続年数が長い社員を比べるとすると、果たして若手社員は入社何十年の人より能力面で負けるのだろうか。中年の人は今までの経験から得た方略があるかも知れないが、若い人は斬新なアイディアをたくさん持っている。これから活躍する人も、すでに会社で活躍している人も若手社員である。勤続年数だけでたくさんの給料をもらって、若いからといって薄給になるのはとても非効率的で、むしろモチベーションを下げる原因だと思われる。

⑫そして、若者の早期離職問題を解決する2つ目の方法は、メンター制度を取り入れることだ。メンター制度とは、会社や所属部署における上司とは別に指導・相談役となる先輩社員が新入社員をサポートする制度である。この制度が必要な理由は、自分の仕事に対する悩みや仕事の方向を失った場合、それを正しく導くことが出来るのは同じ会社で経験を

経た上司であるためである。

⑬このメンター制度を導入したことで、実際に離職率を下げることに成功した会社がある。日経コンピュータ（2007）が記事で紹介した「コクヨグループ」がその成功事例である。「オフィス家具や文房具の製造・販売大手のコクヨグループは、新入社員にメンター（助言者・指導者）を付け、3年間で「一人前」に育てる制度を導入した。このメンター制度は2005年4月にスタートした。来年3月に同制度を3年間適用した初の“卒業生”が誕生する。会社と現場が本気で新人を育てる気持ちを制度に落とし込むことで、若手の定着率を高める狙いがある。制度開始以降、退職者は1人だけという。一般的にメンターは、後輩や若手に仕事の進め方や考え方を教えたり、手本を示したり、会社生活やキャリアに関する悩み事の相談を受けたりする。新人を対象としたメンター制度は、チューター（家庭教師）制度と呼ぶ企業も多い。コクヨの場合、メンターの適用期間が長く、若手を「一人前」だと判定するための様々な試験があるのが特徴的だ。

⑭そして、メンターは新入社員にモチベーションを与える必要がある。社会に出たばかりのヒヨコである新入社員は、年功序列により、会社の雑用や重要なことを任されず、給料も少ない。才能のある新入社員の中には「成果・実力主義」などを主張し、会社から去る若者もいるだろう。モチベーションが下がるのは当たり前なことかもしれない。そこで正しくするメンターが必要となってくる。「これが社会のルールだから受け入れろ」などの言葉で片付けるのではなく、「理解」を指せることが重要だ。昔からあった年功序列がまだ社会に強く根を張っているのですぐに変えることができないのならば、自分が想像していた仕事の内容と違って迷っている新入社員の心をケアできる存在が会社の中に必ず必要だと考える。以上のことから、年功序列の廃止やメンター制度の導入が、若者の早期離職問題の解決方法として望ましいと思われる。

5. 年功序列のメリットとメンター制度のデメリット

⑮若者の早期離職問題に対して、筆者と異なる立場からの反論として、年功序列にも利点があるという意見もある。確かに、年功序列にも、定年までの安定さや給料の査定が容易であるという利点がある。しかし、利点の多くは会社側の利点であり、働く人の立場からは、大きな利点はない。むしろ欠点の方が多いのである。特に若者に対してはあまりメリットがないので、廃止することが賢明だ。そうすれば、安い給料などで、離職する新入社員は減少するはずだ。

⑯また、メンター制度を行うことになっても、苦手な上司が担当になった場合、自分の悩みを打ち明けにくいという短所がある。そして、このような問題点もある。森田（2006）は、仕事において中途半端な上司の罪は重く、若手社員がどれほど意欲があっても、意欲のない上司をみて、社会人としての基準値が低くセットされてしまう危険性が極めて高いと述べている。上司は意欲がある人ばかりだと言い切れないので、もし、このような中途半端な上司がメンターになると、それは逆効果になるかもしれない。しかし、それは新入社員が上司を選べるシステムにすれば良いと思われる。人によって、学びたいと思ういわゆるロールモデルが異なるので、無理矢理に会社からメンターを指定しても意味がない。日頃から、尊敬したり学びたいと思ったりした人を指定して定期的にメンターとの面談を行うと、先の事例のように離職する若者は激減するのではないだろうか。

6. まとめ

⑰以上、このレポートでは、若者の早期離職問題に対する解決方法について検討してきた。その結果、年功序列の廃止やメンター制度を取り入れることが望ましいと議論してきた。年功序列は、年齢や勤続年数で新入社員の価値を低く設定し、モチベーションを下げる最大の原因であることがわかった。若者の早期離職問題において最も早く廃止するべきである人事制度であると思われる。若者が早期離職をする理由すべてを解決することは難しく、全部を解決する必要もない。勤続年数や年齢で

社員の価値を決めるより、会社のためにも成果や実力で社員の価値を決めた方がいいと考える。そうすれば、定年までの安定さだけを信じてなんの努力もしない人はなくなるだろう。そして、新入社員の悩みを解消し、正しい仕事の方向に導くことができるメンター制度の導入も多くの会社で導入すべきだと考える。上下関係とは権威主義的なものではなく、メンターとメンティーのような関係が求められるのではないだろうか。

⑱今後は、離職率を下げることに成功した制度である「メンター制度」についてさらに詳しく検討していきたい。他の会社と同じく、新入社員の早期離職で悩んでいた会社が、この制度を取り入れることで離職率を下げることに成功し、現在まで維持できたのは、その制度自体にとても大きなメリットがあったに違いない。そのメリットは何があるのか、デメリットは何があるのか、適用できる会社あるいはできない会社はどのような特徴があるのかについて検討していきたい。

参考文献
森田英一（2006）『3年目社員が辞める会社・辞めない会社』東洋経済新報社
城繁幸（2006）『若者はなぜ3年で辞めるのか？』光文社
久野康成（2008）『できる若者は3年で辞める!』出版文化社

参考にしたWeb（参照した日　2014年1月13日）
厚生労働省（2010）「新規学卒者の離職状況に関する資料一覧」
http://www.mhlw.go.jp/topics/2010/01/tp0127-2/24.html
http://www.mhlw.go.jp/topics/2010/01/tp0127-2/dL/24-02.pdf
東京商工会議所（2004）「新卒者等採用動向調査」
http://www.tokyo-cci.or.jp/page.jsp?id=14153
「新人にメンターを3年間付ける「一人前」を定義し、変革人材の育成目指す」、『日経コンピュータ』2007年8月
http://itpro.nikkeibp.co.jp/article/JIREI/20070807/279199

（本文のみ　4,701字）

＊1　段落番号は、筆者が便宜上、数字を振ったものである。

＊2　下線部は学習者Aの「段落中心文表」に提示した段落中心文、または段落中心文を推敲した後の文である。

＊3　グラフ1のデータは印刷の都合上、2016年10月に入手したデータに変更している。

4 〔第5章〕 日本語教員による評価（1） ルーブリック評価シート

実践前レポート

/21

学習者A	背景と問題	主題と結論	根拠と事実・データ	対立意見の検討	全体構成	表現ルール	文法・語彙
レベル3							
レベル2							
レベル1							
レベル0							
小計							

/21

学習者B	背景と問題	主題と結論	根拠と事実・データ	対立意見の検討	全体構成	表現ルール	文法・語彙
レベル3							
レベル2							
レベル1							
レベル0							
小計							

/21

学習者C	背景と問題	主題と結論	根拠と事実・データ	対立意見の検討	全体構成	表現ルール	文法・語彙
レベル3							
レベル2							
レベル1							
レベル0							
小計							

/21

学習者D	背景と問題	主題と結論	根拠と事実・データ	対立意見の検討	全体構成	表現ルール	文法・語彙
レベル3							
レベル2							
レベル1							
レベル0							
小計							

/21

学習者E	背景と問題	主題と結論	根拠と事実・データ	対立意見の検討	全体構成	表現ルール	文法・語彙
レベル3							
レベル2							
レベル1							
レベル0							
小計							

/21

学習者F	背景と問題	主題と結論	根拠と事実・データ	対立意見の検討	全体構成	表現ルール	文法・語彙
レベル3							
レベル2							
レベル1							
レベル0							
小計							

＊ 各レポートの該当するレベルに○印を入れる。

5 〔第5章〕 日本語教員による評価（2） レポート講評シート

実践前レポート

学習者 A

総合評価		内容		構成		文法等	
講評							

学習者 B

総合評価		内容		構成		文法等	
講評							

学習者 C

総合評価		内容		構成		文法等	
講評							

学習者 D

総合評価		内容		構成		文法等	
講評							

学習者 E

総合評価		内容		構成		文法等	
講評							

学習者 F

総合評価		内容		構成		文法等	
講評							

実践後レポート

学習者 A

総合評価		内容		構成		文法等	
講評							

学習者 B

総合評価		内容		構成		文法等	
講評							

学習者 C

総合評価		内容		構成		文法等	
講評							

学習者 D

総合評価		内容		構成		文法等	
講評							

学習者 E

総合評価		内容		構成		文法等	
講評							

学習者 F

総合評価		内容		構成		文法等	
講評							

レポートの変化

学習者 A

学習者 B

学習者 C

学習者 D

学習者 E

学習者 F

学習者全体を通した実践前から実践後の変化について

6 〔第5章〕 学習者による自己評価 （ルーブリック評価・自由記述）

観点	問題解決		論理的思考			文章表現	
	背景と問題	主題と結論	根拠と事実・データ	対立意見の検討	全体構成	表現ルール	文法・語彙
観点の説明	・与えられたテーマから自分で問題を設定する。	・設定した問題に対し、展開してきた自分の主張を関連付けながら、結論を導く。	・主張を支える根拠を述べている。 ・根拠の真実性を立証する信頼性の高い事実・データを示す。[*1]	・自分の主張と対立する意見を取り上げる。 ・それに対して論駁（問題点の指摘）を行う。	・問題の設定から結論に至る過程を論理的に組み立て、表現する。	・研究レポートとしてのルールを守る。	・文法上の誤りがなく、意図したことを適切な語彙を使用し、日本語で意思伝達できる。
レベル3	・与えられたテーマから自分で問題を設定している。 ・論ずる意見も含め、その問題を取り上げた理由や背景について述べている。	・問題に対し、主張を関連付けながら、結論を導いている。 ・結論は一般論にとどまらず、独自性がある。	・根拠を述べている。 ・根拠となる事実・データが2つ以上示されている。	・自分の主張と対立する意見を2つ以上取り上げている。 ・それら全てに対して、論駁（問題点の指摘）を行っている。	・問題設定から結論までが論理的に組み立てられている。 ・記述の順序、段落と段落のつながりがよい。	・指定されたフォーマットを使い、レポートの文字数が守られている。 ・引用部分と自分の文章の区別を明示している。レポートの最後に引用文献を書いている。 ・1つの段落は1つの内容でまとめる。段落に中心文と支持文がある。 [*2]	・文法上の誤りがほとんどない（助詞、動詞の活用など）。 ・レポートにふさわしい文体（だ、である体）・語彙・表現が使える。自分の言いたいことが意思伝達できる。 ・1文の長さが長すぎない（60字以内）。修飾・被修飾の関係が明白である。主語と述語が対応している。 [*2]
レベル2	・与えられたテーマから自分で問題を設定している。 ・その問題を取り上げた理由や背景について述べている。	・問題に対し、主張を関連付けながら、結論を導く。	・根拠を述べている。 ・根拠となる事実・データが1つ示されている。	・自分の主張と対立する1つの意見を取り上げている。 ・それに対して論駁（問題点の指摘）を行っている。	・問題設定から結論までが論理的に組み立てられている。 ・記述の順序、段落と段落のつながりが大体よい。		
レベル1	・与えられたテーマから自分で問題を設定している。 ・その問題を取り上げた理由や背景の内容が不十分である。	・結論を述べているが、主張との関連が不十分である。	・根拠を述べている。 ・根拠となる事実・データが明らかではない。	・自分の主張と対立する意見を取り上げている。 ・それに対して論駁（問題点の指摘）を行っていない。	・問題設定から結論までのアウトラインがたどれる。 ・記述の順序や段落と段落のつながりがよくない。		
レベル0	・与えられたテーマではない問題設定になっている。または、問題設定が曖昧である。	・結論が述べられていない。あるいは、結論が曖昧である。	・根拠を述べていない。	・自分の主張と対立する意見を取り上げていない。	・問題設定から結論までのアウトラインをたどることが難しい。	・上記の３つのどれにも該当しない。	・上記の３つのどれにも該当しない。

松下佳代他（2013）「VALUEルーブリックの意義と課題－規準とレベルの分析を通して－」、第17回大学教育研究フォーラム、発表資料 を参考に作成

＊1 信頼できる事実・データとは、大学、公的機関、学会、新聞など公共性・信頼性の高い情報を指す。一方、匿名など作成者名がない情報、個人のブログなどは、信頼性が低いと判断される。

＊2 3つの条件をすべて満たす場合は「レベル3」、2つの場合は「レベル2」、1つの場合は「レベル1」と、満たさない場合は「レベル0」とみなす。

<春学期末レポート（問題解決型、4000字）のルーブリック評価>

レベル	背景と問題	主題と結論	根拠と事実・データ	対立意見の検討	全体構成	表現ルール	文法・語彙
3							
2							
1							
0							

<秋学期末レポート（問題解決型、4000〜6000字）のルーブリック評価>

レベル	背景と問題	主題と結論	根拠と事実・データ	対立意見の検討	全体構成	表現ルール	文法・語彙
3							
2							
1							
0							

〈春学期末レポートのA〜D評価〉

（A とても良い・B 良い・C あまり良くない・D 良くない）

① 総合評価 ______

② 内容 ______

③ 構成 ______

④ 文法・語彙・表現 ______

〈秋学期末レポートのA〜D評価〉

（A とても良い・B 良い・C あまり良くない・D 良くない）

① 総合評価 ______

② 内容 ______

③ 構成 ______

④ 文法・語彙・表現 ______

〈春学期末レポートに対するコメント〉

〈秋学期末レポートに対するコメント〉

7 〔第 5 章〕 学習者に対するアンケート（実践後）

秋学期の期末レポートに対するアンケート

1 どんなところがよくできましたか。

2 どんなところが難しかったですか。または、もっと勉強が必要だと思いましたか。

3 授業では「賛否型」レポート、「問題解決型」レポートを書きました。「問題解決型」レポートは「賛否型」レポートと比べて、どんな点が違いますか。

4 レポートの本文を書く前に、「ロジック・チャート」を書き、「問題提起、代表的な解決方法、結論、（あなたの）解決方法、対立意見提示・反論」を確認しました。「ロジック・チャート」を書くことは、レポート作成にどのような影響がありましたか。

5 「文章構成図」を書いて構成を視覚的に確認することは、レポート作成にどのような影響がありましたか。うまく書けなかった場合は、どのようなところが難しかったですか。「文章構成図」について、自由にコメントしてください。

6 レポートの本文を書く前に、各段落の段落中心文を「段落中心文表」にまとめることは、レポート作成にどのような影響がありましたか。

7 あなたが今学期の授業の始めに書いた目標（9/25　今学期の目標）は、どのくらい達成できましたか。達成状況について説明をしてください。

8 今学期は、1つのテーマについて、「アンケート調査」、「賛否型」レポート、「問題解決型」レポートと、3つの方法で調査報告やレポートを書きました。春学期の期末レポートの取り組みと比較して、今学期はどのような点がよくできましたか。また、どのような点について勉強が必要だと思いましたか。

9 今後、他の授業でレポートが課された場合、自分の力で論理的にレポートを書くことができますか。

8 〔第6章〕実践前レポートに対する教員の講評

実践前レポートに対する教員の講評（学習者A～学習者C）

前	学習者A	学習者B	学習者C
教員G	「家父長的」＝「儒教思想」と言い換えただけである。特に「儒教思想」から新しい提案をしているのではない。 ただ、少子化の根拠については、資料にもとづき分析している点を評価する。論証型というより、説明型レポートである。	問題点を検討するというより、新解釈によって、どのような状況が出てきたのかを説明している。 根拠として、何を引用しているのか、はっきりしないところが多い。自分の印象で、漫然と説明している印象がある。論証型というより、説明型レポートである。	構成はよいが、解決方法が自分の経験の中だけで述べているため、安直すぎる印象を持つ。 問題解決型に形式上なっているが、根拠にもとづかない自分の考えを解決策として述べているため、感想文的な文章になっている。
教員H	構成にかなり問題あり。　→段落内構成、章内の段落構成 結束性（接続、指示語）にやや問題あり。 内容⇒主張を支える議論には説得性に欠ける部分があると同時に、儒教の少子化へ与える影響をなくすために儒教を無くすことが大事という結論には無理があり、有効な解決策とは言えない。	構築性のある議論の展開がない。レポートの目的が曖昧で、「新解釈」のどのようなところに焦点を当て何を問題として検討したいのか不明。 結論には序論に掲げられた疑問のへ答えがない。段落構成にも問題あり。 参考文献からのコピペを寄せ集めただけという印象。 参考文献も書籍なのかウェブのHPなのかがわからない書き方。	韓国の軍隊の抱える安全面での問題とその解決策について自分の意見を交えよく論じている。 前もって自分の次の研究行動の予告ができる。 指示語が指すものが曖昧なために、文意について誤解が生じる部分あり。 章に番号やタイトルがついていないが、全体の構成には問題はない。調査データを引用部分では調査についての客観的情報が不足。 参考文献の書き方は問題あり。 文法や表現で基本的な誤用が見られる。(⇒自動詞他動詞の区別、助詞「から」の用法など)その他、引用の文型、理由を述べる文型も正しく使えていない。
教員I	考察・分析にもう少し深さが欲しい気もするが、課題にまじめにとりくめており、春学期の教師から出されたタスクは十分満たしていると思われる。	参考文献のリストがない。 根拠となるデータ、また、先行研究も踏まえていないため、出されたタスクをクリアしたレポートは言い難い。	問題点を明確にし、分かりやすく提示し、自分なりの解決策が書けているが、根拠に支えられた主張とはなっていない。

教員J	考察が浅く、問題解決策も「儒教を無くすことが大事」と短絡的に結論づけている。もう少し段階を踏んで解決策を提示すると説得力が増すのではないか。 段落内の文章の意味のつながりが弱い個所が見られた。(例.「1 はじめに」の最後の「儒教思想」、「2 儒教思想による家父長的な家庭」の「宗教」等) そのため、話の筋がわかりにくく感じた。 「2 儒教思想による家父長的な家庭」の構成がきちんと整理されていない。半分以上の字数を超えたところで、「2-1 男児選好思想」があり、「2-2」以下の見出しがない。	題にある「研究」というより、「説明」レベルの内容で、問題提起が曖昧で、問題解決までに至っていない。 「1 初めに」の段落分けもなされておらず、不要な一行空けがあったり、全体的に整っていない印象を受ける。 段落内のトピックが整理されずにただ並べられていて、構成の悪さが読みづらさにつながっている。	考察が浅い。 意見及び主張が少なく、その根拠も示されていないため、主観的なものに思える。 見出し(数字、初めに、序論)が統一されていないので、統一感が得られない。しかし、全体的には、問題提起、現状、解決策(一部を除く)、まとめと流れがしっかりしていて理解しやすい。
教員K	そもそも「儒教思想」に言及する必要性が不明なのが問題ではあるが、本文では論旨が通っており、それに即した資料・根拠が示されている(分析は十分とは言えないが)ので説得力はある。	ユニークな問題を扱っているが、残念ながら論点が不明確、背景説明も非常に不十分で主張が伝わらない。 文法の誤りは多くは無いが、文の完成度が低く、何が言いたいのか不明。参考文献もごく少なく、レポートとして信頼性が低い。	徴兵「制度」の問題について述べるのかと思いきや、内部問題を扱っている。 これを読み手に論点として理解させるには背景説明が不十分。主観的に設定した問題点と言わざるを得ない。 データも挙げられているが、論点に納得できないことと分析不足で、レポートの説得力に与していない。 文の完成度は低いが、本人なりの主張は分かる。

＊ 表内の下線部は筆者が加えたものである。

実践前レポートに対する教員の講評（学習者D～学習者F）

前	学習者D	学習者E	学習者F
教員G	内容、構成ともによくできている。 イルベの問題を解決するには、サイトの閉鎖しかないという比較的簡単な解決策を提示し、問題解決型のレポートになっている。	日本語はあまり問題はないが、1文や1段落が長く、結局、何を言いたいのかよくわからない。意見や意見の根拠がはっきりせず、自分の見解をまとめている感がつよい。 見出しがない。レポートの構成は形式上できている。しかし、そこで書いている内容が伴っていない。	章見出しだけでなく、節見出しもあり、具体的な資料からの引用もあり、読んで理解しやすい。 日本語の間違いもほとんどない。韓国語の資料を韓国語のまま引用するのは分かりにくかった。 結論がはっきり書かれていることが望ましい。 全体としては、A評価にしたが、論証型というより、説明型レポートである。
教員H	引用のし方に少し問題が見られるものの、丁寧に議論が構築されている。 序論でレポート全体の構成が予告されており、各章の最初では前章での研究行動の振り返りがあり、最後には次章での研究行動の予告があるため、議論の流れがはっきり把握できるところが大変良い。 筆者の意見をサポートする資料の引用もあり、筆者ができるだけ客観的にイルベの問題を扱おうとしている姿勢が伺えるが、テーマには韓国の政治的な事情が関わって筆者の主観が反映されている可能性がある。	全体の構成には大きな問題はないが、章を作っていないために全体の構造が把握しにくい。よく論じてはいるが、研究行動の予告をするなどして議論の流れや個々のセクション（本来は章となるべき部分）の構成が分かるような書き方をするべきである。 基本的な文法上の誤用、不適切な表現が散見される。 主張を支える根拠を示しているが、引用元が不明な情報がある。 引用のし方も改善すべき点あり。細かい段落分けが必要な段落あり。	身近な問題に目を向け、よくリサーチしている。 最後の主張①を裏づける資料の提示が必要だが、全体としては資料を大変上手に使い、明快に論じている。直接引用のし方にはまだ問題あり。
教員I	総合評価をBかAかで悩んだが、B評価にした。まとまりがよく、読みやすく、それなりにはかえているが、参考文献はネット上のものばかりであり、その提示のされかたが、問題点への追究を深めているようには思えなく、全体として、内容が浅い印象となった。	総合評価をBかAかで悩んだが、B評価にした。レポートの体はなしており、春学期のレポートにおける課題は満たしているように思われたからだ。ただ、先行研究等を踏まえたものとはとらえにくく、現状の紹介にとどまった感があるので、Bとした。	様々なデータを引用しているところを評価し、春学期の授業における課題を達成したレポートであるという点でAとした。その割に、まとめの解決法が弱く、少し主張も弱い印象を受けるのが残念だ。

教員J	2−4の説明が冗長的で長々と説明があるわりには解決策が「サイトの閉鎖」と安易にまとめてあるので、物足りなさを感じる。もう少し多面的な考察が期待される。 「はじめに」と「おわりに」はしっかりしている。2−4を簡潔にまとめてデータを示し、結論に至るまでの考察を丁寧に組み立てるほうが完成度が増すのではないか。	問題提起はされているが、3つの視点のうち、具体的な解決策に触れているのは1点のみである。 一行空けることで異なる内容の文章であることを示しているが、各文章の機能や内容の要点がわかりにくい。 見出しがあると、それらが明確で読み手に主張が伝わりやすいのではないか。代わりにキーワードを探しながら読むと、骨組みは比較的しっかりしているように感じた。 基礎的な日本語の誤用と洗練された文章が混在しているのが気になった。	個性的なテーマで、画期的な解決策を期待しながら読んだが、ありふれた主張に終わっていて残念だった。また、具体性に乏しい。 現状の説明に多くの字数を用いたのに対し、提案が短いのでバランスが悪い。 図が日本語でないのでわかりにくい。簡単な鵜や訳をつけるか、もう少し小さく載せたほうがいいのではないか。 接続表現の誤用が読み手の理解を妨げやすい個所が複数あった。 韓国人の若者の就職難と外国人留学生の就職の関係性の説明が不十分なため、4が全体の構成の中で浮いている。背景として簡潔にまとめ、メリハリをつけるといいのではないか。
教員K	問題意識は評価できるが、敢えてインターネット諸問題のうちから「イルベ」を取り上げる理由（特殊性）の説明が不足しているので説得力が今一つ。 文法の誤りが多いとは言えないが、不適格な語が散見され、説明もないので余計に理解を妨げる。 主張は通っているがごく一般的帰結で特に有意義とは言えない。	主体的学習意欲を育むための教育を、という観点は良く、そのための複数の事案に言及できている。 が、言いたいことが的確に伝わらない段落や不要な内容もあり、構成の必然性も感じられず結果として全体が不明瞭。 2ページ目真ん中あたりに意味不明な改行があるなど誠実さも今一つ。	テーマにオリジナリティがあり、興味深い。 しかし論点が今一つ絞り込めていない。「留学の目的と就職条件にギャップがある」ことを始めに論点として強調し、それに即して効果的に諸問題に言及し資料を使って問題解決までのアプローチをするべきだった。非常に惜しい。 文法は高い能力とは言えないが、主張を通す表現力はある。

＊　表内の下線部は筆者が加えたものである。

9 〔第6章〕実践後レポートに対する教員の講評

実践後レポートに対する教員の講評（学習者A～学習者C）

後	学習者A	学習者B	学習者C
教員G	資料にもとづいて、自分の意見を展開しており、全体的によくできている。学習者の関心あるテーマを選択できたようで、読みやすい。	たくさん資料に当たり、それらを全部書いたことがわかる。しかし、意見の根拠を述べるというより、調べたことを説明している印象が強い。なぜこの解決方法がいいのかを述べるのではなく、その方法の具体事例を述べている。反論は反論と言えるのか、はっきりしない。	結論は、本論をまとめた意見というより、所感になっている。根拠について、文献から引用している点がいいが、例がないので、言及内容がわかりにくい。 3つの根拠を示しているが、詳細さが違う。2つの反論のうち、反論といえそうなのは1つ。日本語の意味がわかりにくいところがいくつもある。
教員H	全体構成、段落分けに問題あり。（1段落＝1トピックという意識が薄い） 指示語の指示対象が曖昧。 章内一貫性に欠ける。章最後のまとめと章の見出しが一致していない。 裏づけが足りない部分がある。	レポートの目的は教員不足問題についての解決方法の提案となっているが、筆者の考察から生まれたオリジナリティのある提案は見られない。 提案されたことは実際にはすでに行われていることであり、結局は現状の解説にとどまっている。 また、自分と異なる代表的な解決策が挙げられていないため、何に対する反論かがはっきりしない。 議論全体の流れは、本論で教員不足の実態についての詳しい説明が足りないため、取り上げる問題がぼやけ議論の構築性が弱くなっている。 レポート全体の章構成、章内の構成に大きな問題がある。引用の仕方にも問題あり。	筆者自身が考え議論している点が大変良い。参考資料も自分の議論のための材料として使えている。しかし、思考がまだ十分整理されておらず、それが全体の構成や章の不適切な見出しに表れている。推敲を重ねればよいレポートとなると思われる。 文法上の誤用が多い。指示語の指すものが曖昧。何を列挙しているのかがわかりにくいところもあり。早期英語教育への反対の立場に対する反論ではもう少し裏づけとなる具体的事実を挙げた方がよい。
教員I	視野の広がりがあり、問題点に対する論理的なアプローチが感じられた。必要なデータもそろっていると思われる。	多くの使用を用い、様々な角度から分析ができたと思う。その分析を踏まえた上で、主張ができている。字数オーバーで、フォーマットを守るという基本中の基本ができなかったことが残念。	構成がよく、筆者の主張の形成がどのような過程でなされていったが、明確で、主張が伝わりやすかった。まとめに自身の経験や感想が書かれており、一気に感想文のように思われた。印象として、もう少し深められたら、なお、よかったと感じた。

教員J	若者の早期離職問題について、具体的で独自性の高い解決策が提示されている。 全体の文章の流れが把握しやすく、読み手の理解が短時間で円滑に進みやすい。 日本語の誤りが少ない。	無難に全体をまとめているが、新たな発想の解決策が提示されるとよかった。 2、3、4が冗長的なので、説明の部分を簡潔にまとめ、主張を際立たせるといいのではないか。 全体の論理展開はわかりやすいが、「5 教員研修問題と教員養成問題に対する反論」は内容が反論になっていない気がする。 日本語の誤用が少ない。	参考文献をもとにまとめた印象を受け、問題解決に関する独自の考えがあまり述べられていない。 題名にも含まれる語の定義は早めに記述すべきである。 4で見出しと内容の不一致が見られる。
教員K	背景説明と論点提示は良いが、冒頭の資料分析が怪しいので若干信用性が低くなった。また、「会社の立場から解決方法を検討」とあったが、本論ではそれが曖昧な部分があったのが惜しい。	若干の強引さと唐突さ、他文献に頼り過ぎている印象があるが、論旨に即して構成されており、理解しやすい。また、文法の誤りがごく少なく、読みやすい。 同一人物かと疑われるほど、前回に比べ殆ど破綻無く文章が書けるようになっている。	文法や表現など、高度なアカデミック・ライティングが不十分で、主張は理解できるものの、問題提起から解決策の提示まで全体的にぼんやりした印象。構成も基本的なことが守られている程度でやや無駄な記述が多く、損をしている印象。

＊　表内の下線部は筆者が加えたものである。

実践後レポートに対する教員の講評（学習者Ｄ～学習者Ｆ）

後	学習者Ｄ	学習者Ｅ	学習者Ｆ
教員Ｇ	根拠としたモジュールシステムは少しわかりにくいところもあったが、よくまとめている。 ただ、日本の環境で英語によるイマージョン教育を実施するのは、カナダの例のように簡単にはいかないだろう。それを説得するような根拠があることが望ましい。	よく言われている結論であるが、根拠をしっかり示し、よくできている。しかし、他の観点からは、先行研究をまとめ、それが私の意見としていることも否定できない。 筆者独自の意見がもう少し展開しているといいのではないか。構成はしっかりして、読みやすい。	内容、構成、反駁など、よく練られている。テーマは学習者自身の問題でもあり、テーマ選択がよかった。留学生の受け入れ問題点として、住居問題に絞り、資料をよく読み、自分の意見や根拠もよく述べている。 文章構成も非常に明確で、文法などの間違いもほとんどなく読みやすい。
教員Ｈ	議論の展開力、構成力が素晴らしい。このレポートには論文として必要な基本的要素がほぼ揃っている。 筆者は議論全体の流れを把握し、議論の構築に必要な資料を注意深く引用しながら自身の論を進めている。 内容に関しては、裏づけになる資料の引用が不足しているように思われる部分が少しあるが、専門的な文献を読みこなし用いている点は高く評価できる。	章ごとに分けてあるので議論の構成がわかりやすい。 序論の議論が向かう最終的な方向をはっきり述べる書き方は大変良い。列挙の表現の使い方を検討すべき。 自分とは反対の立場の意見に対する反駁を行った後、自分が支持する和田の提案の弱さについて述べる章を設けているところに、この問題に対して公平かつ客観的な目を向けようとする筆者の姿勢が見られる。 よく論じているが、春学期のレポートと比べると文法・語彙の誤用はやや減っている。 引用の仕方にはまだ同じ問題が残っている。内容では説明不足の部分が少しある。	全ての面で素晴らしいレポートである。テーマの設定がうまい。留学生受け入れ促進を住居問題という視点から見ている点が面白い。 非常によくリサーチしており、様々な資料を上手に使って自身の論を築いている。さらに筆者自身の調査結果も示しているため主張が一層説得的になっている。読者として学ぶことの多いレポートだった。
教員Ｉ	個人的にレイアウトも含め、とても読みやすかった。構成がきちんとしており、書くべき所に書くべきことが書かれているように思われた。	表現に関し、文体のかたい・やわらかいの混じり方が何度か気になった。 主張がしっかりできていたが、やや、先行研究に関しては、紹介といった感があったが、テーマ選択を考えて、やや甘めの評価で、Ａとした。	自身の身近なテーマを選び、経験にもとづく課題設定ができていると思われ、留学生ならではの視点が入ったレポートとなっている点を評価した。 また、データも十分に示せており、課題への取り組みも評価できるものである。

教師J	論理的な流れで、読み手の思考から逸脱しない展開で、主張が受け入れやすい。 引用箇所が多いため、書き手の考察が少ないように思える。 早期英語教育の手段として、帰国子女のコミュニティの協力とテレビ番組の活用をあげているが、書き手のアイデアと捉えられ、評価できる。	5の反駁が長すぎる。要点をまとめたほうが理解しやすい。 見出しにより話の流れが明確で文章を読む前に内容が予測できる。 不適切な接続表現や助詞、活用の誤りが含まれる等、基本的な日本語の誤用が多い。	「留学生30万人受け入れ計画」を成功させる方法の1つに「住居問題」に注目したのは、具体的でいいと思う。 見出しが本文の内容と機能を適切に表しているので、読む際の道筋を示されているようで、わかりやすかった。全体の骨組みも論理的な流れである。 挿入したグラフが大きすぎる。 「家具等の設備の備え」の問題として商品宅配にかかる日数を提示していたが、問題点がずれている。時間ではなく、費用が高いことがもっと大きな問題なのではないか。
教員K	「外国語教育」と「第二言語学習」とを区別して議論しようという目的は評価できる。 が、それぞれの違いの専門的説明が不足し、根拠なども他人の引用が多く、結果として説得力は今一つ。 また、アカデミックな日本語表現も不足しているので、全体的に記述が薄く感じられるのが難点。	専門家の引用が多いのが気になるが、主張は通っている。全体として記述が煩雑で分かりにくいのが難点。 用語や数字が多いので、表やグラフで提示するなど、工夫がほしかった。	オリジナルな視点からの問題提起は評価でき、興味深く読めた。 しかし、「就職問題」に関しては概ね適切に議論が出来ているが、「住居問題」は論拠に乏しく、資料も質が良くないので説得力に欠けた。結果として論旨は通っているが納得しかねる。 参考文献がWebサイトばかりなのも気になる。

＊　表内の下線部は筆者が加えたものである。

10　〔第６章〕 学習者Ｃの「問題解決型」レポート（実践後）

2014年1月24日

「日本語ライティング2（秋学期期末レポート）」

早期英語教育問題の解決方法

学習者Ｃ

1．はじめに

①グローバル時代の現在、世界中の国では子どもに英語教育をさせている。英語が最も重要になった現代は、どのように英語教育を行うべきだろうか。また、早期英語教育をするために起こる問題は何があるか述べたい。日本ではまだ、「英語は後でもいい、まずは母国語である日本語だ」という人が多くいる。早期英語教育が進んでいることもこのようなものではないか。私がこの問題に関心を持ったのは、早期英語教育をする上に最も大切だと思ったからだ。このレポートでは、日本の早期英語教育の問題をあげ、その解決方法としてバイリンガル・エデュケーションが望ましいことを述べることを目的とする。

②現在では、早期英語教育する様々な方法がある。大きく分けると二つで分けられる。まず、一つ目はイマージョン教育である。小学生から全体の授業を英語で起こる。イマージョン教育は1960年カナダで始まり、2006年では世界的に広がっていった。だが、現在日本でもあるこの教育はあまりにも知られていない。イマージョン教育に対して、バイリンガル・エデュケーションという制度がある。この二つは何が違うのであるか。イマージョン教育は小学校から全部の授業を英語で実施される反面、バイリンガル・エデュケーションは学校の授業で多文化・多言語を混ぜて実施される教育方法である。この制度で「母語である日本語を勉強してから英語勉強させよう」という問題が解決できるのではないだろうか。

③このような状況が長く続けば、後には制度を変えるのが難しいと、発展もできない制度になってしまう可能性が高い。ではなぜこのような

問題が起こるのか。多くの日本人が持っている「伝統的な考え方」である。伝統的な考え方についても本文から述べ。また、二つ目の方法として、英語教育制度がある。これが早期英語教育をするために起こる問題点としての最も良い解決方法であると思う。

2．早期英語教育とは

④さて、早期英語教育とはどのようなものであるか。その歴史と現状、最後に早期英語教育の定義を述べたいと思う。早期英語教育というのは幼いころから英語教育を受け、将来のためにも必要な英語能力を早く身に着けるという教育である。外国語はほかの勉強に対して、何よりも長い時間を要求するため作られた一つの制度である。

⑤まず、早期英語教育の歴史から述べる。日本が置かれている環境は、地理的には海に囲まれている島である。そのため、昔から日本は外国との貿易関係が重要視しなければならなかった。日本における早期外国語教育は長崎のオランダ語学習である。これは1673年11月9日に行って、10歳ころの子供たちを毎日村近くところで勉強させた。もちろんその前にも外国と接触があったはずが、代表的にいえるのはこれである。このようなことが起こってから、一世紀ぐらい前から始まったのが早期英語教育のである。早期英語教育は明治18年12月政府が内閣制となり、翌明治19年4月から学校令「学習過程」に農業と含めて英語の授業が高校から設置された。毎週3時間の授業であった。

⑥次は、早期英語教育について現状を述べる。ここまで見てきたように、日本における早期英語教育の歴史は一世紀を超えている。その間、英語教育をめぐって様々な議論・研究・実験がなされてきた。その歴史がたどった道はけわしく、前進ばかりの道であったと言えない。しかし、戦後になってから世界的傾向もだんだんと注目されてきた早期英語教育は、現在学会活動が一つの大きな推進母体となりながら前進の道を歩んでいる。早期英語教育は中学校以後の英語教育とは違って、制度化されていないこともあった。

⑦最後に、早期英語教育の定義を述べる。日本人の英語に対する一種の憧れや、新制度における学校教育の科目として英語が取り入れられたことや、特に昭和30年ごろからの入試重要科目として、大きく影響している。そしてその結果もたらされた英語ブームは、数多くの5〜8歳の子供向けの教材や英会話クラスが生み出し、現在英語にかかわっている子供たちは約300万人に達する。早期英語教育には大きく四つの意義がある。中山兼芳（2001）によると「早期教育として」「敵期教育として」「幼児教育として」「生産教育として」のようにそれぞれ意義が述べられている。

3．早期英語教育のイメージ

⑧早期英語教育をするために起こる問題点について述べ。この問題点には「早期英語教育のイメージの問題点を挙げられる。それはー伝統的な考え方である。伝統的な考え方というのは「まずは母語だ、母語身に着けてから外国語を勉強しよう」ということである。例えば、幼いごろから英語教育を受けていますか？という質問で“いや、まず、母語である日本語からちゃんとしてから英語教育をさせようとしています”と答える。現在はこういう考えが確かに変わったと思うだが、まだ多数の人がこういう考えをしている。こういう考えを変える必要がある。日本語を勉強して次に英語勉強するのは2倍の時間を無駄なことにするのではないだろうか。言語を学習することに長い時間が必要であることを知っていけば、こういう問題は起こらない。これが続くと、年をとって英語勉強をしようと思ったら大変なことになる。

4．早期英語教育の日本と世界の比較

⑨では、どうすればよいか。その解決方法を三つ述べる。まず、固定観念を捨てよう。幼いころ日本語もよくできないのに英語の勉強ができるかと思ったら、できるのである。確かに年を取った大人であれば、難しいが、10歳ぐらいの子供は二つ、三つの言語を学習することができる。

松畑（1982）によると成長中の子供の脳はそれができるようになっていると述べている。

⑩次は、bilingual educationという新しい教育制度を導入するとこである。bilingual educationは現在世界の半分が実施されている教育制度である。この制度は小学校に入ってから、他言語や多文化などに毎日接触させて多文化と他言語について親しみになる。松畑熙一（1982）に述べられているように、この制度の最も良い点は自国の文化や言語と多文化と他言語を比較して外国についての理解を高められる。これが外国語勉強することに最も柔らかく学習できるようになるのではないか。

⑪最後に、歌やゲームで勉強することである。どのような方法で早期英語教育をさせたらよいか考える両親もかなりある。普通勉強はただペンと鉛筆で書きながらする勉強が一般的であるというイメージが強い。遊びながら勉強するのは理解しにくいかもしれないが、子供たちに対しては最も良い教え方である。松畑（1982）によると子供は聞くことや話すことよりも動く、音、行為などに習得がより早いであると述べられている。

5. 早期英語教育についての反論

⑫このような私の提案に対する反論には、次のような意見がある。「幼いころから母語である日本語と他言語である英語がほんとに両方とも勉強できるのか。そして、それはどんな子供でもできるか。できない子供はないのか。」という反論である。それに対して、確かに、幼いころ二つの言語を勉強することでどんな子供でも同じくできるわけがない。しかし、両方の言語も身に着けられる可能性が高いと言える。この例として、ヨーロッパに位置しているオランダやベルギーは幼いごろから二つ三つの言語を話せる。母語があって公用語もあって使える言語が二つ以上であるが、コミュニケーションには全く問題ない。

⑬次に、bilingual education制度について、自分の国の文化もよく知らないまま、多文化を接触させていいかという反論がある。この問題に

ついては、まず制度をよく理解する必要がある。この制度は世界の半分が適用して何十年前から実施されている。そういうことはもうその制度が認められていないだろうか。また、大津由紀雄・鳥飼玖美子の「小学校でなぜ英語？」によると子供たちは多文化と接触して自分の文化と比較しながら両方とも勉強できると述べられている。

⑭確かに、自分の経験から見ると、韓国人であって日本に留学して、我が国の韓国と留学している日本とその文化を比較して最も勉強になったと思う。つまり比較するというのは勉強できるというのはないだろうか。

6. まとめ

⑮以上、このレポートでは、早期英語教育をするために起こる問題点に対する解決方法について調べてみた。その結果、解決方法としてbilingual education教育制度と歌やゲームで勉強しようというのが望ましいことを議論してきた。bilingual education教育制度は確かに世界的に認められて、現在日本に導入しても問題ない制度であることが分かった。幼いごろから多文化と他言語に接触して日本の文化と比較しながらできる勉強はいかに自分でできない勉強であると思う。一方、歌やゲームで勉強するのは教育としての方法は良いと思うが、確かに限界があると思う。まず、年が大体小学校までで、その以降には適用できない方法である。歌やゲームを利用することが最少から子供向けの教育方法でその以降までは考えなかった。

⑯自分はこのレポートを書きながら様々なことが勉強になった。まず、最初は、自分がどれだけ英語に興味があったのか、そして、どれだけ自分にとって英語が必要か。もうそろそろ3年生になるため、就活に英語スコアが必要な会社が思ったより多かった。自分が幼いころは良い英語教育がなかなかなかったので、上のような勉強はできなかった。残念だと思うのだが、まだ、遅くはないと思うので頑張っている。今の状況として選んだこのテーマが自分にけっこう力になったと思う。今後は韓国

人、日本人、中国人のようにアジア人として英語ができたらどのような仕事ができるかについて調べてみたい。

参考文献

大津由紀雄・鳥飼玖美子（2002）『小学校でなぜ英語？』岩波書店
中山兼芳（2001）『児童英語教育』世界思想社
松畑熙一（1982）『早期英語教育』大修館書店

（本文のみ3,884字………字数不足）

＊ 段落番号は、便宜上、筆者が数字を振ったものである。

参考文献

【日本語文献】（Webページは2016年8月参照）

アカデミック・ジャパニーズ研究会編（2002）『大学・大学院留学生の日本語④論文作成編』アルク

アカデミック・ジャパニーズ研究会編（2015）『改訂版 大学・大学院留学生の日本語④論文作成編』アルク

天野明弘・太田勲・野津隆志編（2008）『スタディ・スキル入門－大学でしっかりと学ぶためにー』有斐閣

安藤喜久雄（1999）『わかりやすい論文レポートの書き方』実業之日本社

池上素子（2005）「原因を表す「によって／により」－学術論文コーパスにおける用いられ方－」『日本語教育』第127号, pp.21-30.

石川祥一・西田正・斉田智里（2011）『英語教育学大系第13巻　テスティングと評価－4技能の測定から大学入試まで－』大修館書店

石黒圭（2009）『よくわかる文章表現の技術Ⅱ－文章構成編－新版』明治書院

石黒圭（2012）『この1冊できちんと書ける論文・レポートの基本』日本実業出版社

石橋玲子（2012）『第2言語による作文産出の認知心理学的研究』風間書房

市毛勝雄（1985）『説明文の読み方・書き方』明治図書

伊藤冬樹（2001）『ロジックチャート提案法』日本経団連出版

井下千以子（2013）『思考を鍛えるレポート・論文作成法』慶應義塾大学出版会

宇佐美洋（2014）『「非母語話者の日本語」は、どのように評価されているか－評価プロセスの多様性をとらえることの意義－』ココ出版

卯城祐司（2009）『英語リーディングの科学－「読めたつもり」の謎を解く

ー』研究社

臼井美由紀（2009）「アカデミック・ライティング指導の果たすべき役割とは何かー留学生のための日本語支援を通してー」『上越教育大学研究紀要』第28巻, pp.1-8.

大島弥生（2003）「日本語アカデミック・ライティング教育の可能性－日本語日母語・母語話者双方に資するものを目指してー」『言語文化と日本語教育』11月増刊特集号, pp.198-224.

大島弥生・池田玲子・大場理恵子・加納なおみ・高橋淑郎・岩田夏穂（2014）『ピアで学ぶ大学生の日本語表現－プロセス重視のレポート作成－第2版』ひつじ書房

大島弥生・佐藤勢紀子・因京子・山本登美子・二通信子（2010）「学術論文の導入部分における展開の型の分野横断的比較研究」『専門日本語教育研究』第12号, pp.27-34.

岡崎眸・岡崎敏雄（2001）『日本語教育における学習の分析とデザインー言語学習過程の視点から見た日本語教育ー』凡人社

奥村大志（2014）「『日本語』授業における批判的読解力の養成」『青山スタンダード論集（教育の部）』第9号, pp.33-45.

門脇薫（1999）「初級における作文指導－談話展開を考慮した作文教材の試みー」『日本語教育』第102号, pp.50-59.

神尾暢子（1989）「文章の種類」『講座日本語と日本語教育』第5巻, 明治書院

川上麻理（2005）「汎用性のある作文評価基準の提案を目指した評価項目の検討－日本語教師を対象とした実態調査を通してー」『ICU日本語教育研究』第2号, pp.23-33.

岸学（2004）『説明文理解の心理学』北大路書房

木戸光子（2005）「中上級日本語学習者のレポート作成のための作文授業」『筑波大学留学生センター日本語教育論集』第20号, pp.83-91.

木戸光子（2007）「作文における『客観表現』－上級日本語学習者の作文の分析を通してー」『筑波大学留学生センター日本語教育論集』第22号,

pp.1-10.
木戸光子（2010）「書き換えに着目した上級日本語作文の授業－新聞記事から要約文への文章構造の言い換えを例にして－」『筑波大学留学生センター日本語教育論集』第25号, pp.107-122.
木村博是・木村友保・氏木道人編, 大学英語教育学会監修（2010）「英語教育学大系第10巻　リーディングとライティングの理論と実践－英語を主体的に『読む』・『書く』－」大修館書店
黒上晴夫・小島亜華里・泰山裕（2012）『シンキングツール－考えることを教えたい－（短縮版）』学習創造フォーラム　http://ks-lab.net/haruo/thinking_tool/short.pdf
向後千春研究室、早稲田大学人間科学学術院、Web教材、「アフロ先輩と学ぶ実用文の書き方」　http://kogolab.chillout.jp/elearn/hyogen2000/kiso/index.html
佐久間まゆみ（1999）「現代日本語の文章構造類型」『日本女子大学紀要文学部』第48号, pp.1-28.
佐藤勢紀子（1993）「論文作成をめざす作文指導－目的に応じた教材の利用法－」『日本語教育』第79号, pp.137-147.
佐藤勢紀子（2006）「多様な専門分野のサンプル論文を用いたアカデミック・ライティングの指導法」『専門日本語教育研究』第8号, pp.39-44.
佐藤勢紀子・仁科浩美（1994）「留学生の専門日本語読解・作文に関するアンケート調査」『東北大学留学生センター紀要』第2号, pp.45-54.
ジョンソン, K・H・ジョンソン編, 岡秀夫監訳, 窪田三喜夫・鈴木広子・堂寺泉・中鉢恵一・山内豊・金澤洋子訳（1999）「ライティング指導」『外国語教育学大辞典』大修館書店, pp.448-456.（Johnson, K. and Johnson, H.（eds.）（1999）*Encyclopedic dictionary of Applied Linguistics*. Oxford, UK: Blackwell Publishers.）
スエルケン, キャシー, 飛田基訳（2012）『TOC（制約理論）による学習のつながり－学習内容の分析・解釈・応用に使う「ちゃんと」考えるための道具－』NPO法人教育のためのTOC日本支部（未刊行本）（Suerken,

K.（2012）*Critical Thinking Tools to Analyze, Interpret and Apply Curriculum*. Theory of Constraints for Education Japan.（unpublished book））

杉田くに子（1997）「上級日本語教育のための文章構造の分析－社会人文科学研究論文の序論－」『日本語教育』第95号, pp.49-60.

鈴木明夫（2009）『図を用いた教育方法に関する心理学的研究－外国語文章理解における探索的効率性－』開拓社

鈴木志のぶ（2004）「議論の多面的分析方法」『第2回議論学国際学術会議報告集』pp.222-227.

鈴木秀明・松本順子（2006）「論文作成支援活動における日本語教師の役割を考える－ラウンドテーブルのフィードバックをもとに－」『Web版日本語教育実践研究フォーラム報告』日本語教育学会ホームページ http://www.nkg.or.jp/kenkyu/Forumhoukoku/kk-Forumhoukoku.htm

竹田悦子・久次優子・丸山友子・八塚祥江・尾上正紀・矢田まり子編著, 奥田順子 監修（2011）『読む力 中級』くろしお出版

田代ひとみ（2007）「中級日本語学習者の意見文における論理的表現」『横浜国立大学留学生センター教育研究論集』第14号, pp.131-144.

田近洵一（1984）「説明的文章の指導」井上尚美・田近洵一・根本正義編『国語科の評価研究』教育出版, pp.42-56.

舘岡洋子（2002）「日本語でのアカデミック・スキルの養成と自律学習」『東海大学紀要留学生教育センター』第22号, pp.1-20.

田中真理・長阪朱美（2004）「日本語と英語を目標言語とするライティング評価基準の展望：第二言語としての日本語ライティング評価基準作成に向けて」『第二言語としての日本語の習得研究』第7号, pp.214-253.

田中真理・長阪朱美（2006）「第2言語としての日本語ライティング評価基準とその作成過程」, 国立国語研究所編『世界の言語テスト』くろしお出版, pp.253-276.

槌田和美・今井美登里（2008）「留学生の文章のわかりにくさの原因を探る－アカデミック・ライティングの効果的指導のために－」『桜美林言語教育論叢』第4号, pp.25-42.

東京大学大学院教育学研究科（2010）「信頼される論文を書くために」 http://www.p.u-tokyo.ac.jp/wp-content/themes/p_u_tokyo/pdf/manual/manual_all.pdf
トゥールミン, スティーヴン, 戸田山和久・福沢一吉訳（2011）『議論の技法ートゥールミンモデルの原点ー』東京図書（Toulmin, S. E.（2003）The Uses of Argument. New York: Cambridge University Press.）
永田豊志（2014）『カラー改訂版　頭がよくなる「図解思考」の技術』KADOKAWA（中経出版）
西隈俊哉（2009）『大学・大学院留学生のためのやさしい論理的思考トレーニング』アルク
西部直樹（2003）『「議論力」が身につく技術』あさ出版
二通信子（1996）「レポート指導に関するアンケート調査の報告」『北海学園大学学園論集』第86・87号, pp.63–78.
二通信子（2001）「アカデミック・ライティング教育の課題ー日本人学生および日本語学習者の意見文の文章構造の分析からー」『北海学園大学学園論集』第110号, pp.61–77.
二通信子（2006）「アカデミック・ライティングにつながるリーディングの学習」門倉正美・筒井洋一・三宅和子編『アカデミック・ジャパニーズの挑戦』ひつじ書房, pp.99–113.
二通信子・大島弥生・因京子・佐藤勢紀子・山本富美子（2009）『留学生と日本人学生のためのレポート・論文表現ハンドブック』東京大学出版会
二通信子・大島弥生・山本富美子・佐藤勢紀子・因京子（2004）パネルセッション「アカデミック・ライティング教育の課題」『2004年度日本語教育学会春季大会予稿集』pp.285–296.
二通信子・佐藤不二子（1999）「留学生のためのアカデミック・ライティング教材の開発に関する研究」『北海学園大学学園論集』第99号, pp.67–84.
二通信子・佐藤不二子（2003）『改訂版留学生のための論理的な文章の書き方』スリーエーネットワーク
日本学生支援機構（JASSO）（2016）「平成27年度外国人留学生在籍状況調査

結果」 http://www.jasso.go.jp/about/statistics/intl_student_e/2015/index.html

長谷川哲子・堤良一（2011）「アカデミックライティングの『分かりにくさ』の要因は何か－意見文を通じた一考察－」『大阪産業大学論集人文・社会科学編』第11号, pp.21-34.

長谷川哲子・堤良一（2012）「意見文の分かりやすさを決めるのは何か？－大学教員の評価を通じて－」『関西学院大学日本語教育センター紀要』創刊号, pp.7-18.

浜田麻里・平尾得子・由井紀久子（1997）『大学生と留学生のための論文ワークブック』くろしお出版

濱名篤（2011）「ルーブリックとは」『濱名委員説明資料－中教審大学教育部会（2011年12月9日）説明資料－』文部科学省 http://www.mext.go.jp/b_menu/shingi/chukyo/chukyo4/015/attach/1314260.htm

一橋大学留学生センター（2005）『留学生のためのストラテジーを使って学ぶ文章の読み方』スリーエーネットワーク

福澤一吉（2002）『議論のレッスン』NHK出版

細川英雄・舘岡洋子・小林ミナ編（2011）『プロセスで学ぶレポート・ライティング』朝倉書店

牧野由香里（2008）『「議論」のデザイン』ひつじ書房

牧野由香里・永野和男（1997）「情報教育の観点からとらえたコミュニケーション・スキル育成のための演習コースの開発：Speech Constructionにおける論理的分析力・構成力」『静岡大学情報学研究』第3号, pp.66-86.

松下佳代・高橋雄介・坂本尚志・田川千尋・田口真奈・平山朋子・大山牧子・畑野快・蒋妍・羽山裕子・山本はるか・斉藤有吾・蒲雲菲（2013）「VALUEルーブリックの意義と課題－規準とレベルの分析を通して－」『第17回大学教育研究フォーラム』発表資料

道田泰司（2004）「『論理的である』とはどういうことか」『日本語教育ブックレット5　論理的文章作成能力の育成に向けて』国立国語研究所, pp.1-17.

宮原彬（1998）「中級後期から上級段階にある学習者の作文の問題点－作文教材作成のための類型化の試み－」『長崎大学留学生センター紀要』第6号, pp.1-23.
ミント、バーバラ、山崎康司訳（1999）『新版 考える技術・書く技術』ダイヤモンド社
村岡貴子（2007）「日本語教育におけるアカデミック・ライティングの論理展開に関する問題とその指導」『アカデミック・ライティング研究－日本語と英語の場合－』, pp.27-34.
村岡貴子（2014）『専門日本語ライティング教育－論文スキーマ形成に着目して－』大阪大学出版会
村岡貴子・因京子・仁科喜久子（2013）『論文作成のための文章力向上プログラム－アカデミック・ライティングの核心をつかむ－』大阪大学出版会
村岡貴子・影廣陽子・柳智博（1997）「農学系8学術雑誌における日本語論文の語彙調査－農学系日本語論文の読解および執筆のための日本語語彙指導を目指して－」『日本語教育』第95号, pp.61-72.
村岡貴子・米田由喜代・因京子・仁科喜久子・深尾百合子・大谷晋也（2005）「農学系・工学系日本語論文の「諸言」の論理展開分析－形式段落と構成要素の観点から－」『専門日本語教育研究』第7号, pp.21-28.
村岡貴子・米田由喜代・大谷晋也・後藤一章・深尾百合子・因京子（2004）「農学系日本語論文の『結果および考察』における接続表現と論理展開」『専門日本語教育研究』第6号, pp.41-48.
村上京子（2007）「作文の評価とその関連要因」, 藤原雅憲他編『大学における日本語教育の構築と展開－大坪一夫教授古稀記念論文集－』ひつじ書房, pp.133-147.
村上康代（2005a）「理工系学部生の課題レポートにおける序論の文章構造」『早稲田大学日本語教育研究』第7号, pp.109-122.
村上康代（2005b）「理工系日本人学部生による課題レポートの『結論』の文章構造」『専門日本語教育研究』第7号, pp.53-58.
山田剛史・林創（2011）『大学のためのリサーチリテラシー入門－研究のた

めの8つの力－』ミネルヴァ書房
山本富美子（2004）「3 学部留学生への指導」パネルセッション「アカデミック・ライティング教育の課題」所収『2004年度日本語教育学会春季大会予稿集』pp.288-290.
山本富美子（2006）「タスク・シラバスによる論理的思考力と表現力の養成」，門倉正美・筒井洋一・三宅和子編『アカデミック・ジャパニーズの挑戦』ひつじ書房, pp.79-98.
山本富美子（2007a）『国境を越えて（本文編）改訂版』新曜社
山本富美子（2007b）『国境を越えて（タスク編）』新曜社
山本富美子（2008）『国境を越えて（語彙・文法編）』新曜社
山本富美子（2012）「アカデミック・タスクによる論理的認知プロセスに基づいた言語化－大学レベルのコンテント・タスクベース統合型授業分析より－」『Global Communication』創刊号， pp.47-57.
吉田武大（2011）「アメリカにおけるバリュールーブリックの動向」『関西国際大学教育総合研究所研究叢書』第4号, pp1-12.
吉田美登利（2011）『日本語作文産出過程の分析と支援ツールの開発－構想と構成の観点から－』風間書房
劉偉（2010）『中国人日本語学習者のライティングに関する実証的研究－論理的文章作成を目指す指導方法の改善に向けて－』大阪大学大学院言語文化研究科博士学位論文
脇田里子（2012）「学部留学生の課題レポートの文章構造の分析」『コミュニカーレ』第1号, pp.87-123.
脇田里子（2014）「新聞の論説文読解における文章構造分析－文章構造の可視化の実践－」第9回国際日本語教育・日本研究シンポジウム大会論文集編集会編『日本語教育と日本研究における双方向性アプローチの実践と可能性』ココ出版, pp.181-192.
脇田里子（2015）「学部留学生を対象にした「段階的アカデミック・ライティング」の導入」『コミュニカーレ』第4号, pp.35-61.
脇田里子（2016）「ライティング・ルーブリックの実践」『コミュニカーレ』

第5号, pp.21-50.
脇田里子・越智洋司（2008）「レポート作成のための論理の可視化」『間谷論集』第2号，pp.45-64.
脇田里子・三谷閑子（2011）「「文章表現」と「口頭表現」の連携－超級日本語学習者を対象にした試み－」、『同志社大学日本語・日本文化研究』第9号, pp.59-79.
渡辺パコ（2002）『論理力を鍛えるトレーニングブック－意思伝達編－』かんき出版
渡辺パコ（2012）『面白くてよくわかる！論理的な考え方』アスペクト

【英語文献】
Barnet, S. and Bedau H.（2011）*Critical Thinking Reading, and Writing: A Brief to Argument, Seventh Editon*. Boston and New York: Bedford/ St. Martin's.
Brinton, D. M., Snow, M. A., and Wesche, M. B.（1989）*Content-based second language instruction.* Michigan Classics Edition. Ann Arbor, Michigan: University of Michigan Press.
Carrell, P. L.（1984）The effects rhetorical organization on EFL readers, *TESOL Quarterly.* 18, pp.441-469.
Clegg, C. S.（1988）*Critical Reading and Writing Across the Disciplines.* Austin Texas: Holt, Rinehart and Winston, Inc.
Franklin, E.（ed.）（1999）*Reading and Writing in more than one language: Lessons for teachers*. Bloomington, Illinois: Teachers of English to Speakers of Other Languages, Incorporated（TESOL）.
Hirvela, A.（2004）*Connecting Reading and Writing in Second Language Writing Instruction.* Ann Arbor, Michigan: The University of Michigan Press.
Hyland, K.（1996）*Second Language Writing.* New York: Cambridge University Press.
Grabe, W.（2001）Reading-Writing Relations: Theoretical Perspectives and Instructional Practices. Belcher. In D. and Hirvela, A.（eds.）

Linking literacies; Perspectives on L2 Reading-Writing Connections. Ann Arbor, Michigan: The University of Michigan Press.

Grabe, W.（2009）*Reading in a Second Language: Moving from Theory to Practice.* New York: Cambridge University Press.

Jiang, X.（2012）Effects of discourse structure graphic organizers on EFL reading comprehension. *Reading in Foreign Language.* Vol.24, No.1, pp.84-105.

Kroll, B.（1990）*Second Language Writing : Research insights for the classroom.* Cambridge: Cambridge University Press.

Kroll, B.（ed.）（2003）*Exploring the Dynamics of Second Language Writing.* New York: Cambridge University Press.

Manoli, P. and Papadopoulou, M.（2012）Graphic Organizers as a Reading Strategy: Research Findings and Issues, *Creative Education.* Vol.3, No.3, pp.348-356.

Mayer, R. E.（1985）Structural Analysis of Socience Prose: Can We Increase Problem-Solving Performance? In B. K. Britton and J. B. Black（Eds.）*Understanding Expository Text*. New Jersey: Lawrence Erlbaum Associates, pp.65-87.

Mohan, B. A.（1986）*Language and Content.* Reading, Massachusetts: Addison-Wesley Publishing Company.

National Standards in Foreign Language Education Project.（1999）*Standards for Foreign Language Learning in the 21st Century.* Alexandria, Virginia: American Council on the Teaching of Foreign Languages.（日本語翻訳版：外国語学習ナショナル・スタンダーズ プロジェクト、聖田京子訳（2002）『外国語学習ナショナル・スタンダーズ「外国語学習スタンダーズ」』国際交流基金日本語国際センター）
https://www.jpf.go.jp/j/urawa/world/kunibetsu/syllabus/pdf/sy_honyaku_9-2USA.pdf

Silva, T.（1990）Second Language Composition Instruction:

Developments, Issues, and Directions in ESL. In B. Kroll (ed.) *Second Language Writing; Research insights for the classroom.* Cambridge: Cambridge University Press.

Swales, J. M. (1990) *Genre Analysis: English in Academic and Research Settings.* Cambridge: Cambridge University Press.

Swain, M. (1995) Three functions of output in second language learning. In G. Cook & B. Seidlhofer (eds.) *Principle and Practice in Applied Linguistics*. Oxford: Oxford University Press. pp.125-144.

Tierney, R. J. and Pearson, P. D. (1983) Toward a composing model of reading, *Language Arts.* 60, pp.568-580.

Tierney, R. J. (1992) Ongoing research and new directions. In J.W. Irwin & M.A. Doyle (eds.) *Reading/writing connections: Learning from research.* Newark, Delaware: International Reading Association. pp.246-259.

初 出 一 覧

本書は、以下の論文をもとに、一部大幅な加筆や削除などの修正作業を行い、完成させたものです。

第1章

脇田里子（2012）「学部留学生の課題レポートの文章構造の分析」『コミュニカーレ』第1号, pp.87-123.

第2章

脇田里子・越智洋司（2008）「レポート作成のための論理の可視化」『間谷論集』第2号， pp.45-64.

第4章

脇田里子（2009）「論理的思考を鍛えるための批判的読解」『同志社大学日本語・日本文化研究』第7号, pp.17-31.

脇田里子（2014）「新聞の論説文読解における文章構造分析－文章構造の可視化の実践－」第9回国際日本語教育・日本書シンポジウム大会論文集編集会編『日本語教育と日本書における双方向性アプローチの実践と可能性』ココ出版, pp.181-192.

第6章

脇田里子（2015）「学部留学生を対象にした「段階的アカデミック・ライティング」の導入」『コミュニカーレ』第4号, pp.35-61

脇田里子（2016）「ライティング・ルーブリックの実践」『コミュニカーレ』第5号, pp.21-50.

あとがき

本書は、2014年12月に大阪大学大学院言語文化研究科言語社会専攻に提出した博士論文「リーディングと連携したアカデミック・ライティングの実践研究－学部留学生を対象にした思考ツールの利用－」をもとに、大幅な加筆・削除などの修正を行い、1冊にまとめたものです。

そもそも、私はアカデミック・ライティング教育を専門に研究していたわけではありません。論文作成が苦手な私がこうした本を出版するのは、大変おこがましい限りです。ただ、日本語教師として、20年以上、日本語教育に携わる中で、大学院入学のための研究計画書の指導や、学部の日本語上級・超級レベルのレポート作成指導に携わる機会が多くありました。そうしたライティング教育環境に恵まれる中、研究の関心がライティング教育に自然と移行していきました。そうした中で、学習者がライティングの教科書に書かれているレポート・ライティングの基礎知識とその知識を確認する練習問題を解いて、その時は理解できたようでも、自分の力でレポートを作成する時には、あまり反映されていない気がしました。もちろん、レポート作成のための表現や語彙は、レポート作成に必要な知識であることには間違いありませんので、それを否定するものではありません。

学部初年次の留学生であれば、日本留学生試験の筆記試験の影響か、400字程度の賛否型レポートであれば、比較的簡単に書けるようです。しかし、それ以上の文字数で、自分の考えを論理的に述べたレポートを作成することには苦労しているように見受けられます。どうすれば、もっと論理的に文章を書けるようになるのか、もっと長い文章が書けるようになるのかに対する私なりの答えは、ライティングの授業に、クリティカル・リーディングを取り入れ、思考ツールを使って自分の思考過程をまとめていくというものです。特に、最新の理論を使った教育実践ではありませんが、この2つを組み合わせることによって、1つ上のレベルのアカデミック・ライティングに導くことができると思っています。また、これを実践するにあたり、1つの大きなテーマの中で、レポートの観点を少し変えて、文字数を増やしていく「段階的ライティング」や、学習者に事前に提示するレポートの評価観点などを示したルーブリック作成も重要なポイントになります。日本語ライティング教育に関心をおもちの読者の皆様に、本書が何らかのヒントを与えることができれば、この上ない喜びです。

本書を完成させるにあたり、非常に多くの方々にお世話になりました。心より深く感謝の意を表する次第です。まず、学位論文審査において、貴重なご指導やご指摘をいただいた鈴木睦教授、真嶋潤子教授、筒井佐代教授に、心より感謝申し上げます。仕事をしながら学位論文を書くことは、予想以上に大変でした。5年間の長きに渡り、ご助言と叱咤激励をいただいたことは、本書をまとめる原動力になりました。

次に、言語文化専攻の村岡貴子教授をはじめ、村岡先生のゼミでご一緒した笹川恵美子さん、福良直子さん、立川真紀絵さんにも貴重なコメントやアドバイスをいただきました。ゼミに参加させていただき、発表の場を得ることによって、計画的に学位論文を進めることができ、心より感謝しております。

さらに、筑波大学留学生センター木戸光子准教授には、長年にわたり、1年に1回くらいのペースではありますが、日本語ライティング教育についてのディスカッションをさせていただいています。本書を出版するきっかけになったのは、博士論文は出版して世に問うべきだと強く推奨してくださった木戸さんの一言にあります。本当にありがとうございます。

また、授業実践を実施するにあたり、日本語を学ぶ学部留学生の方に研究協力を得ることができました。授業実践でのデータ収集に快く協力してくださり、ありがとうございました。

そして、レポートの評価を行うにあたり、4名の日本語教員（当時は同志社大学の教員）に研究の協力をしていただきました。沖縄科学技術大学院大学ランゲージセクションの藤井みゆき常勤講師、同志社大学の福原香織元嘱託講師、同志社大学の三谷閑子嘱託講師、上智大学言語教育センターの米澤昌子准教授には、お忙しいところ、評価に時間を割いていただき、また、有益なコメントもいただき、感謝しています。

なお、博士論文や本書の執筆中、家事が疎かになったにもかかわらず、温かく見守ってくれた家族にも深く感謝しています。夫の越智洋司は自宅のパソコン環境を常に最適な状況に整えてくれました。娘の優帆は本書のカットを描いてくれて、本当にありがとう。

さらに、第3章で論説文Aとして引用した「消費増税 日本の決断力、世界に示せ」の著者であるアメリカのピーターソン国際経済研究所（Peterson Institute for International Economics）所長アダム・ポーゼン（Dr. Adam S. Posen）氏には記事の引用をお認めいただき、誠にありがとうございました。

最後に、本書の出版を大阪大学出版会にお引き受けいただき、川上展代さん、板東詩おりさん、佐藤佳子さんには、博士論文を出版する上でのアドバイスをたくさんいただきました。厚くお礼を申し上げます。

なお、2012年度から2013年度、さらに2015年度に、同志社大学個人研究奨励費をいただきました。そして、本書の出版に際し、2016年度同志社大学研究成果刊行助成の補助も受けました。ここに感謝の意を表します。

本書の過程において、実に多くの方々のご協力やご支援をいただき、本当にお世話になりました。全ての関係者の方々に、改めて心から感謝申し上げます。

2016年9月1日

脇田　里子

索　引

あ　行

アイディア・シート … 55
アウトライン・シート … 55
アカデミック・ジャパニーズ … 2, 4
アカデミック・スキル … 4
アカデミック・ライティング … 5

か　行

学術英語アプローチ … 30
協働モデル … 39
「議論の十字」モデル … 51
グラフィック・オーガナイザー … 54
結論 … 72
結論部 … 70
結論補足 … 72
構成要素 … 67
講評 … 132
根拠 … 64, 71
コンピュータ介在モデル … 39

さ　行

「賛否型」レポート … 10, 88
思考ツール … 44
主題導入 … 71
主張 … 65, 72
序論部 … 71
新旧レトリックアプローチ … 29
垂直方向の関係 … 90
水平方向の関係 … 90
図解 … 53
制限作文アプローチ … 29
説明 … 72
「説明型」レポート … 10
説明的文章 … 7
専用思考ツール … 45
総合的尺度 … 113

た　行

段階的ライティング … 174
段落中心文 … 67
段落中心文表 … 72, 92, 101
逐次モデル … 41
「調査型」レポート … 11
データ … 65
テーマ選択の重要性 … 177

な　行

内容重視モデル … 40
21 世紀の外国語学習スタンダーズ … 30
日本語能力試験 … 3
日本語の文章の種類 … 7
日本留学試験 … 3, 32

は　行

汎用思考ツール … 44

評価項目の事前開示 … 180
ピラミッド・ストラクチャー … 48
フロー・チャート … 55
プロセスアプローチ … 30
文学／反応重視モデル … 39
文章構成 … 34
文章構成図 … 91, 100
文章構造 … 34
文章構造図 … 75
分析的尺度 … 113
本論部 … 71

ま　行

「問題解決型」レポート … 11, 97
問題提起 … 71
問題提起文 … 71

ら　行

ライティング過程 … 84
ライティングと連携したリーディング … 21
リーディング過程 … 67
リーディングとライティングの連携 … 35
リーディングとライティング連携の教育モデル … 39
リーディングと連携したライティング … 22
理由づけ … 65
ルーブリック評価 … 114
レポート … 9
レポートの論理構造 … 66
ロジック・チャート … 49, 77, 88, 97
「論証型」レポート … 10
論文 … 9
論理的 … 64

脇田 里子（わきた りこ）

福岡県出身。2015年、大阪大学大学院言語文化研究科博士後期課程修了。博士（言語文化学）。現在、同志社大学グローバル・コミュニケーション学部准教授。専門は日本語教育学、アカデミック・ライティング、異文化理解。

〈主著〉

「ライティング・ルーブリックの実践」,『コミュニカーレ』第5号, pp. 21-50,（2016）

「学部留学生を対象にした『段階的アカデミック・ライティング』の導入」,『コミュニカーレ』第4号, pp. 35-61,（2015）

「新聞の論説文読解における文章構造分析ー文章構造の可視化の実践ー」,『日本語教育と日本研究における双方向性アプローチの実践と可能性』（ココ出版） 第9回国際日本語教育・日本研究シンポジウム大会論文集編集会編, pp. 181-192,（2014）

思考ツールを利用した日本語ライティング
リーディングと連携し論理的思考を鍛える

発 行 日　2017年2月28日　初版第1刷　〔検印廃止〕

著　　者　脇田里子

発 行 所　大阪大学出版会
代表者　三成賢次
〒565-0871
大阪府吹田市山田丘2-7　大阪大学ウエストフロント
電話：06-6877-1614（直通）　FAX：06-6877-1617
URL　http://www.osaka-up.or.jp

印刷・製本　尼崎印刷株式会社

ISBN 978-4-87259-556-7　C3081